Jinyang Zhu

Chinesische Grammatik für Deutsche mit PINYIN

Jinyang Zhu

Chinesische Grammatik für Deutsche mit PINYIN

Ein Lehr- und Übungsbuch mit Lösungen

Unter Mitarbeit von Ruth Cordes

BUSKE

Bibliografische Information der Deutschen Nationalbibliothek

Die Deutsche Nationalbibliothek verzeichnet diese Publikation in der Deutschen Nationalbibliografie; detaillierte bibliografische Daten sind im Internet über <http://dnb.d-nb.de> abrufbar.
ISBN 978-3-87548-569-1

 Druck und Bindung: GEMI, s.r.o., Prag. Gedruckt auf alterungsbeständigem Papier nach ANSI-Norm resp. DIN-ISO 9706, hergestellt aus 100% chlorfrei gebleichtem Zellstoff. Printed in Czech Republic. *www.buske.de*

Inhalt

Vorwort

Die *Chinesische Grammatik für Deutsche mit Pinyin* ist insbesondere für Anfänger gedacht, die begleitend zum Sprachunterricht oder im Selbststudium eine umfassende und systematische Darstellung der modernen chinesischen Standardsprache wünschen.
In Lehr- und Lerneinheiten, die sich gegenseitig ergänzen und aufeinander beziehen, werden die wichtigsten grammatischen Erscheinungen vermittelt. Themenauswahl und Wortschatz orientieren sich am praktischen Sprachgebrauch sowie an den aktuellen Richtlinien für die HSK-Prüfungen (Hànyǔ Shuǐpíng Kǎoshì) der Stufen 1–5 und für die YCT-Prüfungen (Youth Chinese Test) der Stufen 1–4.
Bei den Erklärungen wird darauf geachtet, dass sie so verständlich wie möglich formuliert sind. Auf der Grundlage des Sprachvergleichs werden Unterschiede zwischen dem Chinesischen und dem Deutschen beschrieben und erläutert. Schwierige Beispielsätze werden übersetzt. Auf Fehler, die erfahrungsgemäß typisch für deutschsprachige Lernende sind, wird besonders eingegangen. Die Grammatik fußt auf dem aktuellen Forschungsstand. Diskussionen über umstrittene Punkte der chinesischen Grammatik werden jedoch aus didaktischen und methodischen Gründen nicht geführt.
Zahlreiche unterschiedlich schwierige Übungen bieten die Möglichkeit zur Festigung und Vertiefung der grammatischen Kenntnisse. Die im Buch enthaltenen Lösungen verstehen sich als Hilfe beim selbstständigen Lernen.
Das chinesische und das deutsche Register ermöglichen zudem ein gezieltes Nachschlagen bei konkreten Fragestellungen.
Im Unterschied zur 2007 erschienenen *Chinesischen Grammatik für Deutsche* wird in dieser Ausgabe zu allen Beispielen, Übungen und Lösungen die Pinyin-Umschrift angegeben. Zudem wurde das Kapitel 20 „Satzgliedfolge" ergänzt.
Bei der Pinyin-Umschrift orientiert sich das Buch an den amtlichen Grundregeln der chinesischen Orthografie 汉语拼音正词法基本规则 (Hànyǔ pīnyīn zhèngcífǎ jīběn guīzé) und an dem Wörterbuch 现代汉语词典 (Xiàndài hànyǔ cídiǎn, 5. Auflage). Dabei ist zu beachten, dass die angegebenen Töne Grundtöne sind, von denen die tatsächlich auszusprechenden Töne bei einigen Wörtern in bestimmter Kombination abweichen können, zum Beispiel bei: bù 不 → búshì 不是, yī 一 → yídìng 一定.

Mein besonderer Dank gilt Herrn Michael Hechinger und Herrn Axel Kopido vom Helmut Buske Verlag; ohne ihre wertvolle Unterstützung hätte dieses Buch nicht in dieser Form erscheinen können. Für die aktive Mitarbeit von Frau Ruth Cordes und Frau Stephanie Kirschnick, die die Pinyin-Umschrift eingearbeitet hat, bin ich ebenfalls sehr dankbar. Ich bedanke mich auch bei Frau Song Zhuomei und vielen meiner Studierenden für ihre wertvollen Vorschläge. Meiner Frau Sha Wei und meinen beiden Kindern Siyi und Siran ist zu verdanken, dass das Buch zustande gekommen ist.

Konstanz, im Juli 2010 Zhu, Jinyang

Abkürzungen und grammatische Begriffe

Abkürzungen 缩写

chin.	chinesisch
Dp	Demonstrativpronomen
Ev	Eigenschaftsverb
HM	Hauptmerkmal
KG	Komplement des Grades
KM	Komplement der Möglichkeit
KMe	Komplement der Menge
KR	Komplement des Resultats
KRi	Komplement der Richtung
KZd	Komplent der Zeitdauer
LRW	Lage- und Richtungswort
N	Nomen
$_{nom}O$	nominales Objekt
Nu	Numeralien
$_{Ort}O$	Ortsobjekt
Part	Partikel
Präp-Gruppe	Präpositionalgruppe
$_{Präp}O$	Präpositionalobjekt
$_{Satz}O$	Objektsatz
V	Verb
$_{verb}O$	verbales Objekt
Vg	Verbalgruppe
Vk	Verbalkonstruktion
ZDA	Zeitdauerangabe
ZPA	Zeitpunktangabe
ZW	Zahlwort
ZEW	Zähleinheitswort

Grammatische Begriffe 语法术语

Adjektive	形容词 → Eigenschaftsverben
Adverbialbestimmung	状语
Lokale Adverbialbestimmung	地点状语
Modale Adverbialbestimmung	情态状语
Temporale Adverbialbestimmung	时间状语
Adverbien	副词
Attribut	定语

Besondere Konstruktionen	特别结构	
Eigenschaftsverben	性质动词	
Komplemente	补语	
Komplement des Grades		程度补语
Komplement der Häufigkeit und Menge		频率与数量补语
Komplement der Möglichkeit		可能补语
Komplement des Resultats		结果补语
Komplement der Richtung		趋向补语
Komplement der Zeitdauer		时段补语
Konjunktionen	连词	
Lage- und Richtungswörter	方位词	
Modalverben	情态动词	
Nomina	名词	
Nomina der Zeit	时间名词	
Objekt	宾语	
Partikeln	助词	
Aspektpartikeln		动态助词
Modalpartikeln		语气助词
Strukturpartikeln		结构助词
Passiv	被动态	
Prädikat	谓语	
Präpositionen	介词	
Pronomina	代词	
Demonstrativpronomina		指示代词
Interrogativpronomina		疑问代词
Personalpronomina		人称代词
Satzglieder	句子成分	
Subjekt	主语	
Verben	动词	
Zahlwörter	数词	
Zähleinheitswörter	量词	
Nominale Zähleinheitswörter		名量词
Verbale Zähleinheitswörter		动量词

Literatur

Beijing Yuyan Wenhua Daxue Hanyu Shuiping Kaoshi Zhongxin 北京语言大学考试中心(1998): Zhongguo hanyu shuiping kaoshi dagang (jichu) 中国汉语水平考试大纲（基础）. Beijing: Xiandai chubanshe.

Beutel, Helga (1986): Chinesisch-Deutsches Wörterbuch der Modalpartikeln, Konjunktionen, Satz-, Negations-, Umfangs- und Intentionsadverbien. Berlin (DDR): Eigenverlag.

Bußmann, Hadumod (2002): Lexikon der Sprachwissenschaft. 3., überarbeitete und ergänzte Auflage. Stuttgart: Alfred Kröner Verlag.

Cremerius, Ruth (2004): Chinesisch für Deutsche 1. Hochchinesisch für Anfänger in Kurzzeichen. 2., durchgesehene und verbesserte Auflage. Hamburg: Helmut Buske Verlag.

Dreyer, Hilke / Schmitt, Richard (2002): Lehr- und Übungsbuch der deutschen Grammatik. 3. Auflage. München: Hueber.

Helbig, Gerhard / Buscha, Joachim (2002): Deutsche Grammatik. Ein Handbuch für den Ausländerunterricht. München: Langenscheidt.

Hou Xuechao 侯学超(1998): Xiandai hanyu xuci cidian 现代汉语虚词词典. Beijing: Beijing daxue chubanshe.

Hung-nin Samuel Cheung in collaboration with Sze-yun Liu and Li-lin Shih (2006): A Practical Chinese Grammar. Hong Kong: The Chinese University Press.

Liu Yuehua/Pan Wenyu/Gu Wei 刘月桦等(1983): Shiyong xiandai hanyu yufa. 实用现代汉语语法 Beijing: Waiyu jiaoxue yu yanjiu chubanshe.

Lü Shuxiang 吕叔湘 (1980): Xiandai hanyu babai ci 现代汉语八百词. Beijing: Shangwu yinshuguan.

Wang Ziqiang 王自强 (1984): Xiandai hanyu xuci yongfa xiaocidian 现代汉语虚词用法小词典. Shanghai: Shanghai Cishu chubanshe.

Yu Shiwen 余士汶 u.a. (1998): Xiandai hanyu yufa xinxi cidian 现代汉语语法信息词典. Beijing: Qinghua daxue chubanshe.

Zheng Yide / Ma Sheng Jingheng / Liu Yuehua / Yang Jiarong 郑懿德等(1992): Hanyu yufa nandian shi yi 汉语语法难点释疑. Beijing: Huayu jiaoxue chubanshe.

Zhang, Wei / Xu, Denan (1985): Grammatik des modernen Chinesischen. Beijing: Verlag für Fremdsprachige Literatur.

Zhongguo shehui kexueyuan yuyan yanjiusuo cidian bianjishi 中国社会科学院语言研究所词典编辑室 (2005): Xiandai hanyu cidian 现代汉语词典. Beijing: Di 5 ban. Shangwu yinshuguan.

Zhu Dexi 朱德熙 (1982): Yufa jiangyi 语法讲义. Beijing: Shangwu yinshuguan.
Zhu Jinyang (2006): Chinesisch für Deutsche 2. Hochchinesisch für Fortgeschrittene. 2., durchgesehene Auflage. Hamburg: Helmut Buske Verlag.

1 Nomina 名词

Nomina bezeichnen Dinge, Lebewesen, Begriffe oder Sachverhalte. Im Unterschied zum Deutschen werden sie im Chinesischen nicht dekliniert.

1.1 Merkmale

a) Modifizierung durch Artikelwörter und Attribute

Nomina können durch Artikelwörter wie Zahl- und Zähleinheitswortgruppen (Nu-ZEW) und Demonstrativpronomen- und Zähleinheitswortgruppen (Dp-ZEW) modifiziert werden.

yí ge xuéshēng	yī běn cídiǎn	
一个 学生	一 本 词典	(Nu-ZEW)
zhè ge xuéshēng	zhè běn cídiǎn	
这 个 学生	这 本 词典	(Dp-ZEW)

Nomina können durch Attribute näher bestimmt werden.

jīntiān de tiānqì	tā mǎi de shū
今天 的 天气	他 买 的 书

b) Nicht modifizierbar durch Adverbien wie 不 oder 很

Nomina lassen sich nicht durch Adverbien wie 不 oder 很 modifizieren.

bù dìtú	hěn dìtú
* 不 地图	* 很 地图

c) Präfixe und Suffixe

Nomina lassen sich zum Teil an Präfixen wie 老- und Suffixen wie -子 erkennen, die keine oder nur eine verblasste lexikalische Bedeutung haben und zur Wortbildung dienen. Sie werden meistens unbetont ausgesprochen.
Präfixe sind z. B.:

lǎo	lǎoshī lǎobǎn lǎohǔ	ā	āyí āgē ābà āmā
老	老师, 老板, 老虎	阿	阿姨, 阿哥, 阿爸, 阿妈

Suffixe sind z. B.:

zǐ	běnzi zhuōzi bēizi	ér	huàr huār kòngr	tóu	mùtou shítou
子	本子, 桌子, 杯子	儿	画儿, 花儿, 空儿	头	木头, 石头

d) Pluralsuffix 们

Bei Nomina, die Personen bezeichnen, kann zum Ausdruck der Mehrzahl das Pluralsuffix 们 verwendet werden. Wenn aber die Mehrzahl etwa durch eine Nu-ZEW-Gruppe oder eine Dp-ZEW-Gruppe erkennbar ist, wird 们 nicht verwendet.

tóngxuémen 同学们	→	sān ge tóngxué 三 个 同学
jīnglǐmen 经理们	→	shí wèi jīnglǐ 十 位 经理
lǎoshīmen 老师们	→	yīxiē lǎoshī 一些 老师
péngyǒumen 朋友们	→	zhèdiǎnr péngyǒu 这点儿 朋友

Nur im Märchen kann 们 auch an Tiernamen angehängt werden.

māomen
猫们

gǒumen
狗们

1.2 Funktionen

Nomina können hauptsächlich als Subjekt, Objekt oder Attribut fungieren.

lǎoshī lái le
老师 来 了 (Subjekt)

wǒ kàn diànyǐng
我 看 电影 (Objekt)

tā zài túshūguǎn kàn shū
他 在 图书馆 看 书 (Präpositionalobjekt)

zhè shì péngyǒu de shū
这 是 朋友 的 书 (Attribut)

Modifiziert durch eine Nu-ZEW-Gruppe können Nomina auch als Adverbialbestimmung fungieren.

wǒ yī ge rén kàn diànshì
我 一 个 人 看 电视

1.3 Übungen

1.3.1 Welche Sätze sind falsch? Warum?

lǎoshīmen dōu zǒu le
1. 老师们 都 走 了。

wǒ gēn sān ge rénmen liáo tiān
2. 我 跟 三 个 人们 聊 天。

3. yīxiē jīnglǐmen cái èrshíjǐ suì
一些 经理们 才 二十几 岁。

4. tā kànjiàn tóngxuémen zài xuéxí
她 看见 同学们 在 学习。

5. tā jiā lǐ yǒu sān zhī xiǎo gǒumen
他 家 里 有 三 只 小 狗们 。

6. sān ge xuéshēng bù xiǎng shàng kè
三 个 学生 不 想 上 课。

1.3.2 Übersetzen Sie, wenn möglich, mit 们

1. Die Kinder spielen mit ihrem Spielzeug.
2. Zwei Ärzte sind aus China zurückgekommen.
3. Alle Studenten sind damit einverstanden, morgen ins Kino zu gehen.
4. Ich habe mit allen Lehrern telefoniert.
5. Ich habe viele Freunde und sie sind heute alle gekommen.
6. Die Kommilitonen sind alle müde und wollen schlafen.

2 Nomina der Zeit 时间词

2.1 Häufig gebrauchte Zeitnomina

Deutsch	Chinesisch	Kombinierbar mit 个
Jahrhundert	shìjì 世纪	+
Jahrzehnt	niándài 年代	+
Jahr	nián 年	-
Quartal	jìdù 季度	+
Monat	yuè 月	+
Woche	xīngqī zhōu 星期 / 周	+ / –
Tag	tiān rì 天 / 日	– / –
Stunde	xiǎoshí zhōngtóu 小时 / 钟头	(+) / +
Viertelstunde	kè zhōng 刻（钟）	–
Minute	fēn zhōng 分（钟）	–
Sekunde	miǎo zhōng 秒（钟）	–

Deutsch	Chinesisch	Kombinierbar mit 个
Morgen	zǎoshang zǎochén 早上 / 早晨	+
Vormittag	shàngwǔ 上午	+
Mittag	zhōngwǔ 中午	+
Nachmittag	xiàwǔ 下午	+
Abend	wǎnshang 晚上	+
Nacht	yè yèlǐ yèjiān 夜 / 夜里 / 夜间	+
Frühling	chūntiān 春天	+
Sommer	xiàtiān 夏天	+
Herbst	qiūtiān 秋天	+
Winter	dōngtiān 冬天	+

2.2 Die Reihenfolge der Zeitnomina

Wenn mehrere Zeitnomina in einem Satz vorkommen, gilt die Regel „die größere Einheit vor der kleineren".

shíjiǔ shìjì sānshí niándài
十九 世纪 三十 年代

èrlínglíngliù nián bāyuè shíliù rì
二零零六 年 八月 十六 日

qùnián xiàtiān de yī ge wǎnshang
去年 夏天 的 一 个 晚上

zuótiān shàngwǔ shídiǎn
昨天 上午 十点

shíbā diǎn sānshíwǔ fēn èrshí'èr miǎo
十八 点 三十五 分 二十二 秒

2.3 Zeitnomina mit und ohne Zähleinheitswort

Bei Zeitnomina ist darauf zu achten, dass manche beim Ausdruck des Zahlverhältnisses das Zähleinheitswort 个 verlangen, manche nicht.

a) Zeitnomina, bei denen der Gebrauch oder Nichtgebrauch des Zähleinheitsworts bedeutungsunterscheidend ist, sind u. a. 世纪, 年代, 季度 und 月.

	mit ZEW	ohne ZEW
shìjì 世纪	sān ge shìjì 三 个 世纪 *drei Jahrhunderte*	sān shìjì 三 世纪 *das dritte Jahrhundert*
niándài 年代	wǒmen zhè ge niándài 我们 这 个 年代 *unser Zeitalter / diese unsere Jahre*	jiǔshí niándài 九十 年代 *die 90er Jahre*
jìdù 季度	yī ge jìdù 一 个 季度 *ein Quartal*	yī jìdù 一 季度 *das erste Quartal*
yuè 月	wǔ ge yuè 五 个 月 *fünf Monate*	wǔyuè 五月 *Mai*

Bei 钟头 ist der Gebrauch des ZEW obligatorisch, sonst ist der Ausdruck nicht richtig.

bā ge zhōngtóu　　bā ge zhōngtóu de gōngzuò shíjiān
八个 钟头　　八个 钟头 的 工作 时间
bā zhōngtóu
*八 钟头

b) Zeitnomina, die ohne das ZEW 个 gebraucht werden müssen, sind u. a.

nián　tiān　kè zhōng　fēn zhōng　miǎo zhōng
年，　天，　刻（钟），　分（钟），　秒（钟）

Sie können selber als ZEW fungieren. Dabei gilt, dass das attributive 的 bei häufig gebrauchten Kombinationen nicht verwendet werden muss.

yī nián　yī nián de shíjiān　wǔ tiān　wǔ tiān de xiūxī
一 年　一 年 (的) 时间　五 天　五 天 (的) 休息

sān kèzhōng 三 刻钟	sān kèzhōng de shíjiān 三 刻钟 的 时间
shí fēnzhōng 十 分钟	shí fēnzhōng de kǎoshì 十 分钟 的 考试
jiǔ miǎozhōng 九 秒钟	shí miǎozhōng de bǐsài 十 秒钟 的 比赛

c) Zeitnomina, die in der Regel das ZEW 个 verlangen, sind

xīngqī 星期	sān ge xīngqī 三 个 星期	xiǎoshí 小时	shí ge xiǎoshí 十 个 小时

Ohne ZEW bleibt die Bedeutung unverändert.

xīngqī 星期	sān xīngqī 三 星期	xiǎoshí 小时	shí xiǎoshí 十 小时

2.4 Uhrzeiten

7.00	7.05	7.10	7.15
qī diǎn 七 点	qī diǎn líng wǔ fēn 七 点 零 五 分	qī diǎn shí fēn 七 点 十 分	qī diǎn shíwǔ fēn a. 七 点 十五 分 qī diǎn yī kè b. 七 点 一刻
7.30	**7.35**	**7.45**	**7.55**
qī diǎn **a.** 七 点 sānshí fēn 三十 分 qī diǎn bàn **b.** 七 点 半	qī diǎn sānshíwǔ fēn 七 点 三十五 分	qī diǎn **a.** 七 点 sìshíwǔ fēn 四十五 分 qī diǎn sān kè **b.** 七 点 三 刻 chà yī kè bā diǎn **c.** 差 一刻 八 点	qī diǎn **a.** 七 点 wǔshíwǔ fēn 五十五 分 bā diǎn chà wǔ fēn **b.** 八 点 差 五 分 chà wǔ fēn bā diǎn **c.** 差 五 分 八 点

a) Anders als im Deutschen muss „0" ausgesprochen werden, wenn die Minuten unter 10 liegen.

	yī diǎn líng sān fēn
1.03 Uhr	一 点 零 三 分
	sì diǎn líng liù fēn
4.06 Uhr	四 点 零 六 分

b) Die Uhrzeiten zwischen 13 Uhr und 24 Uhr werden wie im Deutschen ausgedrückt.

	shísān diǎn shí fēn		xiàwǔ yī diǎn shí fēn
13.10 Uhr	十三 点 十 分	oder	(下午) 一 点 十 分
	shíbā diǎn sānshí fēn		xiàwǔ liù diǎn sānshí fēn
18.30 Uhr	十八 点 三十 分	oder	(下午) 六 点 三十 分 /
	xiàwǔ liù diǎn bàn		
	(下午) 六 点 半		

In der Umgangssprache werden Ausdrücke mit 下午 bevorzugt.

xiàwǔ sān diǎn bàn hē kāfēi hǎo bù hǎo
下午 三 点 半 喝 咖啡，好 不 好？

c) 分 kann in der Umgangssprache entfallen.

	liù diǎn líng qī
6.07 Uhr	六 点 零 七
	jiǔ diǎn èrshí
9.20 Uhr	九 点 二十

d) Vorsicht bei den Ausdrücken mit „halb", die im Chinesischen anders gebildet werden als im Deutschen.

	deutsch	chinesisch
8.30 Uhr	halb neun	bā diǎn bàn 八 点 半 *(acht Uhr und eine halbe Stunde)*
10.30 Uhr	halb elf	shí diǎn bàn 十 点 半 *(zehn Uhr und eine halbe Stunde)*

2.5 Feste Wendungen

Feste Wendungen					
	Vorvergangene/r/s	Vergangene/r/s	Laufende/r/s	Nächste/r/s	Übernächste/r/s
Jahr	qiánnián 前年	qùnián 去年	jīnnián 今年	míngnián 明年	hòunián 后年
Monat	shàngshàng 上上 ge yuè 个月	shàng ge 上个 yuè 月	zhè ge yuè 这个月	xià ge yuè 下个月	xiàxià ge yuè 下下个月
Woche	shàngshàng 上上 ge xīngqī 个星期	shàng ge 上个 xīngqī 星期	zhè ge 这个 xīngqī 星期	xià ge 下个 xīngqī 星期	xiàxià ge 下下个 xīngqī 星期
Tag	qiántiān 前天	zuótiān 昨天	jīntiān 今天	míngtiān 明天	hòutiān 后天

2.6 Zeitpunkt- und Zeitdauerangaben

Je nachdem, ob es sich um die Angabe eines Zeitpunktes oder einer Zeitdauer handelt, haben Zeitnomina unterschiedliche Stellungen und Frageformen im Satz.

2.6.1 Funktion und Stellung der Zeitpunktangabe

Die Zeitpunktangabe fungiert im Satz als Adverbialbestimmung und steht deshalb vor dem Prädikat.

wǒ jīntiān kàn shū le
我 今天 看 书 了。

zuótiān dìdi méi shàng kè
昨天 弟弟 没 上 课。

Will man nach einem Zeitpunkt fragen, benutzt man 什么时候 (wann), was normalerweise nach dem Subjekt steht.

Wáng xiānshēng shénme shíhou lái　tā míngtiān lái
王　先生　什么　时候　来？他　明天　来。
nǐmen shénme shíhou huí jiā　wǒmen xiàwǔ sān diǎnzhōng huí jiā
你们　什么　时候　回　家？　我们　下午　三　点钟　回　家。

2.6.2 Funktion und Stellung der Zeitdauerangabe

Die Zeitdauerangabe kann als Komplement des Prädikats oder als Attribut des Objekts fungieren. Sie gibt die Dauer einer Handlung oder eines Zustandes an und wird in der Form von Nu-ZEW gebildet.
Was die Stellung betrifft, gibt es folgende Möglichkeiten:

a) bei Prädikaten ohne Objekt steht sie hinter dem Prädikat

tā bìngle sān tiān
她 病了 三 天。*Sie war drei Tage lang krank.*
wǒmen zài Běijīng zhùle wǔ nián
我们 在 北京 住了 五 年。*Wir haben fünf Jahre lang in Beijing gewohnt.*

b) beim Prädikat mit Objekt ergeben sich zwei Möglichkeiten:
1. das Prädikatsverb wird wiederholt und die Zeitdauerangabe steht hinter dem wiederholten Verb,

jiějie dǎ diànhuà dǎle yī ge xiǎoshí　tāmen xué Hànyǔ xuéle sān ge yuè
姐姐 打 电话 打了 一 个 小时。　他们 学 汉语 学了 三 个 月。

2. die Zeitdauerangabe wird als Attribut vor das Objekt gestellt, wobei der Gebrauch von 的 fakultativ ist.

jiějie dǎle yī ge xiǎoshí de diànhuà
姐姐 打了 一 个 小时 (的) 电话。
tāmen xuéle sān ge yuè de Hànyǔ
他们 学了 三 个 月 (的) 汉语。

c) Enthält das Objekt eine Dp-ZEW-Gruppe, wird es meistens an den Satzanfang gestellt, und die Zeitdauerangabe steht am Satzende.

zhè běn shū tā xiěle liǎng nián
这 本 书 他 写了 两 年
zhè jǐ jiān fángjiān wǒmen dǎsǎole sì ge xiǎoshí
这 几 间 房间 我们 打扫了 四 个 小时

[Übungen zu den vorangehenden Abschnitten **2.1 – 2.6 s. 2.7**]

2.7 Übungen zu 2.1–2.6

2.7.1 Übersetzen Sie

1. im September 1960
2. in den 50er Jahren des 20. Jahrhunderts
3. im März letzten Jahres
4. am 1. April 1978
5. Ein Jahr hat 12 Monate.
6. Der August hat 31 Tage.
7. Er geht jeden Tag zur Arbeit.
8. Diese Woche hat es nicht geregnet.
9. Letzte Woche war er nicht hier.

2.7.2 Wie spricht man die Uhrzeiten auf Chinesisch aus?

1. 5.10 Uhr
2. 6.20 Uhr
3. 7.30 Uhr
4. 8.50 Uhr
5. 9.06 Uhr
6. 10.15 Uhr
7. 11.30 Uhr
8. 12.45 Uhr
9. 13.50 Uhr

2.7.3 Übersetzen Sie

1. Ich stehe morgens um 7.30 Uhr auf.
2 Um 8 Uhr frühstücke ich.
3. Um 8.30 Uhr gehe ich zur Arbeit.
4. Mittags um 12.30 Uhr gehe ich zum Mittagessen.
5. Um 15.30 Uhr trinke ich Kaffee.
6. Um 17.30 Uhr gehe ich nach Hause.
7. Abends um 18.30 Uhr mache ich das Abendessen.
8. Um 20 Uhr sehe ich fern.
9. Nachts um 1 Uhr gehe ich ins Bett.

2.7.4 Was ist jeweils davor oder danach?

1. ____________ jīnnián 今年
2. míngtiān 明天 ____________
3. ____________ xiàxià ge xīngqī 下下个星期
4. shàng ge yuè 上个月 ____________
5. ____________ jīntiān 今天
6. xià ge yuè 下个月 ____________
7. ____________ hòunián 后年
8. ____________ zhè ge xīngqī 这个星期
9. ____________ shàng ge xīngqī 上个星期

2.7.5 Ordnen Sie

liǎng diǎn wǒmen jīntiān xiàwǔ
1. 两 点 ， 我们 ， 今天 下午 ，
shàng kè
上 课

xiàwǔ wǒmen xià ge xīngqīliù
2. 下午 ， 我们 ， 下 个 星期六 ，
qù yóu yǒng
去 游 泳

wǒ huí jiā wǎnshang shíyīyuè
3. 我 ， 回 家 ， 晚上 ， 十一月 ，
èrshísān rì
二十三 日

míngnián qù Běijīng gōngzuò
4. 明年 ， 去 北京 ， 工作 ，
tā jiǔyuè yī rì
他 ， 九月 一 日

tā qù Bólín shàngwǔ zuò
5. 他 ， 去 柏林 ， 上午 ， 坐
fēijī hòutiān shí diǎn
飞机 ， 后天 ， 十 点

zài Déguó liúxué sānshí niándài
6. 在 德国 ， 留学 ， 三十 年代 ，
Zhāng lǎoshī
张 老师

2.7.6 Welche Sätze sind richtig?

yīyuè wǒ hái zài Déguó
1a. 一月 我 还 在 德国 。

yī ge yuè wǒ hái zài Déguó
1b. 一 个 月 我 还 在 德国 。

wǒ huāle yī ge yuè shíjiān xué yóu
2a. 我 花了 一 个 月 时间 学 游
yǒng
泳 。

wǒ huāle yīyuè shíjiān xué yóu
2b. 我 花了 一月 时间 学 游
yǒng
泳 。

Wáng xiānshēng xiūxīle shí
3a. 王 先生 休息了 十
fēnzhōng
分钟 。

Wáng xiānshēng xiūxīle shí ge
3b. 王 先生 休息了 十 个
fēnzhōng
分钟 。

wǒmen shàngle sān ge xīngqī de
4a. 我们 上了 三 个 星期 的
Zhōngwén kè
中文 课。

wǒmen shàngle sān xīngqī de
4b. 我们 上了 三 星期 的
Zhōngwén kè
中文 课。

2.7.7 Wohin gehört die Zeitangabe?

wǒ máng le yī tiān
1. 我 忙 了。(一 天)

tā shàng bān le zuótiān
2. 他 上 班 了。(昨天)

tāmen bù zài Déguó qùnián
3. 他们 不 在 德国 。(去年)

wǒ dǎle diànhuà sān fēnzhōng
4. 我 打了 电 话。(三 分钟)

wǒ qù yóu yǒng le shàng ge

5. 我去游泳了。(上个

xīngqī

星期)

wǒ kànle diànshì yī ge xiǎoshí

6. 我看了电视。(一个小时)

tā hái bù rènshi wǒ yī nián qián

7. 她还不认识我。(一年前)

xiàxià ge yuè wǒ xué Yīngyǔ yī ge

8. 下下个月我学英语。(一个

xīngqī

星期)

2.7.8 Ordnen Sie

xǐ zǎo wǒ le de yī ge

1. 洗澡,我,了,的,一个

xiǎoshí

小时

wǒ shàng kè le de sān ge

2. 我,上课,了,的,三个

xiǎoshí shàngwǔ

小时,上午

tāmen wǔ ge yuè xué Déyǔ xué

3. 他们,五个月,学德语,学

le zài Déguó qùnián

了,在德国,去年

jǐ ge yuè wǒmen méi shuō

4. 几个月,我们,没说,

Hànyǔ

汉语

tā yī tiān zuótiān kàn méi

5. 他,一天,昨天,看,没,

diànshì

电视

yī gè yuè shàng ge yuè tā zài

6. 一个月,上个月,他,在

jiā bù

家,不

3 Lage- und Richtungswörter (LRW) 方位词

Lage- und Richtungswörter bezeichnen die Lage oder die Richtung eines Bezeichneten.

Lage- und Richtungswörter					
einsilbige LRW	kombinierbar mit 以	kombinierbar mit 边	kombinierbar mit 面	kombinierbar mit 头	kombinierbar mit 间
shàng 上	yǐshàng 以上	shàngbian 上边	shàngmian 上面	shàngtou 上头	–
xià 下	yǐxià 以下	xiàbian 下边	xiàmian 下面	xiàtou 下头	–
qián 前	yǐqián 以前	qiánbian 前边	qiánmian 前面	qiántou 前头	–
hòu 后	yǐhòu 以后	hòubian 后边	hòumian 后面	hòutou 后头	–
zuǒ 左	–	zuǒbian 左边	zuǒmiàn 左面	–	–
yòu 右	–	yòubian 右边	yòumiàn 右面	–	–
nèi 内	yǐnèi 以内	–	–	–	–
wài 外	yǐwài 以外	wàibian 外边	wàimiàn 外面	wàitou 外头	–
lǐ 里	–	lǐbian 里边	lǐmiàn 里面	lǐtou 里头	–

Lage- und Richtungswörter					
einsilbige LRW	kombinierbar mit 以	kombinierbar mit 边	kombinierbar mit 面	kombinierbar mit 头	kombinierbar mit 间
zhōng 中	–	–	–	–	zhōngjiān 中间
páng 旁	–	pángbiān 旁边	–	–	–
duì 对	–	–	duìmiàn 对面	(–)	–
dōng 东	yǐdōng 以东	dōngbian 东边	dōngmiàn 东面	dōngtóu 东头	–
nán 南	yǐnán 以南	nánbian 南边	nánmiàn 南面	nántóu 南头	–
xī 西	yǐxī 以西	xībian 西边	xīmiàn 西面	xītóu 西头	–
běi 北	yǐběi 以北	běibiān 北边	běimiàn 北面	běitóu 北头	–

3.1 Einsilbige LRW

shàng
上 *oben, über*
xià
下 *unten, unter*

qián
前 *vorn, vor*
hòu
后 *hinten, hinter*

zuǒ
左 *links*
yòu
右 *rechts*

nèi
内 *innen, in*
wài
外 *außen*

lǐ
里 *innen, in*
zhōng
中 *inmitten, in*
páng
旁 *neben*
duì
对 *gegenüber*

dōng
东 *Ost*
nán
南 *Süd*
xī
西 *West*
běi
北 *Nord*

Die einsilbigen LRW können normalerweise nicht allein verwendet werden, außer in folgenden Situationen:

a) in festen Redewendungen

qīshàng bāxià		qiánsī hòuxiǎng	
七上 八下	*unsicher, durcheinander*	前思 后想	*hin und her überlegen*

b) als Präpositionalobjekt

wàng qián		xiàng hòu		cháo dōng	
往 前	*nach vorn*	向 后	*nach hinten*	朝 东	*nach Osten*

c) als Attribut vor einem Nomen

shàng bàn nián
上 半 年 *die erste Hälfte des Jahres*

xià ge yuè
下 个 月 *der nächste Monat*

xī huāyuán
西 花园 *der westliche Garten*

d) nach einem Nomen

sān tiān qián
三 天 前 *vor drei Tagen/drei Tage vorher*

shí nián hòu
十 年 后 *zehn Jahre danach/nach zehn Jahren*

chéng dōng
城 东 *der östliche Stadtteil*

dì shàng
地 上 *auf dem Boden*

mén wài
门 外 *draußen vor der Tür*

[Übungen zu dem voran gehenden Abschnitt **3.1** s. **3.4**]

3.2 Zweisilbige LRW

3.2.1 Funktionen der zweisilbigen LRW im Satz

Zusammengesetzte LRW können als verschiedene Satzglieder fungieren.

a) als Subjekt

xībian shì yī zuò shān, dōngbian shì yī ge hú
西边 是 一 座 山， 东边 是 一 个 湖

b) als Objekt

Zhōngwén shū zài shàngtou, Déwén shū zài xiàtou
中文 书 在 上头， 德文 书 在 下头

	qiánbian de túshūguǎn
c) als Attribut	前边 的 图书馆

Sie können nicht nur als Attribut verwendet werden, sondern auch selber als Bezugswort fungieren, das durch ein Nomen modifiziert wird.

qiánbian de túshūguǎn 前边 的 图书馆	(als Attribut)	*die Bibliothek vorne*
túshūguǎn de qiánbian 图书馆 的 前边	(als Bezugswort)	*vor der Bibliothek*
shàngmian de shū 上面 的 书	(als Attribut)	*das obere Buch*
shū de shàngmian 书 的 上面	(als Bezugswort)	*auf dem Buch*

3.2.2 Wortstellung

Die Wortstellung ist abhängig von der Funktion: Als Attribut stehen die LRW vor dem Bezugswort / Nomen, wobei die attributive Partikel 的 verwendet werden muss. Wenn das LRW selber als Bezugswort fungiert, ist der Gebrauch von 的 beim Attribut davor fakultativ.

	qiánbian de túshūguǎn 前边 的 图书馆	*die vordere Bibliothek*
vs.	túshūguǎn de qiánbian 图书馆 (的) 前边	*vor der Bibliothek*
	shàngmian de cídiǎn 上面 的 词典	*das obere Wörterbuch*
vs.	cídiǎn de shàngmian 词典 (的) 上面	*auf dem Wörterbuch*

3.2.3 Kombinationen mit 边, 面 oder 头

Ein einsilbiges LRW kann mit den Suffixen 边, 面 oder 头 ein zweisilbiges und selbstständiges Wort bilden, wobei die Bedeutung gleich bleibt. Die Unterschiede zwischen 边, 面 und 头 liegen auf der Anwendungsebene: 面 wird mehr der Schriftsprache, 头 mehr der Umgangssprache zugeordnet.

a) mit 边

Alle genannten einsilbigen LRW außer 内, 对 und 中 können mit 边 kombiniert werden.

b) mit 面

Außer 内, 中 und 旁 können alle genannten einsilbigen LRW mit 面 kombiniert werden.

c) mit 头

Außer 左, 右, 内, 中 und 旁 können alle genannten einsilbigen LRW mit 头 kombiniert werden. 东头, 西头, 南头 und 北头 werden nur regional verwendet. 对头 bedeutet „Gegner" und gehört nicht zu den LRW.

Beispiele für die Kombinationen und ihren Gebrauch:

shàngbian shàngmian shàngtou 上边 (上面 / 上头)	shūjià shàngbian 书架 上边 *auf dem Bücherregal* shàngbian de shū 上边 的 书 *das obere Buch*
xiàbian xiàmian xiàtou 下边 (下面 / 下头)	zhuōzi xiàbian 桌子 下边 *unter dem Tisch* xiàbian de bàozhǐ 下边 的 报纸 *die untere Zeitung*
qiánbian qiánmian qiántou 前边 (前面 / 前头)	chuānghù qiánbian 窗户 前边 *vor dem Fenster* qiánbian de xuéshēng 前边 的 学生 *die Studenten vorne*
hòubian hòumian hòutou 后边 (后面 / 后头)	yǐzi hòubian 椅子 后边 *hinter dem Stuhl* hòubian de gōngyuán 后边 的 公园 *der Park dahinten*
zuǒbian zuǒmiàn 左边 (左面)	yóujú zuǒbian 邮局 左边 *links von der Post* zuǒbian de shūdiàn 左边 的 书店 *die Buchhandlung links*
yòubian yòumiàn 右边 (右面)	shūdiàn yòubian 书店 右边 *rechts von der Buchhandlung* yòubian de lǎoshī 右边 的 老师 *der Lehrer rechts*

lǐbian lǐmiàn lǐtou
里边（里面／里头）

shítáng lǐbian
食堂 里边 *in der Mensa*
lǐbian de fángjiān
里边 的 房间 *der Raum drinnen*

wàibian wàimiàn wàitou
外边（外面／外头）

jiàoshì wàibian
教室 外边 *draußen vor dem Klassenzimmer*
wàibian de rén
外边 的 人 *die Leute draußen*

3.2.4 Kombinationen mit 间

a) 中间

中间 bedeutet „in der Mitte eines Raumes/Ortes" oder „unter Sachen oder Personen". Es kann sowohl als Bezugswort (mit oder ohne 的) als auch als Attribut (mit 的) fungieren.

cāochǎng de zhōngjiān
操场 (的) 中间 *mitten auf dem Sportplatz*
xuéshēng de zhōngjiān
学生 (的) 中间 *unter den Studenten*

zhōngjiān de cāochǎng
中间 的 操场 *der mittlere Sportplatz*
zhōngjiān de xuéshēng
中间 的 学生 *der mittlere Student*

b) 之间

之间 entspricht der Präposition „zwischen" im Deutschen. Der Gebrauch von 的 ist nicht möglich.

tā hé wǒ zhījiān
他 和 我 之间 *zwischen ihm und mir*
yóujú hé túshūguǎn zhījiān
邮局 和 图书馆 之间 *zwischen dem Postamt und der Bibliothek*

[Übungen zu dem voran gehenden Abschnitt **3.2** s. **3.5**]

3.3 Kombinationen mit 在

LRW können zusammen mit 在 Präpositionalgruppen bilden. Die Präpositionalgruppen entsprechen meistens einer Präposition im Deutschen. 在 entfällt, wenn die Präpositionalgruppe am Satzanfang steht.

3.3.1 Einsilbige LRW mit 在

a) Kombinationen

Bei den einsilbigen LRW sind folgende Kombinationen möglich:

zài shàng 在… 上	*auf, über*	tā zài shāfā shàng shuì jiào 他在沙发 上 睡 觉。
zài xià 在… 下	*unter*	wǒ de chuáng xià yǒu hěn duō shū 我的 床 下有很多书。
zài qián 在… 前	*vor*	shuì jiào qián tā xǐhuan kàn shū 睡 觉 前她喜欢 看 书。
zài hòu 在… 后	*hinter*	bàozhǐ wǒ fàng zài mén hòu 报纸 我 放 在 门 后。
zài lǐ 在… 里	*in*	érzǐ bǎ zúqiú fàng zài qìchē lǐ le 儿子把足球 放 在汽车里了。
zài wài 在… 外	*außerhalb*	wǒmen zhàn zài dàmén wài 我们 站 在 大门 外。
zài zhōng 在… 中	*in*	tā zài yī běn Déwén shū zhōng zhǎodào le zhè ge gùshi 他在一本 德文 书 中 找到 了这个故事。

b) Gebrauch von 的

Vor den einsilbigen LRW darf kein attributives 的 stehen.

zài dì shàng 在地 上	*	zài dì de shàng 在地的 上
zài zhuōzi shàng 在 桌子 上	*	zài zhuōzi de shàng 在 桌子 的 上

3.3.2 Zweisilbige LRW mit 在

a) Kombinationen

Bei zweisilbigen LRW sind folgende Kombinationen möglich:

zài shàngbian shàngmian shàngtou 在… 上边 / 上面 / 上头	*auf, über*	zài shū shàngbian 在书 上边	*auf dem Buch, über dem Buch*
zài xiàbian xiàmian xiàtou 在… 下边 / 下面 / 下头	*unter*	zài chuáng xiàmian 在 床 下面	*unter dem Bett*
zài qiánbian qiánmian qiántou 在… 前 边/ 前面 / 前头	*vor*	zài tā qiántou 在他 前头	*vor ihm*

zài hòubian hòumian hòutou	zài wǒ hòutou
在… 后边 / 后面 / 后头 *hinter*	在 我 后头 *hinter mir*
zài zuǒbian zuǒmiàn	zài diànshìjī zuǒbian
在… 左边 / 左面 *links von*	在 电视机 左边 *links vom Fernseher*
zài yòubian yòumiàn	zài shōuyīnjī yòumiàn
在… 右边 / 右面 *rechts von*	在 收音机 右面 *rechts vom Radio*
zài dōngbian dōngmiàn	zài Běijīng dōngbian
在… 东边 / 东面 *im Osten von*	在 北京 东边 *im Osten von Beijing*
zài nánbian nánmiàn	zài Shànghǎi nánmiàn
在… 南边 / 南面 *im Süden von*	在 上海 南面 *im Süden von Shanghai*

b) Gebrauch von 的

Bei zweisilbigen LRW ist der Gebrauch der attributiven Partikel 的 fakultativ, nur bei 之间 ist der Gebrauch von 的 nicht möglich.

zài zhuōzi de zuǒbian		zài zhuōzi zuǒbian
在 桌子 的 左边	oder	在 桌子 左边
zài dàxué de hòumian		zài dàxué hòumian
在 大学 的 后面	oder	在 大学 后面

3.3.3 Gebrauch von 在 ... LRW (在 … 上 / 在 … 上面)

a) bei allgemeinen Nomina

Wenn 在...LRW (在 ... 上 / 在 ... 上面) am Satzanfang steht, entfällt 在. In anderen Positionen muss 在 verwendet werden, wenn der Ausdruck räumlich gemeint ist. In der zeitlichen Bedeutung ist der Gebrauch von 在 fakultativ. Das LRW muss immer gebraucht werden.

shāfā shàng shuìzhe yī ge rén	wǒ shuì zài shāfā shàng
沙发 上 睡着 一个人。(räumlich)→	我 睡 在 沙发 上 。
shuì jiào qián tā xǐhuan kàn shū	tā zài shuì jiào qián xǐhuan kàn shū
睡 觉 前 她 喜欢 看 书。(zeitlich)→	她 (在) 睡 觉 前 喜欢 看 书。

b) bei geografischen Namen

Vor geografischen Namen muss 在 stehen, aber hier darf kein LRW folgen, ansonsten wird der Satz ungrammatisch.

tāmen zài Zhōngguó gōngzuò
他们 在 中国 工作。
wǒmen xǐhuan zài Běijīng zhù
我们 喜欢 在 北京 住。
wǒ dìdi chūshēng zài Yàzhōu
我 弟弟 出生 在 亚洲。

* tāmen zài Zhōngguó lǐ gōngzuò
* 他们 在 中国 里 工作。
* wǒmen xǐhuan zài Běijīng lǐ zhù
* 我们 喜欢 在 北京 里 住。
* wǒ dìdi chūshēng zài Yàzhōu lǐ
* 我 弟弟 出生 在 亚洲 里。

[Übungen zu dem voran gehenden Abschnitt **3.3** s. **3.6**]

3.4 Übungen zu 3.1

3.4.1 Übersetzen Sie mit einsilbigen LRW

1. letzte Woche
2. nächster Monat
3. vor fünf Tagen
4. nach drei Jahren
5. im Buch
6. unter der Erde
7. der südliche Stadtteil
8. der nördliche Stadtteil

3.4.2 Verteilen Sie die Wörter auf die passenden Lücken

shàng xià qián hòu zuǒ yòu lǐ wài
上，下，前，后，左，右，里，外

gōngsī ______ méi yǒu rén
1. 公司______没有人。

shítángmén ______ zhànzhe hěn duō rén
2. 食堂门______站着很多人。

wǔ nián ______ wǒ hái zài Nánjīng
3. 五年______我还在南京。

yī nián ______ tāmen yào qù Rìběn
4. 一年______他们要去日本。

______ ge xīngqī wǒ méi lái
5. ______个星期我没来。

______ ge yuè wǒ bù lái
6. ______个月我不来。

wǒmen wǎng ______ zǒu
7. 我们往______走。

tāmen xiàng ______ kàn
8. 他们向______看。

3.4.3 Verbinden Sie die Nomina mit passenden LRW (außer 内 und 对) und übersetzen Sie

lóu lóu lóu lóu
1. 楼____，楼____，楼____，楼____

chéng chéng
2. 城____，城____，
chéng chéng
城____，城____

wū wū wū
3. 屋____，屋____，屋____，
wū
屋____

nián nián
4. ____年，____年

nián nián

5. 年 ____， 年 ____

shǒu shǒu

6. ____ 手， ____ 手

zhuō zhuō

7. 桌 ____， 桌 ____

dì dì

8. 地____， 地____

mén mén mén

9. 门 ____， 门 ____， 门 ____，

mén

门 ____

wǎng wǎng

10. 往 ____， 往 ____，

wǎng wǎng

往 ____， 往 ____，

wǎng wǎng

往 ____， 往 ____，

wǎng wǎng

往 ____， 往 ____

3.5 Übungen zu 3.2

3.5.1 Übersetzen Sie

1. Da vorne ist Deutschlands größter Bahnhof.

2. Der Flughafen ist im Osten, und der Bahnhof ist im Westen.

3. Ich schlafe oben, du schläfst unten.

4. Das vordere Wohnheim gehört der Firma, und das hintere gehört der Universität.

5. Die obere Zeitung ist chinesisch, und die untere deutsch.

6. Auf dem Sofa mitten im Zimmer liegt eine Katze.

3.5.2 Wo ist der Gebrauch von 的 obligatorisch? Übersetzen Sie

qìchē shàngmian

1a. 汽车 上面

shàngmian qìchē

1b. 上面 汽车

lǐmiàn fángjiān

2a. 里面 房间

fángjiān lǐmiàn

2b. 房间 里面

túshūguǎn qiánmiàn

3a. 图书馆 前面

qiánmian túshūguǎn

3b. 前面 图书馆

zuǒbian yóujú

4a. 左边 邮局

yóujú zuǒbian

4b. 邮局 左边

diànnǎo lǐmiàn

5a. 电脑 里面

lǐmiàn diànnǎo

5b. 里面 电脑

gōngyuán duìmiàn dàlóu

6a. 公园 对面 大楼

duìmiàn gōngyuán dàlóu

6b. 对面 公园 大楼

3.5.3 Übersetzen Sie

1. auf dem Tisch

2. der Fernseher auf dem Tisch

3. vor der Bibliothek

4. die Studenten vor der Bibliothek

5. im Klassenzimmer

6. die Katze im Klassenzimmer

7. auf dem Wörterbuch
8. das obere Wörterbuch

9. das Büro vorne
10. vor dem Büro

3.5.4 中间 oder 之间?

tāmen hé wǒmen méi yǒu
1. 他们 和 我们 __________ 没 有
wèntí
问题。

wǒmen guānxì bù cuò
2. 我们 __________ 关系 不 错。

xuéshēng yǒu yī ge rén
3. 学生 __________ 有 一 个 人
qùguò Měiguó
去过 美国 。

de nà liàng zìxíngchē shì
4. __________ 的 那 辆 自行车 是
tā de
他 的。

zhè jiā gōngsī yǔ nà jiā gōngsī
5. 这 家 公司 与 那 家 公司
liánxì hěn duō
__________ 联系 很 多。

shūdiàn zài shítáng hé túshūguǎn
6. 书店 在 食堂 和 图书馆
de
的__________。

3.6 Übungen zu 3.3

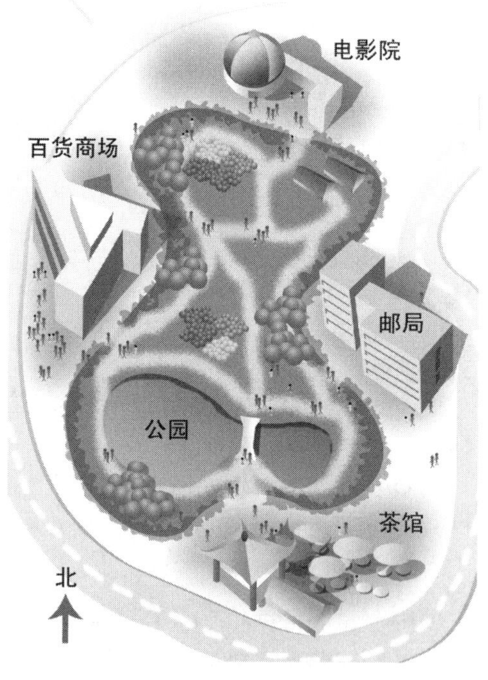

3.6.1 Beschreiben Sie das Bild

shāngdiàn zài gōngyuán de
1. 商店 在 公园 的
__________,

yóujú zài gōngyuán de
2. 邮局 在 公园 的__________,

gōngyuán de shì
3. 公园 的__________是
cháguǎn
茶馆,

gōngyuán de shì
4. 公园 的__________是
diànyǐngyuàn
电影院,

gōngyuán zài diànyǐngyuàn hé
5. 公园 在 电影院 和
cháguǎn
茶馆 __________,

shāngdiàn diànyǐngyuàn yóujú hé gōngyuán
6. 商店、电影院、邮局和公园。
cháguǎn de shì
茶馆 的_________是

3.6.2 Ordnen Sie

hěn duō měi tiān yǒu yìsi de
1. 很多，每天，有意思的
shìqing dōu yǒu zài shēnghuó
事情，都，有，在 生活
zhōng
中

yìzhí chī fàn qián zài
2. 一直，吃饭前，在，
gōngzuò tā
工作，她

jiéwán hūn hòu qù lǚxíng
3. 结完婚后，去，旅行，
Fǎguó tāmen
法国，他们

bāngzhù tā wǒ hěn duō
4. 帮助，她，我，很多，
zài yīyuàn lǐ gěi
在医院里，给

zài xiǎng chūlái diànyǐngyuàn
5. 在，想，出来，电影院，
lǐmiàn de rén
里面，的，人

tāmen chéng lǐ zhù zài
6. 他们，城，里，住，在，
Běijīng
北京

3.6.3 Korrigieren Sie

píjiǔ zài tā de fànzhuō
1. 啤酒在他的饭桌。

wǒmen Běijīng xuéxí Hànyǔ
2. 我们 北京 学习 汉语。

dōngbian de Běihǎi gōngyuán shì yī
3. 东边 的 北海 公园 是一
zuò shān
座 山。

shuí zhàn zài yīyuàn dàmén de qián
4. 谁 站 在 医院 大门 的 前？

shāfā tǎngzhe yī ge bìngrén
5. 沙发 躺着 一个 病人。

dēng de qiáng shàng shì hóng de
6. 灯 的 墙 上 是 红 的。

tā Déguó tīle yī nián zúqiú
7. 他 德国 踢了 一 年 足球。

qián zài bāo lǐ de zhuōzi shàng
8. 钱 在 包 里 的 桌子 上。

4 Zahlwörter 数词

4.1 Kardinalzahlen 基数词

Die chinesischen Zahlen basieren auf dem Dezimalsystem. Die niedrigen Kardinalzahlen sind einsilbige Wörter. Höhere Zahlen werden durch Addition und Multiplikation gebildet.

Kardinalzahlen 1–99							
0–9		10–19		20–29		30–99	
0	líng 零	10	shí 十	20	èrshí 二十	30	sānshí 三十
1	yī 一	11	shíyī 十一	21	èrshíyī 二十一	42	sìshí'èr 四十二
2	èr 二	12	shí'èr 十二	22	èrshí'èr 二十二	54	wǔshísì 五十四
3	sān 三	13	shísān 十三	23	èrshísān 二十三	66	liùshíliù 六十六
4	sì 四	14	shísì 十四	24	èrshísì 二十四	78	qīshíbā 七十八
5	wǔ 五	15	shíwǔ 十五	25	èrshíwǔ 二十五	81	bāshíyī 八十一
6	liù 六	16	shíliù 十六	26	èrshíliù 二十六	99	jiǔshíjiǔ 九十九
7	qī 七	17	shíqī 十七	27	èrshíqī 二十七		
8	bā 八	18	shíbā 十八	28	èrshíbā 二十八		
9	jiǔ 九	19	shíjiǔ 十九	29	èrshíjiǔ 二十九		

Kardinalzahlen 100–199					
100–109		110–119		120–199	
100	yībǎi 一百	110	yībǎi yīshí 一百 一十	120	yībǎi èrshí 一百 二十
101	yībǎi líng yī 一百 零 一	111	yībǎi yīshíyī 一百 一十一	132	yībǎi sānshí'èr 一百 三十二
102	yībǎi líng èr 一百 零 二	112	yībǎi yīshí'èr 一百 一十二	143	yībǎi sìshísān 一百 四十三
103	yībǎi líng sān 一百 零 三	113	yībǎi yīshísān 一百 一十三	154	yībǎi wǔshísì 一百 五十四
104	yībǎi líng sì 一百 零 四	114	yībǎi yīshísì 一百 一十四	165	yībǎi liùshíwǔ 一百 六十五
105	yībǎi líng wǔ 一百 零 五	115	yībǎi yīshíwǔ 一百 一十五	176	yībǎi qīshíliù 一百 七十六
106	yībǎi líng liù 一百 零 六	116	yībǎi yīshíliù 一百 一十六	187	yībǎi bāshíqī 一百 八十七
107	yībǎi líng qī 一百 零 七	117	yībǎi yīshíqī 一百 一十七	199	yībǎi jiǔshíjiǔ 一百 九十九
108	yībǎi líng bā 一百 零 八	118	yībǎi yīshíbā 一百 一十八		
109	yībǎi líng jiǔ 一百 零 九	119	yībǎi yīshíjiǔ 一百 一十九		

Kardinalzahlen 200–1 199					
200–999		1 000–1 009		1 100–1 199	
200	èrbǎi 二百	1 000	yīqiān 一千	1 100	yīqiān yībǎi 一千 一百
311	sānbǎi yīshíyī 三百 一十一	1 001	yīqiān líng yī 一千 零 一	1110	yīqiān yībǎi yīshí 一千 一百 一十
421	sìbǎi èrshíyī 四百 二十一	1 002	yīqiān líng èr 一千 零 二	1 123	yīqiān yībǎi 一千 一百 èrshísān 二十三
533	wǔbǎi sānshísān 五百 三十三	1 003	yīqiān líng sān 一千 零 三	1 134	yīqiān yībǎi sānshísì 一千 一百 三十四
646	liùbǎi sìshíliù 六百 四十六	1 004	yīqiān líng sì 一千 零 四	1 145	yīqiān yībǎi sìshíwǔ 一千 一百 四十五
787	qībǎi bāshíqī 七百 八十七	1 005	yīqiān líng wǔ 一千 零 五	1 156	yīqiān yībǎi 一千 一百 wǔshíliù 五十六
865	bābǎi liùshíwǔ 八百 六十五	1 006	yīqiān líng liù 一千 零 六	1 167	yīqiān yībǎi liùshíqī 一千 一百 六十七
999	jiǔbǎi jiǔshíjiǔ 九百 九十九	1 007	yīqiān líng qī 一千 零 七	1 178	yīqiān yībǎi qīshíbā 一千 一百 七十八
		1 008	yīqiān líng bā 一千 零 八	1 189	yīqiān yībǎi bāshíjiǔ 一千 一百 八十九
		1 009	yīqiān líng jiǔ 一千 零 九	1 199	yīqiān yībǎi 一千 一百 jiǔshíjiǔ 九十九

Kardinalzahlen 2 000–9 999 und 10 000–1 000 000 000			
2 000–9 999		10 000–1 000 000 000	
2 001	liǎngqiān líng yī 两千 零 一	10 000	yīwàn 一万
3 101	sānqiān yībǎi líng yī 三千 一百 零 一	100 000	shíwàn 十万
4 214	sìqiān èrbǎi yīshísì 四千 二百 一十四	1 000 000	yībǎi wàn 一百 万
5 325	wǔqiān sānbǎi èrshíwǔ 五千 三百 二十五	10 000 000	yīqiān wàn 一千 万
6 446	liùqiān sìbǎi sìshíliù 六千 四百 四十六	100 000 000	yīyì 一亿
7 555	qīqiān wǔbǎi wǔshíwǔ 七千 五百 五十五	1 000 000 000	shíyì 十亿
8 662	bāqiān liùbǎi liùshí'èr 八千 六百 六十二		
9 999	jiǔqiān jiǔbǎi jiǔshíjiǔ 九千 九百 九十九		

4.1.1 Der Gebrauch von 零 (null)

Wenn die Null in der Mitte steht, wird sie mitgesprochen; wenn sie am Ende steht, nicht. Bei zwei und mehr Nullen spricht man nur eine.

	yībǎi líng bā		yīqiān líng liù
108	一百 零 八	1.006	一千 零 六
	yībǎi bāshí		yīqiān líng liùshí
180	一百 八十	1.060	一千 零 六十

Statt 零 schreibt man auch 0.

èr líng líng líng = èr
二 零 零 零 = 二 000

4.1.2 Der Gebrauch von 二 und 两

a) Wenn die Zahl Zwei vor einem ZEW steht, wird 两 verwendet.

liǎng ge rén　　liǎng běn shū
两 个 人　　两 本 书

b) Bei der Zahl Zwanzig oder einer Zahl mit Zwanzig am Anfang (二十一, 二十二, ...; 二十万, 二十亿) wird jedoch auch vor einem ZEW 二 gesprochen.

èrshíyī ge　　èrshí wàn ge
二十一 个　　二十 万 个

c) Bei anderen Zahlen mit Zwei am Anfang (二百, 二千, 二万, 二百万, 二千万, 二亿) können vor einem ZEW dann beide Formen, 二 oder 两, gebraucht werden.

èrqiān ge liǎngqiān ge　　èrwàn rén liǎngwàn rén
二千 个/ 两千 个　　二万 人/ 两万 人

d) Steht die Zwei nicht am Anfang, wird sie immer als 二 gesprochen.

4.1.3 Telefonnummern

Im Chinesischen werden Telefonnummern der Reihe nach gelesen. Dabei wird 一 sehr oft als „yāo" statt „yī" ausgesprochen.

010-8213 4692　　líng-yāo-líng bā-èr- yāo-sān-sí-liù-jiŭ-èr

Telefonnummern werden nicht wie im Deutschen zusammengefasst (zweiundachtzig-dreizehn sechsundvierzig-zweiundneunzig) gelesen.

4.2 Ordinalzahlen 序数词

a) mit 第

Die Ordinalzahlen werden aus den Kardinalzahlen gebildet, indem das Präfix 第 davor gesetzt wird.

dì yī　dì èr　dì sān　　dì èrshí　dì yībǎi líng bā
第 一, 第 二, 第 三 … 第 二十, 第 一百 零 八

dì yī míng　　　　　　dì yī xuéqī
第 一 名　*der erste Platz*　　第 一 学期　*das erste Semester*

b) ohne 第

In vielen Fällen wird das Präfix 第 jedoch nicht gebraucht.

èr niánjí
二 年级 *der zweite Jahrgang*

lóu
15楼 *Haus Nr. 15/das 14. Stockwerk*

yuè rì hào
6 月 1 日/号

4.3 Jahreszahlen 年代

Jahreszahlen werden Ziffer für Ziffer oder wie eine normale Zahl gesprochen, am Ende steht dann 年 (Jahr).

das Jahr 618	das Jahr 1840	das Jahr 2008
liù yī bā nián	yī bā sì líng nián	èr líng líng bā nián
六 一 八 年	一 八 四 零 年	二 零 零 八 年
liùbǎi yīshíbā nián	yīqiān bābǎi sìshí nián	liǎngqiān líng bā nián
六百 一十八 年	一千 八百 四十 年	两千 零 八 年

Für die Jahreszahlen vor Christus / vor unserer Zeitrechnung wird 公元前 (gōngyuán qián) gebraucht.

das Jahr 221 v. Chr.	das Jahr 206 v. Chr.
gōngyuán qián èr èr yī nián	gōngyuán qián èr líng liù nián
公元 前 二 二 一 年	公元 前 二 零 六 年
gōngyuán qián èrbǎi èrshíyī nián	gōngyuán qián èrbǎi líng liù nián
公元 前 二百 二十一 年	公元 前 二百 零 六 年

Für die Jahreszahlen nach Christus/unserer Zeitrechnung kann 公元 verwendet werden, was aber normalerweise entfällt.

gōngyuán sì èr líng nián	gōngyuán èr líng líng liù nián
公元 四 二 零 年	公元 二 零 零 六 年

4.4 Annäherungszahlen 概数

4.4.1 Bedeutungen

jǐ	shíjǐ ge	jǐshí ge
几 *einige*	十几 个 *über zehn,*	几十 个 *einige -zig*

duō 多 *mehr als*	liǎng ge duō xiǎoshí 两 个 多 小时 *über zwei Stunden,* èrshí duō ge xiǎoshí 二十 多 个 小时 *mehr als zwanzig Stunden*
shàngxià 上下 *um*	èrshí shàngxià 二十 上下 *um die zwanzig*
zuǒyòu 左右 *um*	sānshí zuǒyòu 三十 左右 *um die dreißig*
yǐshàng 以上 *oberhalb*	sānshí yǐshàng 三十 以上 *ab/über dreißig*
yǐxià 以下 *unterhalb*	èrshí yǐxià 二十 以下 *unter zwanzig*
yuē dàyuē 约 / 大约 *ungefähr*	dàyuē yībǎi 大约 一百 *ungefähr einhundert*
jìn 近 *knapp*	jìn yīqiān 近 一千 *knapp eintausend*
chàbuduō 差不多 *ungefähr*	chàbuduō wǔshí 差不多 五十 *ungefähr fünfzig*
bùdào 不到 *weniger als*	bùdào yībǎi 不到 一百 *weniger als einhundert*

4.4.2 Wortstellung

Bei den unbestimmten Zahlen ist die Wortstellung zu beachten.

a) 上下, 左右, 以上 und 以下 stehen nach dem Nu-ZEW

èrshí suì shàngxià 二十 岁 上下，	èrshí suì shàngxià de dàxuéshēng 二十 岁 上下 的 大学生
sānshí yuán zuǒyòu 三十 元 左右，	sānshí yuán zuǒyòu de chènshān 三十 元 左右 的 衬衫
sìshí píng yǐshàng 四十 瓶 以上，	sìshí píng yǐshàng de píjiǔ 四十 瓶 以上 的 啤酒
wǔshí tiān yǐxià 五十 天 以下,	wǔshí tiān yǐxià de gōngzuò 五十 天 以下 的 工作

Beispiele

zhè ge dàxuéshēng yǒu èrshí suì shàngxià
这 个 大学生 有 二十 岁 上下 。

yī ge èrshí suì shàngxià de dàxuéshēng zǒujìn le jiàoshì
一 个 二十 岁 上下 的 大学生 走进 了 教室。

nà jiàn chènshān mài sānshí yuán zuǒyòu
那件 衬衫 卖三十 元 左右。
tā xiǎng mǎi yī jiàn sānshí yuán zuǒyòu de chènshān
她 想 买一件三十 元 左右的 衬衫 。

b) 约, 近 und 不到 stehen davor.

yuē èrshí nián　　yuē èrshí nián shíjiān
约二十年，　约二十年 时间
jìn sānshí ge　　jìn sānshí ge rén
近三十个,　近三十个人
bùdào sìshí liàng　　bùdào sìshí liàng chē
不到 四十 辆，不到 四十 辆 车

Beispiele

tā gōngzuòle yuē èrshí nián shíjiān
她 工作了 约二十 年 时间。
jīntiān lái de rén yǒu jìn sānshí ge
今天来的人有近三十个。
zhèlǐ tíngle bùdào sìshí liàng chē
这里停了 不到 四十 辆 车。

c) 差不多 und 大约 können vor dem Nu-ZEW oder dem Prädikat/Verb stehen.

zuótiān láile dàyuē wǔshí ge rén　　zuótiān dàyuē láile wǔshí ge rén
昨天 来了 大约 五十个人。　昨天 大约 来了 五十个人。
tāmen dǎle chàbuduō yī ge xiǎoshí diànhuà
他们 打了 差不多 一个 小时 电话 。
tāmen chàbuduō dǎle yī ge xiǎoshí diànhuà
他们 差不多 打了 一个 小时 电话 。

4.5 Bruchzahlen 分数

Um das Verhältnis zwischen dem Nenner und dem Zähler anzugeben, wird im Chinesischen …分之… verwendet. Dabei steht der Nenner vor dem Zähler, also genau anders herum als im Deutschen. 四分之一 bedeutet $\frac{1}{4}$ und 五分之三 $\frac{3}{5}$. Stehen die Bruchzahlen direkt vor dem Nomen, ist der Gebrauch der Partikel 的 fakultativ.

sān fēn zhī yī 三分之一（$\frac{1}{3}$）	*ein Drittel*	sān fēn zhī yī de xuéshēng shì Shànghǎirén 三分之一(的)学生是上海人。
sì fēn zhī sān 四分之三（$\frac{3}{4}$）	*drei Viertel*	nà běn shū wǒ kànle sì fēn zhī sān 那本书我看了四分之三。

4.6 Prozentzahlen 百分数

Das Schema der Bruchzahlen findet auch bei den Prozentzahlen Anwendung, hier in der Form 百分之X, also X Hundertstel.

bǎifēn zhī yī 百分之一 *1%*	bǎifēn zhī yī de rén méi yǒu diànshìjī 百分之一的人没有电视机。
bǎifēn zhī sānshísān 百分之三十三 *33%*	gōngzī zēngjiāle bǎifēn zhī sānshísān 工资增加了百分之三十三。
bǎifēn zhī jiǔshíjiǔ diǎn jiǔ 百分之九十九点九 *99,9%*	bǎifēn zhī jiǔshíjiǔ diǎn jiǔ de shū dōu shì Zhōngwén de 百分之九十九点九的书都是中文的。

4.7 Dezimalzahlen 小数

Die Dezimalzahlen im Chinesischen gleichen denen im Deutschen. Wenn eine Dezimalzahl Nullen hat, muss jede Null genannt werden: *0,06* wird als 零点零六 gesprochen.

sān diǎn wǔ 三点五 *3,5*	zhè liàng qìchē cháng sān diǎn wǔ mǐ 这辆汽车长三点五米。
jiǔ diǎn jiǔ jiǔ 九点九九 *9,99*	tā de fángjiān zhǐ yǒu jiǔ diǎn jiǔ jiǔ píngfāngmǐ 他的房间只有九点九九平方米。
èrshí diǎn líng bā 二十点零八 *20,08*	zhè xiē shū zhòng èrshí diǎn líng bā gōngjīn 这些书重二十点零八公斤。
wǔshí diǎn wǔ 五十点五 *50,50*	nà zuò dàlóu gāo wǔshí diǎn wǔ mǐ 那座大楼高五十点五米。

4.8 Übungen

4.8.1 Wie werden diese Zahlen auf Chinesisch gelesen?

1. 108, 110, 115, 133
2. 1.001, 1.010, 1.166, 1.908
3. 10.000, 12.528, 34.050, 53.456
4. 60.000, 6.00.000, 6.000.000, 60.000.000

4.8.2 Wie werden diese Zahlen in arabischen Ziffern geschrieben?

yībǎi líng yī èrbǎi èr shí sānbǎi jiǔshí'èr
1. 一百 零 一，二百 二十，三百 九十二

liùqiān wǔbǎi liùshíwǔ sānqiān sānbǎi líng wǔ sìqiān líng bāshísì
2. 六千 五百 六十五，三千 三百 零 五，四千 零 八十四

sānwàn wǔqiān liùwàn wǔqiān sìbǎi bāwàn jiǔqiān èrbǎi èrshí'èr
3. 三万 五千，六万 五千 四百，八万 九千 二百 二十二

sìshí'èr wàn sānqiān èrbǎi wǔshí yībǎi qīshí wàn líng wǔqiān sānbǎi wàn
4. 四十二 万 三千 二百 五十，一百 七十 万 零 五千，三百 万

yīyì wǔqiān sānbǎiwàn shísān yì
5. 一亿 五千 三百 万，十三 亿

4.8.3 Wie werden diese Jahreszahlen auf Chinesisch gelesen?

1. das Jahr 1871, 2. das Jahr 1914, 3. das Jahr 1989, 4. das Jahr 2006
5. das Jahr 447 v. u. Z., 6. das Jahr 206 v. u. Z.

4.8.4 Lesen Sie auf Chinesisch

1. ½ ⅔ ⅞
2. 5% 20% 100%
3. 1,99 3,05 122,22

4.8.5 Wo gehören die Annäherungszahlen hin?

sānshí
1. ( )三十( )

wǔshí
2. ( )五十( )

shí'èr
3. ( )十二( )

yībǎi
4. ( )一百( )

liùshíwǔ
5. ( )六十五( )

yīqiān
6. ( )一千( )

chàbuduō 差不多 | zuǒyòu 左右 | yǐshàng 以上 | shàngxià 上下 | yuē 约 | búdào 不到

4.8.6 Wo passt 二? Und wo passt 两?

shí bēi shí píng
1. ( )十杯，十( )瓶，
bǎi shí zhǒng
( )百( )十( )种

qiān rén wàn ge xuéshēng yì wǔqiān wàn
2. ( )千 人，( )万 个 学生，( )亿 五千 万

ge shūjià shíwàn ge
3. ( )个 书架，( )十万 个，
liùshí zhī māo
六十( )只 猫

shuāng xié bèi shí jiàn chènshān
4. ( )双 鞋，( )倍，十( )件 衬衫

5 Nominale Zähleinheitswörter 名量词

Zähleinheitswörter gehören zu den Wortarten, die die chinesische Sprache prägen. Der systematische Gebrauch der individuellen ZEW gilt als eine Besonderheit des modernen Chinesischen. Sie können auf ein bestimmtes Merkmal des Nomens hinsichtlich der Form, des Umfangs und der Menge hinweisen.

Nominale ZEW		
Untergruppen		Beispiel
universal	ge 个	yī ge rén 一个人
individuell	zhāng 张	yī zhāng zhuōzi 一 张 桌子
kollektiv	shuāng 双	yī shuāng xiézi 一 双 鞋子
Maß und Menge	gōngjīn 公斤	yī gōngjīn shuǐguǒ 一 公斤 水果
unbestimmt	yīdiǎnr 一点儿	yīdiǎnr shíjiān 一点儿 时间
Zeitnomen	nián 年	yī nián de gōngzuò 一 年 (的) 工作

Anders als im Deutschen können Zahlwort und/oder Demonstrativpronomen im Chinesischen nicht allein das Nomen näher bestimmen.

yī shū
ein Buch ≠ * 一 书

Hier ist ein ZEW zwischen dem Zahlwort oder 这/那 und dem Nomen erforderlich.

yī běn shū
ein Buch = 一 本 书

5.1 Funktionen der ZEW

5.1.1 als Artikelwort

Das ZEW bildet mit dem Zahlwort oder dem Demonstrativpronomen 这/那 eine Gruppe (Nu-ZEW-Gruppe oder Dp-ZEW-Gruppe), welche die Funktion eines Artikelwortes hat und vor dem näher zu bestimmenden Nomen steht.

Nu-ZEW +	Nomen
yī běn 一 本	shū 书
Dp-ZEW +	**Nomen**
zhè nà běn 这 / 那 本	shū 书

5.1.2 als Subjekt oder Objekt

Die Nu-ZEW-Gruppe oder eine Dp-ZEW-Gruppe kann selbstständig als Subjekt oder Objekt fungieren.

tā mǎile liǎng tiáo qúnzi yī tiáo shì hóng de yī tiáo shì huáng de
她买了两条裙子，一条是红的，一条是黄的。(als Subjekt)

wǒmen qù hē píjiǔ wǒ hēle yī píng tā hēle liǎng píng
我们去喝啤酒，我喝了一瓶，他喝了两瓶。(als Objekt)

5.1.3 als Prädikat

Maß- und Mengenbezeichnungen können zusammen mit dem Zahlwort als Prädikat auftreten.

tā qīshí gōngjīn le zhè jiàn fángjiān qīshí píngfāngmǐ
他七十公斤了。这件房间七十平方米。

5.1.4 als Adverbialbestimmung

Manche Nu-ZEW-Gruppen oder Dp-ZEW-Gruppen können auch als Adverbialbestimmung verwendet werden.

wǒ yī ge rén gōngzuò
我 一 个 人 工作 。

tāmen zhè ge xīngqī shàng hěn duō kè
他们 这 个 星期 上 很 多 课。

5.1.5 als Komplement

Als Komplement können die Nu-ZEW-Gruppen das Prädikat näher bestimmen.

tā zhòng le sān gōngjīn
他 重 了 三 公斤 。

shuǐ wǒ hēle yī bēi
水 我 喝了 一 杯。

5.2 Besonderheiten beim Gebrauch

Die individuellen ZEW (vgl. unten) sind keine selbstständigen Wörter und können nur in Verbindung mit einem Zahlwort oder 这/那 gebraucht werden.

běn 本	yī běn dìtú 一 本 地图，	zhè nà běn zázhì 这/那 本 杂志
liàng 辆	yī liàng zìxíngchē 一 辆 自行车，	zhè nà liàng qìchē 这/那 辆 汽车

Wegen ihres Charakters als Artikelwort darf zwischen Nu-ZEW / Dp-ZEW und Nomen keine attributive Partikel 的 verwendet werden, es sei denn, es handelt sich um allgemeine Nomina, die als ZEW fungieren.

yī běn shū 一 本 书	→	* yī běn de shū * 一 本 的 书	běn (本 ZEW)
yī fángjiān rén 一 房间 人	→	yī fángjiān de rén 一 房间 的 人	fángjiān (房间 Nomen)

5.3 Individuelle ZEW

5.3.1 Bedeutung und Gebrauch

Viele Nomina haben individuelle ZEW, deren Zuordnung semantisch bestimmt ist. Das ZEW kann z. B. auf ein bestimmtes Merkmal des Nomens hinsichtlich der Form, des Umfangs oder der Menge hinweisen.

bǎ
把 für einen Gegenstand mit Griff

zhāng
张 für einen Gegenstand mit Fläche

wèi
位 höfliche Bezeichnung für eine Person
dǎ
打 zwölf Stück

Unterschiedliche ZEW können unterschiedliche Bedeutungen ergeben.

yī zhāng dìtú 一 张 地图	*eine Landkarte* (auf einem Blatt Papier o.ä.)
yī běn dìtú 一 本 地图	*ein Atlas* (geheftet, gebunden)
yī bēi píjiǔ 一 杯 啤酒	*ein Glas Bier*
yī píng píjiǔ 一 瓶 啤酒	*eine Flasche Bier*
yī xiāng píjiǔ 一 箱 啤酒	*eine Kiste Bier*

Viele Nomina werden mit einem oder mehreren speziellen ZEW gezählt,

xìn 信	→	fēng 封	yī fēng xìn 一 封 信
lǎoshī 老师	→	ge 个	yī ge lǎoshī 一 个 老师
	→	wèi 位	yī wèi lǎoshī 一 位 老师

ein ZEW kann wiederum bei unterschiedlichen Nomina verwendet werden.

bǎ 把	←	dāo 刀	yī bǎ dāo 一 把 刀
	←	sǎn 伞	yī bǎ sǎn 一 把 伞
	←	yǐzi 椅子	yī bǎ yǐzi 一 把 椅子

5.3.2 Gebräuchliche individuelle ZEW

Im Folgenden sind die gebräuchlichen ZEW mit ihrem jeweiligen Hauptmerkmal (HM) und Beispielen aufgeführt.

把 bǎ (Gegenstände mit Griff)
dāo yǔsǎn yǐzi
刀，雨伞，椅子

杯 bēi (Becher / Glas) shuǐ chá 水，茶，
kāfēi píjiǔ
咖啡，啤酒

本 běn (geheftete Drucksachen)
shū zázhì dìtú
书，杂志，地图

部 bù (Filme) diànyǐng 电影

场 chǎng (Platz) diànyǐng bǐsài 电影，比赛，
jīngjù
京剧

层 céng (Stockwerk) lóu 楼

朵 duǒ (Blüte) huā 花

份 fèn (Exemplar) bàozhǐ 报纸

封 fēng (zugeklebt) xìn 信

根 gēn (kleine lange Gegenstände)
huánggua tóufà
黄瓜，头发

家 jiā (Arbeitsorte) gōngsī 公司，
gōngchǎng yínháng
工厂，银行

间 jiān (Raum) fángjiān wūzi 房间，屋子

件 jiàn (Kleidung) chènshān 衬衫，
máoyī dàyī shìqing
毛衣，大衣，事情

句 jù (Satz) huà shī 话，诗

棵 kē (Pflanze) cǎo shù 草，树

颗 kē (Kern, Korn) táng xīn 糖，心

块 kuài (Stück) qiǎokèlì táng 巧克力，糖

辆 liàng (Fahrzeuge mit Rädern)
zìxíngchē qìchē
自行车，汽车

匹 pǐ (Pferde oder Stoffballen)
mǎ bù
马，布

篇 piān (Geschriebenes) wénzhāng 文章，
xiǎoshuō
小说

瓶 píng (Gefäß/Flasche) shuǐ jiǔ 水，酒

台 tái (elektronische Geräte)
shōuyīnjī diànshìjī diànnǎo
收音机，电视机，电脑

条 tiáo (lange Gegenstände) qúnzi 裙子，
kùzi lù hé gǒu
裤子，路，河，狗

位 wèi (höflich für Personen)
lǎoshī lǎorén
老师，老人

张 zhāng (Gegenstände mit einer Fläche) 纸 zhǐ, 画 huà, 报纸 bàozhǐ, 桌子 zhuōzi, 床 chuáng

只 zhī (kleine Tiere) 猫 māo, 狗 gǒu; (für einen Teil eines Paares) 手 shǒu, 眼睛 yǎnjīng, 鞋子 xiézi

枝 zhī (lange Gegenstände wie Stifte) 笔 bǐ, 香烟 xiāngyān

座 zuò (für sehr große liegende/stehende Gegenstände) 山 shān, 大楼 dàlóu, 城市 chéngshì

5.4 Universales ZEW 个

Für die Nomina, die kein individuelles ZEW haben, wird das universale 个 verwendet. Es ist das in der Umgangssprache am häufigsten gebrauchte ZEW. 个 ist kein selbstständiges Wort und kann nur in Verbindung mit einem Zahlwort oder Demonstrativpronomen verwendet werden. 个 kann sich auf Konkreta und Abstrakta sowie auf Personen und Gegenstände beziehen.

Personen	yī ge rén yī ge péngyou 一个人，一个朋友
Gegenstände	yī ge shūjià yī ge túshūguǎn 一个书架，一个图书馆
Tätigkeiten	yī ge gōngzuò yī ge liànxí 一个工作，一个练习
Abstrakta	yī ge bànfǎ yī ge xiǎngfǎ 一个办法，一个想法

5.5 ZEW für Art und Sorte 种

种 bedeutet eine „bestimmte Sorte von etw." und kann, sobald die Bedeutung stimmt, bei fast allen Nomina verwendet werden.

yī zhǒng rén zhè zhǒng niú nà zhǒng fángzi yī zhǒng gōngzuò fāngfǎ
一种人，这种牛，那种房子，一种工作方法

5.6 Kollektive ZEW

Mit den kollektiven ZEWn werden nicht einzelne Stücke, sondern Mengen gezählt. Das zweisilbige 系列 tritt auch als selbstständiges Wort auf.

bāo	yī bāo chá
包 bāo (Packung)	一 包 茶 *eine Packung Tee*
dài	yī dài shuǐguǒ
袋 dài (Tasche, Tüte)	一 袋 水果 *eine Tasche (voll) Obst*
duì	yī duì huāpíng
对 dùi (Paar)	一 对 花瓶 *ein Paar Blumenvasen*
dǎ	yī dǎ qiānbǐ
打 dǎ (Dutzend)	一 打 铅笔 *ein Dutzend Bleistifte*

[Übungen zu den voran gehenden Abschnitten **5.1–5.6** s. **5.9**]

5.7 Maß- und Mengenwörter

Maß- und Mengenwörter sind im modernen Chinesischen i.d.R. internationalisiert.

Gewicht

kè	shí kè jīnzi
克 *Gramm*	十 克 金子
jīn	yī jīn miàntiáo
斤 *Pfund (500 Gramm)*	一 斤 面条
gōngjīn	sān gōngjīn yángròu
公斤 *Kilogramm*	三 公斤 羊肉
dūn	qī dūn zhòng de qìchē
吨 *Tonne*	七 吨 重 的 汽车

Länge

gōngfēn límǐ	gōngfēn límǐ cháng
公分 / 厘米 *Zentimeter*	60 公分 / 厘米 长
gōngchǐ mǐ	yī gōngchǐ gāo
公尺 / 米 *Meter*	一 公尺 高
gōnglǐ	yīqiān gōnglǐ yuǎn
公里 *Kilometer*	一千 公里 远

Fläche

píngfāng gōngchǐ / píngfāngmǐ		píngfāng gōngchǐ de fángzi
平方 公尺 / 平方米	*Quadratmeter*	89 平方 公尺 的 房子
píngfāng gōnglǐ		píngfāng gōnglǐ de miànjī
平方 公里	*Quadratkilometer*	700 平方 公里 的 面积

[Übungen zu dem voran gehenden Abschnitt **5.7** s. **5.10**]

5.8 ZEW 些 und 点儿 für unbestimmte Mengen

些 und 点儿 können mit 一 und mit 这/那 kombiniert werden und damit Nomina modifizieren.

xiē 些	yīxiē 一些	*einige, manche*	yīxiē dàlóu 一些 大楼
	zhèxiē 这些	*diese, die*	zhèxiē māo 这些 猫
	nàxiē 那些	*jene, die*	nàxiē gǒu 那些 狗
diǎnr 点儿	yīdiǎnr 一点儿	*ein wenig, ein paar*	yīdiǎnr shíjiān 一点儿 时间
	zhèdiǎnr 这点儿	*diese wenigen, diese paar*	zhèdiǎnr shū 这点儿 书
	nàdiǎnr 那点儿	*jene wenigen, diese paar*	nàdiǎnr qián 那点儿 钱

Bei 些 und 点儿 ist die Menge nicht bestimmt, wobei 一些 eine vergleichsweise größere Menge als 一点儿 bezeichnet.

wǒ yǒu yīxiē shū
我 有 一些 书。*ich habe einige Bücher*

tā yǒu yīdiǎnr shū
vs. 他 有 一点儿 书。*er hat ein paar Bücher*

5.8.1 Funktionen von 一点儿 und 一些

a) als Artikelwort

一点儿 und 一些 können als Artikelwörter Nomina modifizieren. Zu beachten ist allerdings, dass 一些 sowohl das Subjekt als auch das Objekt näher bestimmen kann, während 一点儿 nur das Objekt modifizieren kann.

yīxiē rén zhànzài jiàoshì lǐ
一些 人 站在 教室 里。(Subjekt)
tā mǎile yīxiē wánjù
他 买了 一些 玩具。(Objekt)
wǒ kànle yīdiǎnr shū
我 看了 一点儿 书。(Objekt)

b) als Komplement

一点儿 und 一些 können auch als Komplement fungieren.

tā gēge bǐ yǐqián pàng le yīdiǎnr
他 哥哥 比 以前 胖 了 一点儿。
chīle yào yǐhòu Wáng xiānshēng juéde shūfu le yīxiē
吃了 药 以后 王 先生 觉得 舒服了 一些。
wǒ xǐhuan hē chá kāfēi zhǐ hē yīdiǎnr
我 喜欢 喝 茶，咖啡 只 喝 一点儿。

5.8.2 一点儿 vs. 有一点儿

一点儿 und 有一点 lassen sich wegen der ähnlichen Bedeutung leicht verwechseln, haben aber unterschiedliche Funktionen. 有一点儿 modifiziert adverbial das Prädikat und muss deshalb vor dem Prädikat stehen, während 一点儿 als Komplement hinter das Prädikat gestellt wird.

yīdiǎnr 一点儿	tā hēle yīdiǎnr píjiǔ 他 喝了 一点儿 啤酒。
	Zhāng xiānshēng de shēntǐ hǎole yīdiǎnr 张 先生 的 身体 好了 一点儿。
yǒu yīdiǎnr 有 一点儿	Wáng xiānshēng yǒu yīdiǎnr lèi le 王 先生 有 一点儿 累 了。
	tā jiějie yǒu yīdiǎnr xiǎng jiā le 她 姐姐 有 一点儿 想 家 了。

[Übungen zu dem voran gehenden Abschnitt **5.8** s. **5.11**]

5.9 Übungen zu 5.1–5.6

5.9.1 Welches ist das passende individuelle ZEW?

1. 一（yī　　）电影（diànyǐng），一（yī　　）笔（bǐ）　**2.** 四（sì　　）狗（gǒu），这（zhè　　）电脑（diànnǎo）

shí qúnzi zhè lǎoshī

3. 十（ ）裙子，这（ ）老师

sān chuáng wǔ

4. 三（ ）床，五（ ）

yǐzi

椅子

zhè xìn yī bǐsài

5. 这（ ）信，一（ ）比赛

wǔ píjiǔ nà

6. 五（ ）啤酒，那（ ）

fángzi

房子

yī huā yī huà

7. 一（ ）花，一（ ）话

yī gōngzuò yī

8. 一（ ）工作，一（ ）

huángguā

黄瓜

yī yǎnjīng yī

9. 一（ ）眼睛，一（ ）

fāngfǎ

方法

5.9.2 Welches ist das passende kollektive ZEW?

yī huāpíng

1. 一（ ）花瓶

yī máobǐ

2. 一（ ）毛笔

yī kāfēi

3. 一（ ）咖啡

yī píngguǒ

4. 一（ ）苹果

5.9.3 Nennen Sie zu jedem Nomen zwei passende ZEW

lǎoshī

1. 老师

dìtú

2. 地图

píjiǔ

3. 啤酒

túshūguǎn

4. 图书馆

yīfu

5. 衣服

yínháng

6. 银行

qiǎokèlì

7. 巧克力

fángzi

8. 房子

5.9.4 Nennen Sie zu jedem ZEW möglichst viele passende Nomina

bēi

1. 杯

píng

2. 瓶

zhāng

3. 张

běn

4. 本

gēn

5. 根

tiáo

6. 条

zhī

7. 只

jiàn

8. 件

zhī

9. 枝

zuò

10. 座

piān

11. 篇

zhǒng

12. 种

5.10 Übungen zu 5.7

5.10.1 Ergänzen Sie

1.

yī gōngjīn yǒu
一 公斤 有 1000 ______。

gōngjīn shì yī
2. 1000 公斤 是 一______。

yī gōngchǐ yǒu
3. 一 公尺 有 100 ______。

gōngchǐ shì yī
4. 1000 公尺 是 一______。

yī píngfāng gōnglǐ yǒu
5. 一 平方 公里 有
1000000______。

5.10.2 Was passt?

kè gōngjīn mǐ píngfāng gōnglǐ píngfāng gōngchǐ gōnglǐ
克, 公斤, 米, 平方 公里, 平方 公尺, 公里

tā de fángjiān yǒu
1. 他的 房间 有 20 ________。

Běijīng dào Nánjīng de jùlí
2. 北京 到 南京 的距离
shì
是 1100 ________。

zhè fēng xìn bù dào
3. 这 封 信不 到 20 ________。

tā dìdi suì le
4. 她 弟弟 10 岁 了,
gèzi yǒu
个子 有 1 ________ 60。

tā de tǐzhòng zhǐ yǒu
5. 他 的 体重 只 有 62
________。

Zhōngguó de miànjī shì wàn
6. 中国 的 面积 是 960 万
________。

5.11 Übungen zu 5.8

5.11.1 Was ist richtig: 一点儿 oder 有一点儿?

Zhāng xiǎojiě jīntiān lèi
1. 张 小姐 今天________累。

Wáng xiānshēng yě bù
2. 王 先生 ________也 不
gāoxìng
高兴 。

wǒ zuótiān mǎile lǜchá
3. 我 昨天 买了________绿茶。

Lǐ lǎoshī jiǔ yě bù hē
4. 李 老师________酒 也 不 喝。

tā dìdi xiǎng huí jiā le
5. 他 弟弟________ 想 回 家 了。

tā gēge niúnǎi yě bù hē
6. 她 哥哥________牛奶 也 不 喝。

diànshì wǒ jīntiān yě méi
7. 电视 我 今天________也 没
kàn
看。

yóu yǒng yǐhòu wǒ juéde shūfu le
8. 游 泳 以后 我 觉得 舒服 了
______。

tā yě bù zhīdào jīntiān xuéxiào bà kè
9. 她________也不知道今天学校罢课。

5.11.2 Wo passt 一点儿, wo passt 一些?

wǒ zhǐ hēle kāfēi
1. 我只喝了________咖啡。

tā rènshi Fǎguó xuésheng
2. 她认识________法国学生。

xuésheng huí jiā le
3. ________学生回家了。

dìdi xuéle Hànzì
4. 弟弟学了________汉字。

wǒ duì tā yě bù liǎojiě
5. 我对他________也不了解。

Wáng lǎoshī zài Déguó cānguānle bówùguǎn
6. 王老师在德国参观了________博物馆。

tā Zhōngwén yě bù huì shuō
7. 他________中文也不会说。

diànnǎo wǒ zhǐ dǒng
8. 电脑我只懂________。

tā de fángjiān bǐ wǒ de fángjiān zhǐ dà
9. 她的房间比我的房间只大________。

Zhāng jīnglǐ bǐ wǒ xiǎng dé duō
10. 张经理比我想得多________。

6 Verbale Zähleinheitswörter 动量词

Nicht nur Nomina, auch Handlungen werden im Chinesischen mithilfe von ZEW wie 次 oder 遍 gezählt (vgl. im Deutschen „drei *mal* nach China fahren"). Daneben können auch bestimmte Nomina wie 眼 oder 口 als verbale ZEW dienen.
Das verbale ZEW bezieht sich auf die Häufigkeit einer Handlung. Es gibt an, wie oft eine Handlung stattfindet. Wie beim nominalen ZEW bildet es mit dem Zahlwort eine Nu-ZEW-Gruppe, die hauptsächlich als Komplement fungiert und hinter dem Prädikat steht.

6.1 Häufig gebrauchte ZEW für Verben

Die ZEW für Verben sind nicht so zahlreich wie die für Nomina. Die wichtigsten sind:

cì huí lái qù kàn wán
a) **次 und 回** ***... mal*** für 来, 去, 看, 玩 etc.

Die Bedeutung von 次 und 回 ist identisch, beide geben die Häufigkeit einer Handlung an. 回 wird häufiger in der Umgangssprache verwendet.

tā qùle sān cì sān huí
他去了三次/三回。

wǒ xiūxīle liǎng cì
我休息了两次。

biàn kàn tīng xiǎng zhǎo
b) **遍** ***... mal*** für 看, 听, 想, 找 etc.

Mit 遍 betont man, dass eine Handlung von Anfang bis Ende stattfindet (z.B. ein Buch durchlesen, einen ganzen Satz noch einmal wiederholen).

zhè běn shū wǒ kànguo sān biàn
这本书我看过三遍。

zhè shǒu gē tā tīngle shí biàn
这首歌他听了十遍。

遍 kann durch 次 oder 回 ersetzt werden.

zhè shǒu gē tā tīngle shí biàn zhè shǒu gē tā tīngle shí cì
这首歌他听了十遍。= 这首歌他听了十次。

xià lái qù kàn wán
c) 下 ***... mal kurz*** für 来, 去, 看, 玩 etc.

Mit 下 wird die Kürze einer Handlung betont.

qǐng nǐ děng yīxià wǒ xiǎng xiūxī yīxià
请你等一下, 我想休息一下。

tàng lái qù zǒu fēi pǎo huí jìn chū

d) 趟 ***... mal*** für 来, 去, 走, 飞, 跑, 回, 进, 出

趟 kann nur bei Verben der Fortbewegung verwendet werden.

qǐng nǐ míngtiān qù yī tàng
请 你 明天 去 一 趟。

Běijīng wǒ fēile shí tàng le
北京 我 飞了 十 趟 了。

趟 kann oft durch 次 und 回 ersetzt werden.

qǐng nǐ míngtiān qù yī tàng
请 你 明天 去 一 趟。=

qǐng nǐ míngtiān qù yī cì
请 你 明天 去 一 次。

dùn chī shuō

e) 顿 ***... mal*** für 吃, 说 etc.

顿 wird hauptsächlich für das Verb 吃 verwendet. Es kann aber auch für 说 (*vorwerfen*) und 骂 *(schimpfen)* gebraucht werden.

wǒmen zuótiān zài fàndiàn chīle yī dùn
我们 昨天 在 饭店 吃了 一 顿。

tāmen yī tiān chī liǎng dùn
他们 一 天 吃 两 顿。

tā māma shuōle tā yī dùn
他 妈妈 说了 他 一 顿。*Die Mutter hat ihn kritisiert.*

6.2 Nomina als ZEW

Nomina, die Instrumente einer Handlung bezeichnen und so mit dem Verb in Verbindung stehen, können als verbale ZEW verwendet werden. Die gebräuchlichen sind:

jiǎo tī yī jiǎo
脚 *Fuß* 踢 一 脚 *jn. (mit dem Fuß) einmal treten*

kǒu hē yī kǒu
口 *Mund* 喝 一 口 *einen Schluck trinken*

shēng shuō yī shēng
声 *Stimme/Laut* 说 一 声 *einmal sagen*

yǎn kàn yī yǎn
眼 *Auge / Blick* 看 一 眼 *jm. einen Blick zuwerfen = einmal anschauen*

Die Ausdrücke mit solchen ZEW gelten als bildhaft und werden besonders gerne in der Literatur verwendet. Diese ZEW können aber meistens durch 下 ersetzt werden:

kàn yī yǎn → kàn yīxià
看 一 眼 → 看 一下
tī yī jiǎo → tī yīxià
踢 一 脚 → 踢 一下
shuō yī shēng → shuō yīxià
说 一 声 → 说 一下

6.3 Funktionen des verbalen ZEW

a) als Komplement

Die Hauptfunktion des ZEW des Verbs besteht darin, zusammen mit dem Zahlwort als Komplement das Prädikat näher zu bestimmen.

wǒ qù yī cì — tā zǒule yī tàng
我 去 一 次 — 她 走 了 一 趟

Wenn das Prädikat ein Objekt verlangt, gibt es unterschiedliche Möglichkeiten bezüglich der Wortstellung: Pronomina als Objekt stehen vor dem ZEW, Nomina als Objekt haben ihren Platz nach dem ZEW und Ortsnomina als Objekt können entweder vor oder nach dem ZEW stehen.

tóngxuémen jiàole tā sān shēng — tā xiǎng tīng yī biàn zhè piān kèwén
同学们 叫了 他 三 声。 — 他 想 听 一 遍 这 篇 课文。

qǐng nǐ qù Běijīng yī tàng hǎo ma
请 你 去 北京 一 趟，好 吗？

qǐng nǐ qù yī tàng Běijīng hǎo ma
oder 请 你 去 一 趟 北京，好 吗？

In Sätzen mit verbalem ZEW wird das Objekt meist durch eine Dp-ZEW-Gruppe modifiziert. Es wird sehr oft vorangestellt oder durch 把 markiert.

zhè jiā bówùguǎn wǒ xiǎng cānguān yīxià
这 家 博物馆 我 想 参观 一下。

zhè ge wèntí wǒmen tǎolùn jǐ huí le
这 个 问题 我们 讨论 几 回 了。

tā bǎ zhè běn xiǎoshuō yòu kànle yī biàn
他 把 这 本 小说 又 看了 一 遍。

b) als Adverbialbestimmung

Das ZEW kann auch zusammen mit dem Zahlwort oder 这/那 als Adverbialbestimmung fungieren.

wǒ zhè cì zhǎo nǐ — lǎoshī yī cì yě bù zhīdào
我 这 次 找 你。 — 老师 一 次 也 不 知道。

nǐ zhè huí zǒu bù liǎo le
你 这 回 走 不 了 了。

c) als Artikelwort

Wie nominale ZEW können die verbalen ZEW 次 und 趟 zusammen mit einem Zahlwort oder 这/那 eine Nu-ZEW- oder eine Dp-ZEW-Gruppe bilden. Sie haben dann die Funktion eines Artikelwortes und können nominalisierte Verben als Bezugswörter modifizieren (**vgl. 8.2.12**).

tāmen zuòle yī cì diàochá
他们 做了 一次 调查。

duì zhè cì diàochá dàjiā dōu hěn mǎnyì
对 这 次 调查 大家 都 很 满意。

zhè tàng lǚxíng ràng wǒ kàndào le hěn duō dōngxi
这 趟 旅行 让 我 看到 了 很 多 东西。

6.4 Übungen

6.4.1 Übersetzen Sie

1. Nanjing ist sehr schön. Ich bin schon einmal dort gewesen.
2. Er war schon dreimal in Shanghai (nach Shanghai gefahren).
3. Den neuen Film habe ich schon zweimal gesehen.
4. Warte bitte mal eben!
5. Den Roman hat er einmal von Anfang bis Ende gelesen.
6. Darf ich einmal kurz mit deinem Fahrrad fahren?
7. Sie kommt oft nach Hause. Dieses Mal fährt sie mit der Bahn.
8. Der Manager rief ihn dreimal.
9. Seine Freundin warf ihm einen Blick zu.
10. Diese Geschichte habe ich mir schon viermal von vorne bis hinten angehört.

6.4.2 Welches ZEW passt?

cì biàn huí xià shēng yǎn
次, 遍, 回, 下, 声, 眼

tā bàba jiàole tā sān
1. 他 爸爸 叫了 他 三______。

wǒ qù zhǎole tā liǎng
2. 我 去 找了 他 两 ______。

Wáng jīnglǐ kànle tā yī
3. 王 经理 看了 他 一______。

zhè bù diànyǐng wǒ yǐjīng kànle wǔ le
4. 这 部 电影 我 已经 看了 五 ____了。

wǒ yǒu ge xiǎo wèntí qǐng nǐ lái bāng wǒ yī hǎo ma
5. 我 有 个 小 问题，请 你 来 帮 我 一______，好 吗?

zhè jù huà wǒ tīngle sān yě méi tīngdǒng
6. 这 句 话 我 听了 三______也 没 听懂。

tīngdào zhè ge xiāoxī tā xiǎngle yī
7. 听到 这 个 消息，他 想了 一
mǎshàng dǎle ge
______，马上 打了 个
diànhuà
电话 。

tā zuò huǒchē qùle liǎng
8. 她 坐 火车 去了 两 ______
Mùníhēi
慕尼黑。

6.4.3 Antworten Sie mit dem passenden ZEW

xià shēng tàng cì dùn yǎn biàn kǒu
下，声，趟，次，顿，眼，遍，口

nǐ jīnnián huíguo jiā ma
1. 你 今年 回过 家 吗？
zhè bù diànyǐng nǐ kànle ma
2. 这 部 电影 你 看了 吗？
Bólín nǐ qùguo ma
3. 柏林 你 去过 吗？
tā gāngcái xiūxīle ma
4. 她 刚才 休息了 吗？

Wáng jīnglǐ zuótiān shuō nǐ le ma
5. 王 经理 昨天 说 你 了 吗？
nǐ jīntiān jiào nǐ le ma
6. 你 今天 叫 你 了 吗？
nǐ dìdi hēle duōshǎo báijiǔ
7. 你 弟弟 喝了 多少 白酒？
zhè jiàn yīfu tā kànle ma
8. 这 件 衣服 他 看了 吗？

7 Pronomina 代词

7.1 Personalpronomina 人称代词

Person	Singular	Plural
1.	wǒ zán 我，咱	wǒmen zánmen 我们，咱们
2.	nǐ nín 你，您	nǐmen 你们
3.	tā tā tā 他，她，它	tāmen tāmen tāmen 他们，她们，它们

a) 咱 (ich) und 咱们 (wir) werden hauptsächlich in der Region Beijing gebraucht. Wo beide Formen verwendet werden, schließt 咱们 die angesprochene(n) Person(en) mit ein, während 我们 sie ausschließt. Wo nur 我们 verwendet wird, wird kein Unterschied zwischen inklusivem und exklusivem „wir" gemacht.

wǒmen xiànzài huí jiā
我们 现在 回 家。*Wir* (der / die Sprecher) *gehen jetzt nach Hause.*
zánmen zǒu ba
咱们 走 吧。*Lasst uns* (alle Anwesenden) *gehen!*

b) 您们 als Pluralform für 您 wird in der Standardsprache nicht verwendet.

7.2 Personalpronomina in possessivem Gebrauch

Person	Singular	Plural
1.	wǒ de zán de 我的，咱的	wǒmen de zánmen de 我们的，咱们的
2.	nǐ de nín de 你的，您的	nǐmen de 你们的

Person	Singular	Plural
3.	tā de tā de tā de 他的，她的，它的	tāmen de tāmen de tāmen de 他们的，她们的，它们的

a) Personalpronomina können zusammen mit der Partikel 的 Besitzverhältnisse und Zugehörigkeiten ausdrücken. Sie sind vergleichbar mit Possessivpronomina im Deutschen.

wǒ de shū
我的书 *mein Buch*

nín de zìxíngchē
您的自行车 *Ihr Fahrrad*

tāmen de gōngsī
他们的公司 *ihre Firma*

b) 的 kann entfallen, wenn die Beziehung zum Bezugswort als besonders eng verstanden oder die Zugehörigkeit zu einer Gruppe ausdrückt wird.

wǒ jiā = wǒ de jiā
我家 = 我的家

nǐ gēge = nǐ de gēge
你哥哥 = 你的哥哥

wǒmen gōngsī = wǒmen de gōngsī
我们公司 = 我们的公司

tāmen dàxué = tāmen de dàxué
他们大学 = 他们的大学

c) Manche Ausdrücke können je nach Kontext zwei verschiedene Bedeutungen haben.

wǒmen lǎoshī — wǒmen de lǎoshī
我们老师 = *wir Lehrer* oder *unser Lehrer* (我们的老师)

nǐmen jīnglǐ — nǐmen de jīnglǐ
你们经理 = *ihr Manager* oder *euer Manager* (你们的经理)

[Übungen zu den voran gehenden Abschnitten **7.1–7.2** s. **7.5**]

7.3 Demonstrativpronomina 指示代词

Bezeichnetes	in der Nähe Befindliches	Entferntes
Person oder Sache	zhè 这 *dieses, das* zhè cì 这次 *dieses Mal*	nà 那 *jenes* nà cì 那次 *jenes Mal*

	zhèxiē 这些 *diese (hier)*	nàxiē 那些 *jene (dort)*
	zhèdiǎnr 这点儿 *das bisschen/ diese paar (hier)*	nàdiǎnr 那点儿 *das bisschen/jene paar (dort)*
Ort	zhèlǐ zhèr 这里/这儿 *hier*	nàli nàr 那里/那儿 *da, dort*
Art und Weise	zhèyàng 这样 *so, solch*	nàyàng 那样 *so, solch*

Die Demonstrativpronomina haben zwei Funktionen:

a) Sie fungieren als Attribut und weisen auf eine Person oder eine Sache, einen Ort oder auf die Art und Weise hin.

b) Sie beziehen sich auf ein vorher genanntes Satzglied oder einen Satzgliedteil, wobei 这 etwas in der Nähe Befindliches und 那 etwas Entferntes bezeichnet.

7.3.1 这 *das hier* und 那 *das da*

a) als selbstständiges Wort

这 und 那 können als selbständiges Wort verwendet werden.

zhè shì Wáng lǎoshī nà shì Zhāng lǎoshī
这 是 王 老师，那 是 张 老师。*Das hier ist Herr Wang, das da ist Herr Zhang.*

míngtiān bù shàng kè zhè tài hǎo le
明天 不 上 课。这 太 好 了。*Morgen fällt der Unterricht aus. Das ist toll.*

b) als Artikelwort

In Kombination mit einem ZEW oder mit einer Nu-ZEW-Gruppe fungieren 这 und 那 als Artikelwort.

zhè zhāng zhuōzi
这 张 桌子 *dieser Tisch*

nà sān bēi píjiǔ
那 三 杯 啤酒 *die drei Glas Bier*

7.3.2 这次 und 那次

这 und 那 können auch mit dem verbalen ZEW 次 kombiniert werden.

zhè cì 这 次 *diesmal*	zhè cì liànxí tā zuò dé hěn hǎo 这 次 练习 他 做 得 很 好。
nà cì 那 次 *jenes Mal*	nà cì chī fàn shí wǒmen hē le Qīngdǎo píjiǔ 那 次 吃 饭 时 我们 喝 了 青岛 啤酒。
zhè yī cì 这 一 次 *dieses eine Mal*	zhè yī cì wǒ bù xiǎng kāi chē qù 这 一 次 我 不 想 开 车 去。
nà liǎng cì 那 两 次 *jene zwei Male*	nà liǎng cì bǐsài tāmen dōu méi qù 那 两 次 比赛 他们 都 没 去。

7.3.3 这些/那些 und 这点儿/那点儿

a) 这/那 können mit 些 und 点儿 kombiniert werden und damit Nomina modifizieren (**vgl. 5.8**). 这些 und 那些 stehen für die Mehrzahl und brauchen daher kein weiteres ZEW.

zhèxiē zìxíngchē 这些 自行车	zhèxiē liàng zìxíngchē *这些 辆 自行车

b) 这点儿 und 那点儿 bedeuten „das bisschen", „ein paar", „sehr wenig". Auch sie brauchen kein weiteres ZEW.

zhèdiǎnr zuòyè
这点儿 作业 *so wenige Hausaufgaben/diese paar Hausaufgaben*
nàdiǎnr píjiǔ
那点儿 啤酒 *so wenig Bier/das bisschen Bier*

7.3.4 这里/这儿 *hier* und 那里/那儿 *da, dort*

a) 这里/这儿 und 那里/那儿 können als Subjekt oder Ortsobjekt fungieren.

zhèlǐ shì túshūguǎn 这里 是 图书馆。(Subjekt)	nàr yǒu yī ge rén 那儿 有 一 个 人。(Subjekt)
wǒ qù nàr 我 去 那儿。(Ortsobjekt)	tā zhù zài zhèr 他 住 在 这儿。(Ortsobjekt)

b) Das Verb 在 und Richtungsverben wie 来, 去, 回, 到 sowie Präpositionen wie 从 und 往 verlangen ein Ortsobjekt. Da Personalpronomina und Nomina für Personen alleine kein Ortsobjekt sein können, brauchen sie den Zusatz 这里/这儿 oder 那里/那儿 um als Ortsobjekt fungieren zu können (**vgl. 8.2.4**).

nǐ qù nǎli

1. 你 去 哪里? *Wohin gehst du?*

wǒ qù péngyǒu nàli

我 去 朋友 那里。*Ich gehe zu einem Freund.*

bàozhǐ zài nǎr

2. 报纸 在 哪儿? *Wo ist die Zeitung?*

bàozhǐ zài Wáng xiānshēng nàr

报纸 在 王 先生 那儿。*Die ist hier bei Herrn Wang.*

nǐ dìdi dào nǎr qù

你 弟弟 到 哪儿 去? *Wohin geht dein Bruder?*

wǒ dìdi dào wǒ mā nàr qù

我 弟弟 到 我 妈 那儿 去。*Mein Bruder geht zu meiner Mutter.*

c) Daher muss auch zwischen 我 und 我这儿 / 我那儿 unterschieden werden, z.B. in

wǒ yǒu shí běn shū wǒ zhèr yǒu shí běn shū

我 有 十 本 书。vs. 我 这儿 有 十 本 书。

Bei 我 geht es um den Besitzer (ich habe 10 Bücher), bei 我这儿 um eine Ortsangabe (bei mir gibt es 10 Bücher), das bedeutet, dass die Bücher bei mir sind, aber nicht unbedingt auch mir gehören.

7.3.5 这样 und 那样

这样 und 那样 fungieren hauptsächlich als Attribut, können aber auch als Subjekt oder Objekt auftreten.

a) als Attribut

zhèyàng de rén bù duō

这样 的 人 不 多。*Solche Menschen gibt es nicht viel.*

nàyàng de diànyǐng wǒ bù kàn

那样 的 电影 我 不 看。*Filme jener Art schaue ich mir nicht an.*

b) als Subjekt

zhèyàng hěn hǎo

这样 很 好。*Das* (das, was genannt wurde) *ist gut./So ist es gut.*

c) als Objekt

tā bù xǐhuan zhèyàng
他不喜欢这样。*Er mag das nicht./So mag er das nicht.*

[Übungen zu dem voran gehenden Abschnitt **7.3** s. **7.6**]

7.4 Interrogativpronomina 疑问代词

Mit Interrogativpronomina können Ergänzungsfragen gebildet werden.

Interrogativpronomina		
shéi 谁	*wer*	fragt nach Personen
shénme 什么	*was*	fragt nach Sachen
nǎli nǎr 哪里/哪儿	*wo*	fragt nach dem Ort
nǎ 哪	*welch*	fragt nach einer Identifikation
zěnme 怎么/ zěnmeyàng 怎么样	*wie*	fragt nach der Art und Weise
jǐ duōshǎo 几/ 多少	*wie viel*	fragt nach der Anzahl
wèishénme 为什么	*warum*	fragt nach der Ursache oder dem Grund

7.4.1 谁 *wer*

谁 kann im Satz als Subjekt, Objekt oder Attribut fungieren.

shéi shì nǐ de hǎo péngyou
谁是你的好朋友？(als Subjekt)

nǐ zhǎo shéi
你找谁？(als Objekt)

zhè shì shéi de shū
这是谁的书？(als Attribut)

In der Funktion als Attribut verlangt 谁 normalerweise die Attributpartikel 的 und entspricht dann „wessen" im Deutschen.

zhè shì shéi de zhuōzi
这 是 谁 的 桌子？

zhè shì shéi de zìxíngchē
这 是 谁 的 自行车？

7.4.2 什么 *was*

什么 kann im Satz als Subjekt, Objekt oder Attribut fungieren.

shénme hàochī
什么 好吃？ (als Subjekt)

nǐ chī shénme
你 吃 什么 ？ (als Objekt)

zhè shì shénme shū
这 是 什么 书？ (als Attribut)

Wird 什么 als Attribut verwendet, ist der Gebrauch von 的 nicht notwendig.

zhè shì shénme zhuōzi
这 是 什么 桌子？

zhè shì shénme zìxíngchē
这 是 什么 自行车？

什么时候 *wann* und **什么地方** *wo*

什么 kann zusammen mit 时候 und 地方 die Fragewörter 什么时候 „zu welcher Zeit", „wann" und 什么地方 „an welchem Ort", „wo" bilden.

tāmen shénme shíhòu shàng kè
他们 什么 时候 上 课?

nǐmen zài shénme dìfāng xiūxī
你们 在 什么 地方 休息?

7.4.3 哪里/哪儿 *wo*

Die Bedeutung von 哪里 und 哪儿 ist identisch, wobei 哪儿 mehr nordchinesisch geprägt ist. Beide können im Satz als Subjekt, Objekt oder Attribut fungieren.

nǎli nǎr yǒu wèntí
哪里/哪儿 有 问题? (als Subjekt)

qù nǎli nǎr
去 哪里/哪儿? (als Objekt)

zhè shì nǎli nǎr de qìchē
这 是 哪里/哪儿 的 汽车? (als Attribut)

Zusammen mit 在 wird 哪里/哪儿 als Adverbialbestimmung gebraucht.

nǐ zài nǎli nǎr xiūxī
你 在 哪里/哪儿 休息? *Wo machst du eine Pause?*

nǐ zài nǎli nǎr xué Zhōngwén
你 在 哪里/哪儿 学 中文 ？ *Wo lernst du Chinesisch?*

In der Umgangssprache geht es manchmal auch ohne 在, wenn das Subjekt entfallen ist.

wǒ zài nǎr néng mǎidào zhè běn shū
我 在 哪儿 能 买到 这 本 书？

wǒ zài nàr néng mǎidào zhè běn shū
我 在 那儿 能 买到 这 本 书。

zài nǎr néng mǎidào zhè běn shū
(在) 哪儿 能 买到 这 本 书？

zài nàr néng mǎidào zhè běn shū
(在)那儿 能 买到 这 本 书。

Bezüglich des Gebrauchs von 有, 在, 是 zusammen mit dem Fragepronomen 哪儿 gibt es einige Besonderheiten. 有, 在, 是 können, anders als andere Verben, direkt mit 哪儿 kombiniert werden. Dabei weisen sie sowohl in der Satzgliedstellung als auch in der Bedeutung Unterschiede auf.

nǎr yǒu 哪儿 + 有
zài nǎr 在 + 哪儿
nǎr shì 哪儿 + 是

哪儿有…

哪儿 muss vor 有 stehen. 哪儿 + 有 wird verwendet, um zu erfragen, wo sich etwas Unbestimmtes (im Deutschen mit unbestimmtem Artikel bezeichnetes) befindet.

nǎr yǒu Dé-Hàn cídiǎn túshūguǎn lǐ yǒu Dé-Hàn cídiǎn
哪儿 有 德汉 词典？ 图书馆 里 有 德汉 词典。*Wo gibt es ein chinesisch-deutsches Wörterbuch? In der Bibliothek gibt es …*

nǎr yǒu Zhōngguó gōngsī Hànbǎo yǒu Zhōngguó gōngsī
哪儿 有 中国 公司？ 汉堡 有 中国 公司。*Wo gibt es chinesische Firmen? In Hamburg gibt es …*

... 在哪儿

哪儿 muss hinter 在 gestellt werden. Mit 在 + 哪儿 fragt man nach dem unbekannten Ort einer bestimmten Sache oder Person (im Deutschen mit bestimmtem Artikel oder vergleichbar bezeichnet).

> Běijīng dàxué zài nǎr Běijīng dàxué zài Běijīng de xībian
> 北京 大学 **在 哪儿**? 北京 大学 在 北京 的 西边。*Wo befindet sich die Universität Beijing? Sie befindet sich im Westen von Beijing.*
> Shànghǎi bówùguǎn zài nǎr Shànghǎi bówùguǎn zài Shànghǎi de
> 上海 博物馆 **在 哪儿**? 上海 博物馆 在 上海 的
> shìzhōngxīn
> 市中心 。*Wo befindet sich das Shanghai-Museum? Es befindet sich im Stadtzentrum von Shanghai.*

哪儿是...

哪儿 muss vor 是 stehen. Mit 哪儿 + 是 vergewissert man sich des im Grunde genommen schon bekannten Ortes einer bestimmten (im Deutschen mit bestimmtem Artikel oder vergleichbar bezeichneten) Sache oder Person.

> nǎr shì Běijīng dàxué zhèr jiù shì Běijīng dàxué
> **哪儿 是** 北京 大学? 这儿 就 是 北京 大学。*Wo ist die Universität Beijing? Hier ist ...*
> nǎr shì Shànghǎi bówùguǎn nàr jiù shì Shànghǎi bówùguǎn
> **哪儿 是** 上海 博物馆 ? 那儿 就 是 上海 博物馆 。*Wo ist das Shanghai-Museum? Dort ist ...“*

7.4.4 哪 *welche/r/s*

哪 hat eine identifizierende Funktion und muss in Kombination mit einer Nu-ZEW-Gruppe verwendet werden, wobei das Zahlwort entfallen kann:

> nǐ xiǎng mǎi nǎ yī běn shū
> 你 想 买 哪 (一) 本 书? *Was für ein/Welches Buch möchtest du kaufen?*
> zhè piān wénzhāng shì nǎ yī nián xiě de
> 这 篇 文章 是 哪 一 年 写 的? *In welchem Jahr wurde der Artikel geschrieben?*
> nǐ xiǎng shàng nǎ yī ge dàxué
> 你 想 上 哪 (一) 个 大学? *An welcher Universität willst du studieren?*

哪 kann als Kurzform von 哪里 / 哪儿 gebraucht werden, allerdings nur im Sinne von „nirgendwo".

nǎ yǒu zhèyàng de shì
哪 有 这样 的 事？ *Wo gibt es denn so was?*
rénmen dōu zǒu le nǎ hái zhǎo de dào tāmen
人们 都 走 了，哪 还 找 得 到 他们？ *Die Leute sind alle weg. Wo kann man sie noch finden?*

7.4.5 怎么 *wie* und 怎么样 *wie*

a) Mit 怎么 fragt man nach der Art und Weise einer Handlung.

nǐ zěnme qù dàxué
你 怎么 去 大学？ *Wie gehst du zur Universität?*
zhè ge zì zěnme xiě
这 个 字 怎么 写？ *Wie wird dieses Schriftzeichen geschrieben?*

b) Mit 怎么样 wird nach Befinden, Einverständnis oder Urteil gefragt. Es kann als Prädikat oder Attribut gebraucht werden.

jīntiān tiānqì zěnmeyàng
今天 天气 怎么样 ？ *Wie ist das Wetter von heute?*
Běijīng dàxué de túshūguǎn zěnmeyàng
北京 大学 的 图书馆 怎么样 ？ *Wie ist die Bibliothek der Universität Beijing?*
tā shì zěnmeyàng yī ge rén
他 是 怎么样 一 个 人？ *Was für ein Mensch ist er?*
tā hē de shì zěnmeyàng yī zhǒng chá
他 喝 的 是 怎么样 一 种 茶？ *Was für einen Tee hat er getrunken?*

c) Mit 怎么 kann man auch nach der Ursache fragen. Es entspricht dann „wieso" im Deutschen. 怎么样 kann in dieser Bedeutung nicht verwendet werden.

nǐ zěnme méi chī fàn
你 怎么 没 吃 饭？ *Warum hast du nicht gegessen?*
tā zěnme hái zài Nánjīng
他 怎么 还 在 南京 ？ *Wieso ist er immer noch in Nanjing?*

7.4.6 几 *wie viel* und 多少 *wie viel*

a) Mit 几 und 多少 fragt man nach der Anzahl, wobei 几 für eine Zahl unter 10 und 多少 normalerweise für eine Zahl über 10 verwendet wird. Nach 几 muss ein ZEW stehen, nach 多少 ist es fakultativ.

nǐmen jiā yǒu jǐ liàng qìchē　　zhè jiā gōngsī yǒu duōshǎo liàng qìchē
你们 家 有 几 辆 汽车？　这 家 公司 有 多少 （辆）汽车？
nǐ hēle jǐ bēi kāfēi　　tāmen màile duōshǎo bēi kāfēi
你 喝了 几 杯 咖啡？　他们 卖了 多少 (杯)咖啡？

Nach dem Datum wird auch nach dem 10. eines Monats noch mit 几号 gefragt.

jīntiān jǐyuè jǐ hào　jīntiān shí èryuè èrshísì hào
今天 几月 几 号？ 今天 十 二月 二十四 号。

b) 几 kann in einer Zahl vor jeder Stelle stehen und so ihre Größe erfragen.

zhèlǐ yǒu jǐshí ge rén
这里 有 几十 个 人？　(wie viele –zig?)
tā yǒu jǐbǎi běn shū
他 有 几百 本 书？　(wie viele hundert?)
dàxué yǒu jǐwàn ge xuéshēng
大学 有 几万 个 学生 ？　(wie viele zehntausend?)
Déguó yǒu jǐ qiānwàn ge rén
德国 有 几 千万 (个) 人？　(wie viele zehn Millionen?)

c) 多少 kann nur vor 万 und 亿 stehen.

túshūguǎn yǒu duōshǎo wàn běn shū
图书馆 有 多少 万 本 书？　(wie viele zehntausend?)
Zhōngguó yǒu duōshǎo yì rén
中国 有 多少 亿 人？　(wie viele hundert Millionen?)

7.4.7　为什么　*warum*

为什么 fungiert im Satz als Adverbialbestimmung und kann vor oder nach dem Subjekt stehen.

tā jīntiān wèishénme méi lái　　wèishénme wǒ bù zhīdào zhè jiàn shì
他 今天 为什么 没 来？　为什么 我 不 知道 这 件 事？

[Übungen zu dem voran gehenden Abschnitt **7.4** s. **7.7**]

7.5 Übungen zu 7.1–7.2

7.5.1 我们 oder 咱们?

kànle nín de xìn dōu hěn
1. 看了您的信，________都很
gāoxìng
高兴。

jīntiān xiàwǔ yīqǐ qù you
2. 今天下午________一起去游
yǒng hǎo ma
泳，好吗?

nǐ bù qù Shànghǎi yě bù
3. 你不去上海，________也不
qù
去。

shénme shíhòu qù kàn
4. ________什么时候去看
diànyǐng
电影?

nǐ shuō gāi bù gāi qù kàn
5. 你说________该不该去看
tā
他?

tā bù xiǎng qù qù ba
6. 她不想去，________去吧。

7.5.2 Wo ist 的 notwendig?

wǒmen jiā zài Běijīng tāmen
1. 我们____家在北京，他们
jiā zài Nánjīng
____家在南京。

tāmen jiā gǒu hěn dà
2. 他们家____狗很大。

wǒmen diànnǎo huài le
3. 我们____电脑坏了。

Wáng lǎoshī shuō tāmen lǎoshī
4. 王老师说他们____老师
hái yào kāi huì
还要开会。

tóngxuémen duìtāmen lǎoshī hěn
5. 同学们对他们____老师很
mǎnyì
满意。

zánmen xiǎngfǎ dōu chà bù
6. 咱们____想法都差不
duō
多。

tā shūjià shàng yǒu hěn duō
7. 他____书架上有很多
shū
书。

tāmen gōngsī jīnglǐ dōu
8. 他们_____公司_____经理都
hěn niánqīng
很年轻。

7.6 Übungen zu 7.3

7.6.1 Wo fehlt das ZEW?

zhèxiē shū dōu shì Zhōngwén de
1. 这些____书 都 是 中文 的。

zhèdiǎn píjiǔ wǒ hēle
2. 这点 ____啤酒 我 喝了。

zhè diànshìjī shì Rìběn de
3. 这____电视机 是 日本 的。

nà shìqing wǒ bù huì wàngjì
4. 那____ 事情 我 不会 忘记。

nà sān wèntí nǐ néng huídá ma
5. 那 三____问题 你 能 回答 吗?

zhè jǐ Zhōngguó huà hěn yǒumíng
6. 这 几____ 中国 画 很 有名 。

7.6.2 Was passt?

zhè zhè cì nà cì zhèxiē nàxiē zhèdiǎnr
这, 这 次, 那 次, 这些, 那些, 这点儿

zuòyè wǒ fēnzhōng jiù néng zuòwán
1. ________作业 我 10 分钟 就 能 做完 。

wèi shì xīn lái de Wáng jīnglǐ
2. ________位 是 新 来 的 王 经理。

shū wǒ dōu kànguo le
3. ________书 我 都 看过 了。

wǒmen yīdìng yào qù Xī'ān
4. ________ 我们 一定 要 去 西安。

qǐng nǐ gàosù wǒ shì shuí de diànnǎo
5. 请 你 告诉 我, ________是 谁 的 电脑 。

sān nián qián de lǚyóu tài yǒu yìsi le
6. 三 年 前 的________旅游 太 有 意思 了。

lǎoshī shuō kǎoshì bù nán
7. 老师 说 ________考试 不 难。

sùshè lí zhèr tài yuǎn le
8. ________宿舍 离 这儿 太 远 了。

7.6.3 Wo ist 这儿/那儿 notwendig?

míngnián tā xiǎng qù Déguó
1. 明年 她 想 去 德国 ________。

wǒ cóng Hànbǎo qù Běijīng
2. 我 从 汉堡 ________去 北京 ________。

tā zài wǒ kàn zúqiú bǐsài
3. 他 在 我________看 足球 比赛。

wǒmen xiǎng qù péngyou liáo tiān
4. 我们 想 去 朋友 ________ 聊 天。

Zhāng xiānshēng zài Fǎguó péngyou
5. 张 先生 在 法国 朋友
hēle Fǎguó pútáojiǔ
________喝了 法国 葡萄酒。

Wáng jīnglǐ xiǎng dào tā gēge
7. 王 经理 想 到 她哥哥
qù
________去。

wǒ de Hàn-Dé cídiǎn zài bù zài nǐ
6. 我的 汉德 词典在不在你
______?

Lǐ xiǎojiě xiǎng dào Zhōngguó gōngsī
8. 李小姐 想 到 中国 公司
qù gōngzuò
________去 工作 。

7.6.4 Ordnen Sie

wǒ méi zhèyàng de xiǎoshuō kànguo
1. 我，没，这样，的，小说，看过

tīngshuō guo nǐ xuéxí jìhuà zhèyàng de ma
2. 听说，过，你，学习计划，这样，的，吗

fānyì zhè jù huà zhèyàng bù néng
3. 翻译，这句话，这样，不能

fāngfǎ zhèyàng de de zuì hǎo fāngfǎ shì
4. 方法，这样，的，的，最好，方法，是

xiàng bù duō tā yùndòngyuán zhèyàng de
5. 像，不多，她，运动员，这样，的

bówùguǎn zhèyàng de méi yǒu cānguān guo cónglái wǒ
6. 博物馆，这样，的，没有，参观，过，从来，我

7.7 Übungen zu 7.4

7.7.1 Stellen Sie Fragen zum markierten Satzglied

tā mǎile sān ge wánjù
1. 他买了 三 个 玩具。

tā mǎile sān ge wánjù
2. 他买了 三 个 玩具。

tā mǎile sān ge wánjù
3. 他买了 三 个 玩具。

tā gěi dìdi mǎile sān ge wánjù
4. 他 给弟弟买了 三 个 玩具。

tā zài chéng lǐ gěi dìdi mǎile sān
5. 他在 城 里给弟弟买了 三
ge wánjù
个 玩具。

tā zuótiān zài chéng lǐ gěi dìdi
6. 他 昨天 在 城 里给弟弟
mǎile sān ge wánjù
买了 三 个 玩具。

tā zuótiān zài chéng lǐ gěi dìdi
7. 他 昨天 在 城 里给弟弟
mǎile sān ge wánjù
买了 三 个 玩具。

tā zuótiān zài chéng lǐ gěi dìdi
8. 他 昨天 在 城 里给弟弟
mǎile sān ge wánjù
买了 三 个 玩具。

7.7.2 Übersetzen Sie

1. Wer lernt in Beijing Chinesisch?
2. Was studierst du in Deutschland?
3. An welcher Universität sind Sie tätig?
4. Wessen Jacke ist das hier?
5. Aus welcher Gegend kommen Sie denn?
6. Wann und wo lernen sie Deutsch?
7. Welcher Grüntee schmeckt am besten?
8. Wie fährt er nach Berlin?
9. Wie wäre es mit einem Spaziergang?
10. Wie ist ihr Russisch?

7.7.3 几 oder 多少?

nǐ yuè hào guò shēngrì
1. 你____月____号 过 生日?

nǐ yǒu ge gēge
2. 你 有____个 哥哥?

nǐ zhè liǎng tiān kànle chǎng zúqiú
3. 你 这 两 天 看了____ 场 足球?

dà jiàoshì lǐ néng zuò ge xuésheng
4. 大 教室 里 能 坐____个 学生?

Zhōngwénxì yǒu ge lǎoshī
5. 中文系 有____个 老师?

qìchē lǐ néng zuò ge rén
6. 汽车 里 能 坐____个 人?

nǐ gěile tā bǎi kuài qián
7. 你 给了 他____百 块 钱?

Zhōngguó yǒu yì rén
8. 中国 有____亿 人?

7.7.4 哪 oder 什么? Antworten Sie

běn shū shì nǐ de
1. ______本 书 是 你 的?

nǐ kàn de shì shū
2. 你 看 的 是______书?

tā hē de shì chá
3. 她 喝 的 是______茶?

zhè shì jiā de māo
4. 这 是______家 的 猫?

duǒ huā shì nǐ sòng de
5. ______朵 花 是 你 送 的?

nǐ yào de shì dìtú
6. 你 要 的 是______地图?

Wáng xiǎojiě mǎi de shì shuǐguǒ
7. 王 小姐 买 的 是______水果?

liàng zìxíngchē shì gāng xiūhǎo de
8. ______辆 自行车 是 刚 修好 的?

7.7.5 Wo kann 怎么 durch 为什么 ersetzt werden?

nǐ zěnme bù shuō huà
1. 你 怎么 不 说 话?

zhè ge zì zěnme xiě
2. 这 个 字 怎么 写?

zhè ge cài zěnme zuò
3. 这个菜怎么做？
tā zěnme méi lái shàng kè
4. 他怎么没来上课?
nǐmen zěnme méi zuò fēijī qù
5. 你们怎么没坐飞机去
Bólín
柏林?

qǐngwèn qù huǒchēzhàn zěnme
6. 请问，去火车站怎么
zǒu
走？
tāmen zěnme bù gāoxìng
7. 他们怎么不高兴？
nǐmen zěnme zhǔnbèi míngtiān de
8. 你们怎么准备明天的
kǎoshì
考试？

7.7.6 Stellen Sie Fragen mit 哪儿

dàxué fùjìn yǒu yī jiā yóujú
1. 大学附近有一家邮局。
dàxué túshūguǎn zài yóujú zuǒbian
2. 大学图书馆在邮局左边。
yóujú yòubian shì xuéshēng sùshè
3. 邮局右边是学生宿舍。
Zhōngguó de dōngbù yǒu hěn duō
4. 中国的东部有很多
jīngjì fādá de chéngshì
经济发达的城市。

Zhōngguó de shǎoshù mínzú zhǔyào
5. 中国的少数民族主要
zài xīnán hé xīběibù
在西南和西北部。
Zhōngguó de yánhǎi dìqū shì
6. 中国的沿海地区是
Zhōngguó zuì fādá de dìqū
中国最发达的地区。

7.7.7 Welches Wort passt? 有, 是 oder 在?

nǐ de bàngōngshì nǎr
1. 你的办公室 ____哪儿?
nǎr zuì piàoliang de
2. 哪儿____最漂亮的
jiàotáng
教堂？
nǎr diànyǐngyuàn
3. 哪儿____ 电影院？
huǒchēzhàn shìzhōngxīn
4. 火车站 ____ 市中心。
zhíwùyuán lǐ hěn duō rèdài
5. 植物园里____很多热带
zhíwù
植物。

gǎngkǒu de nánmiàn hé xīmiàn
6. 港口的南面和西面
dàhǎi
____大海。
Déguó zuì dà de fēijīchǎng
7. 德国最大的飞机场 ____
nǎr
哪儿?
Chángjiāng yǐnán jǐ ge fādá
8. 长江以南____几个发达
de chéngshì
的城市。

8 Verben 动词

Verben sind Wörter, die eine Tätigkeit, ein Geschehen, einen Vorgang oder einen Zustand bezeichnen. Im Chinesischen haben sie keine Formbildungen wie im Deutschen. Sie können durch folgende Merkmale charakterisiert werden:

a) Sie fungieren hauptsächlich als Prädikat,

xuéshēngmen zài túshūguǎn kàn shū
学生们 在 图书馆 看 书。

b) sie können durch 不, oft auch durch 没 verneint werden,

Mǎ jīnglǐ míngtiān bù qù gōngsī
马 经理 明天 不 去 公司。

dìdi zuótiān méi shàng kè
弟弟 昨天 没 上 课。

c) an sie können normalerweise die Partikeln 了, 着 und 过 angehängt werden.

tā hēle yī bēi lǜchá
他 喝了 一 杯 绿茶。

gēge zài shāfā shàng zuòzhe
哥哥 在 沙发 上 坐着。

tā qùguo Fǎguó
他 去过 法国。

8.1 Wortstruktur

Es gibt einsilbige und zweisilbige Verben. Zweisilbige Verben können unterschiedliche Wortstrukturen aufweisen, die wiederum ihren Gebrauch beeinflussen.

8.1.1 Koordinatives Verhältnis: 学习, 休息

Ein Verb in koordinativem Verhältnis besteht aus zwei Teilen, die hinsichtlich der Bedeutung und der Wortart ähnlich oder gleich sind. Zwischen die beiden Teile darf kein sprachliches Element wie etwa 了, 着, 过 oder Nu-ZEW eingeschoben werden. All diese Elemente müssen hinter dem Verb stehen.

xuéxíle	xiūxīzhe	bāngzhùguo	gōngzuò yī cì
学习了	休息着	帮助过	工作 一 次

Zu dieser Gruppe gehören z.B.:

bāngzhù	cānjiā	duànliàn	fāxiàn	fùxí	gōngzuò
帮助	参加	锻炼	发现	复习	工作
jiéshù	jièshào	kāishǐ	liànxí	lǚyóu	nǔlì
结束	介绍	开始	练习	旅游	努力

shēngchǎn	shíxí	shōushi	tǎolùn	xiūlǐ	xiūxī
生产	实习	收拾	讨论	修理	休息
xuéxí	zhīdào	zhùyì	zhǔnbèi		
学习	知道	注意	准备		

8.1.2 Subordinatives Verhältnis: 睡觉, 见面

Ein Verb in subordinativem Verhältnis besteht aus zwei Teilen, die von der Wortart her unterschiedlich sind: Der erste Teil ist ein Verb, der zweite Teil ein Nomen. Das Nomen ist einsilbig und nicht selbstständig. Es wird vom ersten, verbalen Teil bestimmt und kann als fester Bestandteil der Verbalgruppe nicht ohne Weiteres durch ein anderes Wort ersetzt werden. Die Partikeln 了, 着, 过 oder Nu-ZEW müssen an den Verbalteil angehängt werden und somit zwischen den beiden Teilen stehen. Dahinter darf es kein weiteres Objekt mehr geben. Verben in subordinativem Verhältnis werden als Verbalgruppe (Vg) bezeichnet.

jiéle hūn	shuìzhe jiào	xǐguo zǎo	jiàn yī cì miàn
结了 婚	睡着 觉	洗过 澡	见 一 次 面

Zu dieser Gruppe gehören z.B.:

bà kè	bāng máng	chàng gē	chī fàn	chū chāi	dǎ gōng
罢课	帮 忙	唱 歌	吃 饭	出 差	打 工
jiàn miàn	jié hūn	kàn bìng	lǐ fā	liú xué	qǐ chuáng
见 面	结 婚	看 病	理 发	留 学	起 床
sàn bù	shàng kè	shī yè	shuì jiào	shuō huà	tán huà
散 步	上 课	失 业	睡 觉	说 话	谈 话
tiào wǔ	tuì xiū	xǐ zǎo	xià bān	xià kè	yóu yǒng
跳 舞	退 休	洗 澡	下 班	下 课	游 泳

[Übungen zu dem voran gehenden Abschnitt **8.1** s. **8.5**]

8.2 Ergänzungen

Verben lassen sich nach der Zahl der zusätzlich zum Subjekt notwendigen Ergänzungen und nach der Art der Ergänzung in verschiedene Untergruppen einteilen. Eine notwendige Ergänzung ist ein sprachliches Element, das den Satz grammatisch macht. Ergänzungen lassen sich in zwei Gruppen unterteilen: spezifisch und nicht spezifisch. Bei den spezifischen Ergänzungen handelt es sich in erster Linie um Objekte verschiedener Art: nominales Objekt (Nomina, Pronomina, Ortsobjekte etc.), verbales Objekt (Verben, Verbalgruppen, Verbalkonstruktionen und Sätze) sowie Präpositionalobjekt (Präpositionalgruppen). Zu den nicht spezifischen Ergänzungen gehören Partikeln, Adverbien, Adverbialbestimmungen, Komplemente etc. (vgl. Tabelle gegenüber)

Ergänzungen			
Anzahl	**Art**	**Abkürzung**	**Beispiele**
eine nicht spezifische Ergänzung	Partikel, Adverb, Adverbialbestimmung, Komplement etc.	V	xiào xiàole 笑 笑了 gōngzuò bù gōngzuò 工作 不 工作 xiūxī xiūxī wǔ fēnzhōng 休息 休息 五 分钟
eine spezifische Ergänzung	nicht selbstständiger Nominalteil	Vg	shuì jiào tāmen shuì jiào 睡 觉 他们 睡 觉 sàn bù wǒmen sàn bù 散 步 我们 散 步
	ein nominales Objekt	$V_{Nom}O$	chī chī shuǐguǒ 吃 吃 水果 xuéxí xuéxí shénme 学习 学习 什么
	ein nominales Objekt: Ortsobjekt	$V_{Ort}O$	lái lái Déguó 来 来 德国 qù qù tóngxué nàr 去 去 同学 那儿
	ein Präpositionalobjekt oder eine Aspektartikel	$V_{Präp}O$ VAP	zuò zuò zài yǐzi shàng 坐 坐 在 椅子 上 zuòzhe 坐着
	ein Präpositionalobjekt	$_{Präp}OV$	fúwù wèi rénmín fúwù 服务 为 人民 服务 gǎn xìngqù duì yīnyuè 感 兴趣 对 音乐 gǎn xìngqù 感 兴趣
	ein verbales Objekt	$V_{Verb}O$	dǎsuan dǎsuan xué Fǎyǔ 打算 打算 学 法语 jìhuà jìhuà qù lǚyóu 计划 计划 去 旅游
	ein verbales Objekt: Satz	$V_{Satz}O$	dānxīn dānxīn tā huí bù 担心 担心 他 回 不

Ergänzungen			
Anzahl	**Art**	**Abkürzung**	**Beispiele**
			lái 来 fāxiàn fāxiàn rén zǒule 发现 发现 人 走了
zwei spezifische Ergänzungen	zwei nominale Objekte	$V_{Nom}O_{Nom}O$	gěi gěi dìdi yī běn shū 给 给 弟弟 一 本 书 gàosù gàosù māma zhè 告诉 告诉 妈妈 这 jiàn shì 件 事
	ein nominales und ein verbales Objekt	$V_{Nom}O_{Verb}O$	ràng ràng gēge xué Fǎyǔ 让 让 哥哥 学 法语 ānpái ānpái wǒ qù 安排 安排 我 去 Běijīng 北京

8.2.1 Verben mit einer nicht spezifischen Ergänzung

Diese Verben verfügen über kein Objekt, können aber nicht allein mit dem Subjekt schon einen grammatischen Satz bilden. Dafür brauchen sie eine Ergänzung, deren Art nicht festgelegt ist. Das kann eine Partikel, ein Adverb, eine Adverbialbestimmung, ein Komplement oder eine Aufzählung sein. Nur wenn der Kontext klar ist, kann diese Ergänzung entfallen.

tā xiūxī ma
他 休息 吗? (Partikel)
Wáng xiǎojiě gōngzuòguo
王 小姐 工作过 。(Partikel)
tā bù xiūxī
他 不 休息。(Adverb)
wǒ míngtiān gōngzuò
我 明天 工作 。(Adverbialbestimmung)
liúxuéshēng shēnghuó dé hěn shūfu
留学生 生活 得 很 舒服。(Komplement)
nǐ xiūxī wǒ gōngzuò
你 休息, 我 工作 。(Aufzählung)

tā nǔlì ma　　　tā nǔlì
他 努力 吗？ – (他) 努力。(Kontext)

Zu dieser Gruppe gehören u. a.:

biàn	gōngzuò	huó	lǚyóu	nǔlì
变	工作	活	旅游	努力
shēnghuó	sǐ	xiào	xǐng	xiūxī
生活	死	笑	醒	休息

8.2.2 Verben mit einer spezifischen Ergänzung in Form einer Verbalgruppe

Eine Verbalgruppe besteht aus einem verbalen und einem nominalen Teil, der einsilbig und meistens kein selbstständiges Wort mehr ist (**vgl. 8.1.2**). Von der Bedeutung her steht der nominale in enger Verbindung mit dem verbalen Teil. Oft entspricht eine Verbalgruppe im Chinesischen einem Verb im Deutschen. Zur Bildung eines grammatisch richtigen Satzes kann sie ein zusätzliches Sprachelement dazu nehmen, muss es aber nicht tun.

shuì jiào		Mǎ xiǎojiě shuì jiào
睡 觉	*schlafen*	马 小姐 睡 觉。
liáo tiān		dàjiā liáo tiān
聊 天	*plaudern*	大家 聊 天。
yóu yǒng		dìdi yóu yǒng
游 泳	*schwimmen*	弟弟 游 泳。

Zu dieser Gruppe gehören u. a. (zusätzlich zu den in **8.1.2** aufgeführten Verben):

fù qián	kǎo shì	liáo tiān	qǐng kè	shàng bān
付 钱	考 试	聊 天	请 客	上 班
shàng xué	xiě zì	zuò fàn	zuò kè	
上 学	写 字	做 饭	做 客	

[Übungen zu den voran gehenden Abschnitten **8.2.1–8.2.2** s. **8.6**]

8.2.3 Verben mit einer spezifischen Ergänzung in Form eines nominalen Objekts

Verben dieser Gruppe verlangen ein nominales Objekt als Ergänzung. Das kann ein Nomen, ein Personalpronomen, ein Interrogativpronomen, eine Nu-ZEW-Gruppe etc. sein.

wǒmen cānguān bówùguǎn	tā kàn wǒ	wǒ kàn tā	tā rènshi shéi
我们 参观 博物馆。	她 看 我，	我 看 她。	他 认识 谁？

tāmen hēle jǐ píng shuǐ
他们 喝了 几 瓶 （水）？

Wenn der Kontext klar ist, kann das Objekt entfallen.

nǐ kàn bàozhǐ le ma kànle
你 看 报纸 了 吗？ 看了。
tā dǎ diànhuà le ma dǎle
他 打 电话 了 吗？ 打了。

Verben dieser Art sind am zahlreichsten und produktivsten. Zu dieser Gruppe gehören u. a.:

bāng 帮	cānguān 参观	chī 吃	chuān 穿	dǎ 打	děng 等	dǒng 懂	
dú 读	duànliàn 锻炼	fāzhǎn 发展	fānyì 翻译	fùxí 复习	guān 关	guò 过	
huà 画	huānyíng 欢迎	huídá 回答	jì 寄	jiào 叫	jiē 接	kàn 看	
liànxí 练习	ná 拿	niàn 念	pà 怕	pīpíng 批评	shōushi 收拾	tán 谈	
tǎolùn 讨论	tígāo 提高	tīng 听	tíng 停	tóngyì 同意	wán 玩	wàng 忘	
wèn 问	xǐ 洗	xǐhuan 喜欢	xiě 写	xìng 姓	xiūlǐ 修理	xué 学	
xuéxí 学习	yòng 用	yǒu 有	zhǎo 找	zhěnglǐ 整理	zhīdào 知道	zhǔnbèi 准备	zuò 做

8.2.4 Verben mit einer spezifischen Ergänzung in Form eines Ortsobjekts

Es gibt Verben, die ein Ortsobjekt als Ergänzung verlangen. Die meisten dieser Verben werden als „Richtungsverben" bezeichnet.

tāmen qù túshūguǎn Wáng lǎoshī míngtiān huí Běijīng
他们 去 图书馆。 王 老师 明天 回 北京。

Allgemeine Nomina, die die Person bezeichnen, und Pronomina können durch ein nachfolgendes 这里 / 这儿 oder 那里 / 那儿 zu einem Ortsobjekt werden.

jiějiě qù Wáng xiǎojiě nàr qǐng nǐ dào wǒ zhèr lái
姐姐 去 王 小姐 那儿。 请 你 到 我 这儿 来。

Ansonsten ist der Satz ungrammatisch.

jiějiě qù Wáng xiǎojiě
*姐姐 去 王 小姐

qǐng nǐ dào wǒ lái
* 请 你 到 我 来

Zu dieser Gruppe gehören u. a. Richtungsverben wie

chū	dào	guò	huí	jìn
出	到	过	回	进
lái	qù	shàng	xià	zài
来	去	上	下	在

und Verben wie

wèiyú	zhù
位于	住

8.2.5 Verben mit einer spezifischen Ergänzung in Form eines Präpositionalobjekts oder einer Aspektpartikel

Verben dieser Gruppe verlangen ein Präpositionalobjekt, das die Lage oder Richtung bezeichnet.

S + P / V + $_{\text{Präp}}$O
tā zuò zài yǐzi shàng
他 坐 在 椅子 上 。
wǒ tiàodào chuáng shàng
我 跳到 床 上 。

Verben dieser Gruppe werden als „Zustandsverben" oder Bewegungsverben bezeichnet. Die Präpositionalgruppe, die vom Verb verlangt wird, kann vor oder nach dem Prädikat stehen. Wenn sie vor dem Prädikat steht oder entfällt, muss das Verb durch eine zusätzliche Ergänzung in Form der Partikeln 了, 着 oder 过 erweitert werden, sonst wäre der Satz nicht grammatisch.

S (+$_{\text{Präp}}$O) + P / V + Part.
jiějie zài shāfā shàng zuòzhe
姐姐（在 沙发 上 ） 坐着 。
jiějie zài shāfā shàng zuò
*姐姐（在 沙发 上 ） 坐。

Andererseits darf im Falle einer Ergänzung mit einer Aspektpartikel die Präpositionalgruppe nicht hinter dem Prädikat, sondern muss vor dem Prädikat stehen.

tāmen zài cāochǎng shàng pǎozhe
他们 在 操场 上 跑着

tāmen pǎozhe zài cāochǎng shàng
*他们 跑着 在 操场 上

Zur Gruppe der Zustandsverben gehören u. a.:

shuì	tǎng	tíng	zhàn	zhù	zuò
睡	躺	停	站	住	坐

Zur Gruppe der Bewegungsverben gehören u. a.:

fēi	pǎo	tiào	zǒu
飞	跑	跳	走

[Übungen zu den voran gehenden Abschnitten **8.2.3–8.2.5** s. **8.7**]

8.2.6 Verben mit einer spezifischen Ergänzung in Form eines Präpositionalobjekts

Verben dieser Gruppe verlangen ein Präpositionalobjekt, das vor dem Prädikat stehen muss.

S + $_{\text{Präp}}$O + P / V
Wáng jīnglǐ duì gōngsī de qíngkuàng hěn mǎnyì
王 经理 对 公司 的 情况 很 满意。

Zu dieser Gruppe gehören u. a.:

duì dānxīn	duì gǎn xìngqù	duì liǎojiě	duì mǎnyì
对… 担心	对… 感 兴趣	对… 了解	对… 满意
gēn hézuò	gēn jiāowǎng	wèi fúwù	yóu zǔchéng
跟…合作	跟… 交往	为…服务	由… 组成

8.2.7 Verben mit einer spezifischen Ergänzung in Form eines verbalen Objekts

Verben dieser Gruppe verlangen ein Verb, eine Verbalgruppe oder eine Verbalkonstruktion als Ergänzung.

qǐng kāishǐ shuō ba	wǒmen dǎsuan dù jià	tāmen kāishǐ fùxí shēngcí
请 开始 说 吧。	我们 打算 度 假。	他们 开始 复习 生词 。

Zu dieser Gruppe gehören u. a.:

dǎsuan	gǎn	jìhuà	jìxù	juédìng	kāishǐ	kǎolǜ	xǐhuan
打算	敢	计划	继续	决定	开始	考虑	喜欢

8.2.8 Verben mit einer spezifischen Ergänzung in Form eines Satzes

Verben dieser Gruppe fordern ein Objekt in Form eines Satzes als Ergänzung.

wǒ juéde tā shuō de duì
我觉得她说得对。

tāmen rènwéi qù Běijīng de rén gèng duō
他们认为去北京的人更多。

Zu dieser Gruppe gehören u. a.:

gūjì	juéde	rènwéi	xīwàng	yǐwéi
估计	觉得	认为	希望	以为

Es gibt Verben, die ein nominales oder ein verbales Objekt in Form eines Satzes verlangen können.

jiějie dānxīn dìdi
姐姐担心弟弟。

jiějie dānxīn dìdi jīntiān huí bù lái
姐姐担心弟弟今天回不来。

Zhāng xiānshēng fāxiàn yī běn hǎo shū
张先生发现一本好书。

Zhāng xiānshēng fāxiàn tā zǒucuò lù le
张先生发现他走错路了。

Zu dieser Gruppe gehören u. a.:

bǎozhèng	cāi	dānxīn	fāxiàn	gūjì	guīdìng	jìde	juéde
保证	猜	担心	发现	估计	规定	记得	觉得
juédìng	rènwéi	xīwàng	yǐwéi	zhèngmíng		zhīdào	zhùhè
决定	认为	希望	以为	证明		知道	祝贺

[Übungen zu den voran gehenden Abschnitten **8.2.6–8.2.8** s. **8.8**]

8.2.9 Verben mit zwei spezifischen Ergänzungen in Form zweier nominaler Objekte

Verben dieser Gruppe fordern zwei nominale Objekte, von denen eins eine Person bezeichnet und das andere eine Sache. Dabei steht die Person immer vor der Sache.

bàba gěile tā yī zhāng diànyǐngpiào
爸爸给了他一张电影票。

Wáng jīnglǐ xiǎng gàosù Lǐ lǎoshī zhè jiàn shì
王经理想告诉李老师这件事。

Zu dieser Gruppe gehören u. a.:

gàosù	gěi	jiāo	jiè	sòng	wèn
告诉	给	教	借	送	问

8.2.10 Verben mit zwei spezifischen Ergänzungen in Form eines nominalen Objekts und eines verbalen Objekts

Verben dieser Gruppe verlangen ein nominales Objekt (meist eine Person) und ein verbales Objekt als Ergänzungen. Dabei dient die Person einerseits als Objekt des Prädikats, andererseits als Subjekt des verbalen Objekts. Diese Struktur wird auch als „Scharniersatz" oder „Satz mit Doppelfunktionswort" bezeichnet. Sie ist vergleich-bar mit der des deutschen Satzes „Er lässt mich auf ihn warten".

lǎoshī ràng tā cānjiā kǎoshì
老师 让 他 参加 考试。

lǎo péngyǒu de xìn shǐ tā gāoxìng le hěn cháng shíjiān
老 朋友 的 信 使 她 高兴 了 很 长 时间。

dàxué ānpái Qián xiānshēng qù shàng kè
大学 安排 钱 先生 去 上 课。

Zu dieser Gruppe gehören u. a.:

ānpái	huānyíng	pài	ràng	shǐ	tóngyì	yào
安排	欢迎	派	让	使	同意	要

8.2.11 Verben mit zwei spezifischen Ergänzungen in Form eines nominalen Objekts und eines Präpositionalobjekts

Verben dieser Gruppe fordern ein nominales Objekt und ein Präpositionalobjekt als Ergänzungen.

tā jiè qián gěi tā dìdi
他 借 钱 给 他 弟弟。

Lǐ xiānshēng chēng tā wéi lǎo péngyǒu
李 先生 称 他 为 老 朋友 。

Die Präpositionalgruppe mit 给 kann bei manchen Verben vor oder nach dem Prädikat stehen. Damit können zwei unterschiedliche Bedeutungen entstehen: vor dem Prädikat bedeutet 给 oft „anstelle von" oder „für jemanden" und kann durch 替 ersetzt werden, während es nach dem Prädikat auf den Empfänger einer Tätigkeit hinweist und dem Dativ im Deutschen entspricht.

wǒ gěi tā huán shū
我 给 他 还 书。*Ich gebe für ihn das Buch zurück.* = wǒ tì tā huán shū
我 替 他 还 书。

wǒ huán shū gěi tā
我 还 书 给 他。*Ich gebe ihm das Buch zurück.*

Wenn das Präpositionalobjekt mit 给 nach dem Prädikat steht, kann es seine Position mit der des nominalen Objekts tauschen, ohne dass sich die Bedeutung verändert.

tā jiè qián gěi tā dìdi = tā jiè gěi tā dìdi qián
他借 钱 给他弟弟。= 他借 给他弟弟 钱。

Zu dieser Gruppe gehören u. a.:

gēn bǐsài	gēge gēn dìdi bǐsài
跟…比赛…	哥哥 跟 弟弟 比赛。
huán gěi	wǒ huán qián gěi tā
还…给…	我 还 钱 给 他。
jì gěi	tā jì xìn gěi tā jiějie
寄…给…	他 寄 信 给 他 姐姐。
gěi jiǎng	bàba gěi nǚ'ér jiǎng gùshi
给… 讲 …	爸爸 给 女儿 讲 故事。
jiè gěi	Wáng xiānshēng jiè lùyīnjī gěi wǒ
借…给…	王 先生 借 录音机 给 我。
gěi mǎi	māma gěi érzi mǎi shū
给… 买 …	妈妈 给 儿子 买 书。
mǎi gěi	māma mǎi shū gěi érzi
oder 买…给…	妈妈 买 书 给儿子。
mài gěi	Mǎ xiǎojiě mài cídiǎn gěi yī ge xuéshēng
卖…给…	马 小姐 卖 词典 给 一个 学生 。
sòng gěi	sòng yī pén huā gěi tā ba
送…给…	送 一 盆 花 给 她 吧。
gěi xiě	tā gěi yéye xiě xìn
给…写…	他 给 爷爷 写 信。
xiě gěi	tā xiě xìn gěi yéye
oder 写…给…	他 写 信 给 爷爷。

[Übungen zu den voran gehenden Abschnitten **8.2.9–8.2.11** s. **8.9**]

8.3 Kopula 是 *sein*

是 ist Kopulaverb und kann nicht wie andere Verben durch die Aspektpartikeln 了, 着 und 过 modifiziert werden. Es kann nur mit 不 verneint werden. 是 verbindet Subjekt und Prädikativ. Als Prädikativ können Nomina, Zeitnomina, Ortsnomina, Ev+的-Konstruktionen oder Verbalkonstruktionen dienen.

tā shì yīshēng
他是 医生 。(Nomen)
jīntiān shì sānyuè bā hào
今天 是 三月 八 号。(Zeitnomen)
zhèlǐ shì zúqiúchǎng
这里是 足球场 。(Ortsnomen)
zhè tái diànnǎo shì xīn de
这 台 电脑 是 新 的。(Ev+的-Konstruktion)
tā xiǎng de shì qù nǎr lǚyóu hǎo
他 想 的是去哪儿旅游 好。(Verbalkonstruktion)

是 wird oft mit „sein" übersetzt. Anders als „sein" hat 是 aber nicht die Bedeutung von „sich befinden in". Diese Bedeutung kann im Chinesischen mit 在 ausgedrückt werden.

8.4 Verdoppelungen

			kàn		kànkan
A	→	AA	看	→	看看
			shuō		shuō yī shuō
A	→	A 一 A	说	→	说 一 说
			tīng		tīng le tīng
A	→	A 了 A	听	→	听 了 听
			xuéxí		xuéxí xuéxí
AB	→	ABAB	学习	→	学习 学习
			shuì jiào		shuìshui jiào
AB	→	AAB	睡 觉	→	睡睡 觉

Auch Verben können verdoppelt werden. Es gibt verschiedene Formen der Verdoppelung, die mit der Silbenzahl und der Struktur der Verben in Zusammenhang stehen. Die wichtigste Funktion der Verbverdoppelung besteht darin, dass sie zur Abschwächung der Bedeutung dient. Mit der Verdoppelung signalisiert der Sprecher, dass die bezeichnete Handlung nur „kurz", „einmal", „mal eben" oder nur „probeweise" stattfindet. Es kommt selten vor, dass eine Verdoppelung bei Verben zusammen mit einem Eigenschaftsverb mit intensivierender Bedeutung zu einer Intensivierung der Bedeutung führt.

8.4.1 Einsilbige Verben

Einsilbige Verben können in den Formen AA, A 一 A und A 了 A verdoppelt werden.

kànkan 看看 *kurz schauen* tīngting 听听 *kurz horchen*

kàn yī kàn 看一看 *einmal kurz schauen* tīng yī tīng 听一听 *einmal kurz horchen*

kàn le kàn 看了看 *kurz gesehen/geschaut haben* tīng le tīng 听了听 *kurz gehört haben*

8.4.2 Zweisilbige Verben

Zweisilbige Verben haben je nach Struktur zwei verschiedene Verdoppelungsformen: ABAB und AAB. Ein Verb im koordinativen Verhältnis nimmt die Form ABAB an, ein Verb im subordinativen Verhältnis (eine Verbalgruppe also) die Form AAB.

a) Koordinative Verben: ABAB

xuéxí 学习 → xuéxí xuéxí 学习学习 xiūxī 休息 → xiūxī xiūxī 休息休息

bāngzhù 帮助 → bāngzhù bāngzhù 帮助帮助

b) Subordinative Verben: AAB

shuì jiào 睡觉 → shuìshui jiào 睡睡觉 bāng máng 帮忙 → bāngbang máng 帮帮忙

jiàn miàn 见面 → jiànjian miàn 见见面

Subordinierte Verben können außerdem noch in der Form A 一 AB und A 了 AB verdoppelt werden, was bei Verben im koordinativen Verhältnis nicht möglich ist.

shuì yī shuì jiào 睡一睡觉 xǐ yī xǐ zǎo 洗一洗澡 jiàn yī jiàn miàn 见一见面

shuì le shuì jiào 睡了睡觉 xǐ le xǐ zǎo 洗了洗澡 jiàn le jiàn miàn 见了见面

8.4.3 Bedeutungen

Wie schon erwähnt, kann man mit einer Verdoppelung eine Handlung als „kurz“, „einmal“, „mal eben“ oder „probeweise“ kennzeichnen.

a) Eine kurze Handlung (oft mit 就)

tā kàn le kàn zhè běn shū jiù zǒu le
她看了看这本书就走了。

jīnglǐ xiào le xiào méi shuō huà
经理 笑了 笑，没 说 话。

b) Probeweise

zhè tái diànnǎo wǒ xiū bù hǎo nǐ lái shìshi
这台 电脑 我修不好，你来 试试？
tāmen dōu méi bànfǎ le nǐ qù kànkan
他们 都 没 办法 了，你去 看看？

c) Daraus ergibt sich auch die Möglichkeit, eine Aufforderung höflich zu formulieren, indem die Handlung als „kurz", „mal eben", „probeweise" ausführbar gekennzeichnet wird.

qǐng nǐ zuòzuo děng yīhuìr qǐng nǐ zuò děng yīhuìr
请 你 坐坐， 等 一会儿。(höflicher als 请 你 坐， 等 一会儿)
nǐ bāngbang tā ba nǐ bāng tā ba
你 帮帮 他吧。(höflicher als 你 帮 他吧)

d) Eine intensivierende Bedeutung kann nur zusammen mit einer Adverbialbestimmung mit intensivierender Bedeutung zustande kommen.

nǐmen hǎohǎo xiǎngxiang tāmen yīnggāi duō tīngting biérén de yìjiàn
你们 好好 想想 。 他们 应该 多 听听 别人 的 意见。

[Übungen zu dem voran gehenden Abschnitt **8.4** s. **8.10**]

8.5 Übungen zu 8.1

8.5.1 Wo stehen 了, 着, 过?

	bāng máng	bān jiā
1.	帮 A 忙 B______________	搬 A 家 B______________
	bà kè	cān jiā
2.	罢 A 课 B______________	参 A 加 B______________
	chī fàn	chū chāi
3.	吃 A 饭 B______________	出 A 差 B______________
	dǎ gōng	fù xí
4.	打 A 工 B______________	复 A 习 B______________
	huān yíng	huí jiā
5.	欢 A 迎 B______________	回 A 家 B______________

jiè shào
6. 介 A 绍 B______________
kāi chē
7. 开 A 车 B______________
liú xué
8. 留 A 学 B______________
qǐng kè
9. 请 A 客 B______________
shōu shí
10. 收 A 拾 B______________

tǎo lùn
讨 A 论 B______________
kāi shǐ
开 A 始 B______________
qǐ chuáng
起 A 床 B______________
shàng kè
上 A 课 B______________
shuō huà
说 A 话 B______________

8.6 Übungen zu 8.2.1–8.2.2

8.6.1 Welche nicht spezifische Ergänzung passt?

de hěn shūfu le ma ba sān nián le de hěn hái méi zhe
得很舒服，了，吗，吧，三年了，得很，还没，着

Wáng xiǎojiě xǐng
1. 王小姐 ______ 醒。
tāmen nǔlì
2. 他们努力 ______。
Lǐ xiānshēng gōngzuò
3. 李先生工作 ______。
nǐmen xiūxī
4. 你们休息 ______？

tāmen shēnghuó
5. 他们生活 ______。
xiǎo māo hái huó
6. 小猫还活 ______。
wǒmen lǚyóu
7. 我们旅游 ______。
gōngsī fāzhǎn
8. 公司发展 ______。

8.6.2 Antworten Sie

gēge bāng shuí de máng mèimei
1. 哥哥帮谁的忙？（妹妹）
tā jīnnián chūle jǐ tàng chāi wǔ tàng
2. 她今年出了几趟差？（五趟）
tāmen dǎle duō cháng shíjiān de gōng sì ge xīngqī
3. 他们打了多长时间的工？（四个星期）
Wáng xiānshēng zài Déguó liúle duō cháng shíjiān xué liǎng nián
4. 王先生在德国留了多长时间学？（两年）

qù gōngyuán nǐ fùle duōshǎo qián
5. 去公园你付了多少钱？
wǔshí yuán
（五十元）
nǐ mèimei jīntiān shàng shénme bān zǎo
6. 你妹妹今天上什么班？（早）
tā xǐle duō cháng shíjiān de zǎo
7. 他洗了多长时间（的）澡？
shíwǔ fēnzhōng
（十五分钟）

zhè ge xīngqī nǐmen yóule jǐ cì yǒng sì cì
8. 这个星期你们游了几次泳？(四次)

8.6.3 Welches Wort oder welche Wortgruppe passt?

duǎn hǎo liǎng ge yuè liǎng nián liǎng tàng wǔ fēnzhōng zǎo Zhōngwén
短，好，两个月，两年，两趟，五分钟，早，中文

tā shǔjià dǎle de gōng
1. 他暑假打了__________的工。

Lǐ xiānshēng xià ge yuè yào chū chāi
2. 李先生下个月要出__________差。

Mǎ xiǎojiě zài Rìběn liúle xué
3. 马小姐在日本留了__________学。

wǒ shuìle yī ge jiào
4. 我睡了一个__________觉。

māma míngtiān shàng bān
5. 妈妈明天上__________班。

wǒmen wǎnshang shàng kè
6. 我们晚上上__________课。

dìdi xǐle de zǎo
7. 弟弟洗了__________的澡。

gēge lǐle yī ge fā
8. 哥哥理了一个__________发。

8.7 Übungen zu 8.2.3–8.2.5

8.7.1 Antworten Sie

tā zài děng shéi tā de lǎo péngyǒu
1. 他在等谁？(他的老朋友)

zhè jiā gōngsī shēngchǎn shénme cǎisè diànshìjī
2. 这家公司生产什么？(彩色电视机)

nǐmen zuótiān tǎolùnle shénme míngtiān kāi huì de shìqíng
3. 你们昨天讨论了什么？(明天开会的事情)

Guǎngzhōu shǔyú nǎ ge shěng Guǎngdōng shěng
4. 广州属于哪个省？(广东省)

Wáng lǎoshī gěi nǐmen jiěshìle shénme zhè ge zì de yìsi
5. 王老师给你们解释了什么？(这个字的意思)

nǐ pà shénme míngtiān de kǎoshì
6. 你怕什么？(明天的考试)

tāmen xíguànle shénme dàxué de shēnghuó
7. 他们习惯了什么？(大学的生活)

Lǐ xiānshēng wàngle shénme gōngsī de diànhuà hàoma
8. 李先生忘了什么？(公司的电话号码)

8.7.2 Wo ist der Gebrauch von 这儿/那儿 notwendig?

tāmen xiǎng huí Běijīng
1. 他们 想 回 北京 ______。

Wáng xiānshēng zhù tā māma
2. 王 先生 住 他 妈妈
______。

dìdi míngtiān xiǎng qù gēge
3. 弟弟 明天 想 去 哥哥
______。

wǒmen xiànzài zhù xuéshēng sùshè
4. 我们 现在 住 学生 宿舍
______。

tā xiànzài zài shuí
5. 她 现在 在 谁 ______?

Qián xiānshēng qù yínháng
6. 钱 先生 去 银行 ______。

8.7.3 Welche Sätze sind richtig?

lǎoshīmen dōu zhànzhe
1a. 老师们 都 站着 。

lǎoshīmen dōu zhàn
1b. 老师们 都 站 。

dìdi shuì zài chuáng shàng
2a. 弟弟 睡 在 床 上 。

dìdi shuìzhe zài chuáng shàng
2b. 弟弟 睡着 在 床 上 。

gōnggòng qìchē zài yínháng qiánmian
3a. 公共 汽车 在 银行 前面
tíng
停 。

gōnggòng qìchē tíng zài yínháng
3b. 公共 汽车 停 在 银行
qiánmian
前面 。

tā zhù Běijīng
4a. 他 住 北京 。

tā zhù zài Běijīng
4b. 他 住 在 北京 。

8.8 Übungen zu 8.2.6–8.2.8

8.8.1 Welches Verb passt?

gǎn xìngqu hézuò jiāowǎng liǎojiě mǎnyì zǔchéng
感 兴趣，合作， 交往 ，了解，满意， 组成

gōngsī duì Wáng jīnglǐ de gōngzuò hěn
1. 公司 对 王 经理的 工作 很__________。

Zhāng xiānshēng bù xiǎng gēn Lǐ xiānshēng le
2. 张 先生 不 想 跟 李 先生 __________了。

wǒ duì zhè zhǒng qìchē bù tài
3. 我 对 这 种 汽车 不 太__________。

Déguó yóu ge zhōu
4. 德国 由 16 个 州 __________。

tā zài gōngzuò zhōng děi gēn bùtóng de rén
5. 他在 工作 中 得跟 不同 的人__________。

zhèxiē háizi duì huà huàr dōu hěn
6. 这些 孩子 对 画 画儿 都 很__________。

8.8.2 Vervollständigen Sie die Sätze mit einer passenden Verbalkonstruktion

qù Zhōngguó tóuzī yī ge rén huí jiā kàn diànyǐng jiǎng gùshi xué shuō huà zài nǎr shíxí
去 中国 投资，一 个 人 回 家，看 电影 ，讲 故事，学 说 话，在 哪儿 实习

tā dìdi kāishǐ
1. 他弟弟 开始__________________________。

wǒ jiějie xǐhuan
2. 我姐姐 喜欢__________________________。

qǐng nǐ jìxù
3. 请 你 继续__________________________。

tāmen dǎsuan
4. 他们 打算__________________________?

zhè jiā gōngsī kǎolǜ
5. 这 家 公司 考虑__________________________。

yèlǐ tā bù gǎn
6. 夜里她不 敢__________________________。

8.8.3 Antworten Sie mit einem passenden Satz

Mǎ xiānshēng lái bāngmáng tāmen zài zhèlǐ gōngzuòguo tā zuò de bù hǎo měi ge rén dōu qù shíxí nǐ míngtiān néng dào nǐmen dōu hěn nǔlì
马 先生 来 帮忙 ，他们 在 这里 工作过 ，他 做 得 不 好，每 个 人 都 去 实习，你 明天 能 到，你们 都 很 努力

nǐ rènwei shénme
1. 你 认为 什么？

tā xīwàng shénme
2. 他 希望 什么？

nǐ hái jìde shénme
3. 你 还 记得 什么？

Zhāng xiǎojiě zhèngmíng shénme
4. 张 小姐 证明 什么？

tā gūjì shénme
5. 她 估计 什么？

zhèyàng zuò kěyǐ bǎozhèng shénme
6. 这样 做 可以 保证 什么？

8.9 Übungen zu 8.2.9–8.2.11

8.9.1 Antworten Sie mit einer passenden Wortgruppe

Zhōngguó dìlǐ gōngzuò chū chāi zǎo diǎn shuì jiào míngtiān bù shàng kè huán cídiǎn
中国 地理, 工作, 出 差, 早 点 睡 觉, 明天 不 上 课, 还 词典,
kāi huì yī ge wánjù
开 会, 一个 玩具

gēge sòng tā shénme
1. 哥哥 送 他 什么？

Qián lǎoshī jiāo nǐmen shénme
2. 钱 老师 教 你们 什么？

tā mèimei gàosù tā shénme
3. 他 妹妹 告诉 他 什么？

nǐ māma tíxǐng nǐ gàn shénme
4. 你 妈妈 提醒 你 干 什么？

gōngsī pài nǐ qù nǎr
5. 公司 派 你 去 哪儿?

túshūguǎn ràng tā gàn shénme
6. 图书馆 让 他 干 什么？

Lǐ jīnglǐ yào nǐ gàn shénme
7. 李 经理 要 你 干 什么？

yínháng ānpái Qián jīnglǐ qù Běijīng gàn shénme
8. 银行 安排 钱 经理 去 北京 干 什么？

8.9.2 Welche Präposition passt?

dāng gěi gēn
当, 给, 跟

Běijīng dàxué Nánjīng dàxué bǐsài pái qiú
1. 北京 大学_____ 南京 大学 比赛 排 球。

Wáng xiǎojiě tā de xuéshēng jiǎngle yī ge gùshi
2. 王 小姐_____她的 学生 讲了 一个 故事。

Qián xiānshēng jiè gōngsī shíwàn ōuyuán
3. 钱 先生 借_____ 公司 十万 欧元。

tāmen jié hūn shí wǒ sòng tāmen yī zhāng shāfā
4. 他们 结 婚 时 我 送 _____他们 一 张 沙发。

tā tā bàba tíle yī ge hěn yǒu yìsi de wèntí
5. 他_____他 爸爸 提了 一 个 很 有 意思 的 问题。

Zhāng xiānshēng tā érzi mǎile yī tái diànnǎo
6. 张 先生 _____他 儿子 买了 一 台 电脑。

dàjiā dōu xuàn tā bānzhǎng
7. 大家 都 选 他_____ 班长。

dàfēng dàyǔ zhèlǐ de rén zàochéngle hěn duō kùnnan
8. 大风 大雨_____这里 的 人 造成了 很 多 困难。

8.9.3 Vervollständigen Sie die Sätze mit den vorgegebenen Verbalkonstruktionen

xiǎngqǐ le wǒ de jiāxiāng wǎnshang kàn diànyǐng xià xīngqī qù Běijīng qù Nánjīng
想起 了 我 的 家乡，晚上 看 电影，下 星期 去 北京，去 南京
gōngzuò mǎshàng huí jiā zuò fēijī qù shēngrì kuàilè zhù zài liúxuéshēng sùshè
工作，马上 回家，坐 飞机 去，生日 快乐，住 在 留学生 宿舍

gēge yào dìdi
1. 哥哥 要 弟弟

________。

gōngsī ānpái Mǎ xiǎojiě
2. 公司 安排 马 小姐

________。

dàjiā dōu quàn tā
3. 大家 都 劝 他

________。

Běijīng de péngyou huānyíng wǒ
4. 北京 的 朋友 欢迎 我

________。

tóngxuémen zhù Zhāng lǎoshī
5. 同学们 祝 张 老师

________。

tā dǎ diànhuà tíxǐng wǒ
6. 他 打 电话 提醒 我

________。

dàxué yāoqiú liúxuéshēng
7. 大学 要求 留学生

________。

zhèlǐ de fēngjǐng shǐ wǒ xiǎngqǐ le
8. 这里 的 风景 使 我 想起 了

________。

8.10 Übungen zu 8.4

8.10.1 Wie werden diese Verben verdoppelt?

bāng máng
1. 帮 忙 ________

bà kè
2. 罢 课________

chī fàn
3. 吃 饭________

dǎ gōng
4. 打 工 ________

huānyíng
5. 欢迎 ________

jièshào
6. 介绍 ________

kāi chē
7. 开 车________

liú xué
8. 留 学 ________

bān jiā
搬 家________

cānjiā
参加 ________

chū chāi
出 差 ________

fùxí
复习________

huí jiā
回 家________

hē chá
喝 茶________

kāi mén
开 门 ________

qǐ chuáng
起 床 ________

qǐng kè　　　　　　　　shàng kè

9. 请 客__________　　上 课__________

shōushi　　　　　　　　shuō huà

10. 收拾 __________　　说 话 __________

8.10.2 Formulieren Sie die Sätze um, indem Sie die Verben verdoppeln. (Beachten Sie, dass dabei die Nu-ZEW-Gruppen wegfallen)

wǒ xiǎng xiūxī yīhuìr

1. 我 想 休息 一会儿。

jīntiān wǎnshang wǒ xiǎng tiào yīhuìr wǔ liáo yīhuìr tiān

2. 今天 晚上 我 想 跳 一会儿 舞，聊 一会儿 天。

qǐng nǐ rènzhēn shōushi nǐ de fángjiān

3. 请 你 认真 收拾 你 的 房间 。

zhè ge yuè wǒ xiǎngdǎ yīdiǎn gōng fùxí yīdiǎn Déyǔ yǔfǎ

4. 这 个 月 我 想 打 一点 工 ，复习 一点 德语 语法。

wǒmen xiǎng qǐng tā gěi nǐmen shàng yīxiē kè

5. 我们 想 请 他 给 你们 上 一些 课。

qǐng nǐ hǎohao de zhǔnbèi qù Zhōngguó de lǚxíng

6. 请 你 好好 地 准备 去 中国 的 旅行。

qǐng nǐmen tǎolùn yīxià zhè ge wèntí

7. 请 你们 讨论 一下 这 个 问题。

tāmen kànle yīhuìr shū liáole yīhuìr tiān tiàole yīhuìr wǔ

8. 他们 看了 一会儿 书，聊了 一会儿 天，跳了 一会儿 舞。

9 Modalverben 情态动词

Modalverben			
	Ausdruck von	häufig übersetzt als	Verneinungsform
xiǎng 想	Wunsch / Absicht	mögen / möchte	bù xiǎng méi xiǎng 不 想，没 想； bù yào 不 要
yào 要	a) starker Wunsch b) Empfehlung	wollen, sollen, müssen	bù xiǎng bù yào 不 想，不 要
yuànyì 愿意	Bereitschaft	bereit sein zu, wollen	bù yuànyì 不 愿意
kěyǐ 可以	a) Erlaubnis b) Möglichkeit	dürfen, können	bù kěyǐ bù néng 不 可以; 不 能； méi néng 没 能
néng 能	a) (situationsbedingte) Fähigkeit b) Möglichkeit	können, dürfen	bù néng méi néng 不 能，没 能
huì 会	erlernte Fähigkeit	können	bù huì 不 会
yīnggāi 应该	a) Notwendigkeit b) Empfehlung	sollen, müssen,	bù yīnggāi bù gāi 不 应该，不 该， bù yòng 不 用
bìxū 必须	Notwendigkeit	müssen	bù bì bù yòng 不 必，不 用
得(děi)	Notwendigkeit (umgangssprachlich)	müssen	bù yòng 不 用

9.1 Merkmale

a) Das Modalverb bildet gemeinsam mit einem Hauptverb ein zusammengesetztes Prädikat.

tāmen xiǎng yóu yǒng
他们 想 游 泳。

nǐmen yīnggāi xué diànnǎo
你们 应该 学 电脑。

b) Modalverben können nicht mit den Aspektpartikeln 了, 着 und 过 kombiniert und auch nicht verdoppelt werden.

c) 把-Konstruktion und 被-Konstruktion stehen zwischen dem Modalverb und dem Hauptverb.

wǒ xiǎng bǎ zhè běn shū kànwán
我 想 把 这 本 书 看完。

tā néng bèi shuí dàizǒu le ne
他 能 被 谁 带走 了 呢?

d) Je nach der Stellung der Adverbialbestimmung kann die Bedeutung des Satzes unterschiedlich sein:

wǒ zài jiā zǒng xiǎng shuì jiào
我 在 家 总 想 睡 觉。*Zu Hause möchte ich immer schlafen.*

wǒ zǒng xiǎng zài jiā shuì jiào
我 总 想 在 家 睡 觉。*Ich möchte immer zu Hause schlafen.*

tā xīngqītiān zǒng xiǎng kàn diànyǐng
他 星期天 总 想 看 电影。*Sonntags möchte er immer ins Kino gehen.*

tā zǒng xiǎng xīngqītiān kàn diànyǐng
他 总 想 星期天 看 电影。*Er möchte immer sonntags ins Kino gehen.*

9.2 Modalverben in affirmativer Form

9.2.1 想

想 drückt einen Wunsch oder eine Absicht aus, es kann meistens mit „möchte“ übersetzt werden.

tā xiǎng kàn diànshì
她 想 看 电视。*Sie möchte fernsehen.*

wǒ xiǎng kànkan Bólín
我 想 看看 柏林。*Ich möchte gerne mal Berlin sehen.*

Als Vollverb bedeutet 想 „denken“, „an etwas denken“ oder „vermuten“.

ràng wǒ xiǎng yī xiǎng
让 我 想 一 想 。*Lass mich mal nachdenken.*
tā xiǎng jiā le
她 想 家 了。*Sie hat Heimweh.*
wǒ xiǎng tā jīntiān bù huì lái le
我 想 他 今天 不 会 来 了。*Ich glaube, er kommt heute nicht mehr.*

9.2.2 要

a) 要 als Ausdruck eines Wunsches ist stärker als 想. Es entspricht im Deutschen oft „wollen".

tā érzi yào qù dòngwùyuán
他 儿子 要 去 动物园 。*Sein Sohn will in den Zoo.*
wǒ yào xiūxī
我 要 休息。*Ich will/muss mich ausruhen.*

b) In seiner Bedeutung als Empfehlung kann es durch „sollen" wiedergegeben werden.

nǐ yào xuéhuì kāi chē
你 要 学会 开 车 。*Du solltest Auto fahren lernen.*
tā yào xué diànnǎo
他 要 学 电脑 。*Er soll lernen, den Computer zu benutzen.*

Als Vollverb bedeutet 要 „haben wollen", „brauchen".

fùnǚ yào píngděng
妇女 要 平等 。*Frauen wollen Gleichberechtigung.*
zuò huǒchē qù Zhōngguó yào yī ge duō xīngqī
坐 火车 去 中国 要 一 个 多 星期 。*Mit dem Zug braucht man mehr als eine Woche nach China.*

9.2.3 愿意

愿意 drückt Bereitschaft aus, es kann mit „möchte" oder „zu etwas bereit sein" übersetzt werden.

shéi yuànyì gēn wǒ qù Měiguó
谁 愿意 跟 我 去 美国 ? *Wer ist bereit, mit mir nach Amerika zu gehen?*
nǐmen dōu yuànyì xué tiào wǔ ma
你们 都 愿意 学 跳 舞 吗? *Ihr möchtet alle Tanzen lernen?*

9.2.4 可以

a) Als Ausdruck einer Erlaubnis entspricht es „dürfen" im Deutschen.

nǐ kěyǐ jìnqù le
你 可以 进去 了。*Du kannst/darfst reingehen.*
túshūguǎn de shū kěyǐ jiè
图书馆 的 书 可以 借。*Man darf die Bücher aus der Bibliothek ausleihen.*

b) Als Ausdruck einer Möglichkeit entspricht es „können".

jīntiān méi shénme shì nǐ kěyǐ lái yě kěyǐ bù lái
今天 没 什么 事，你 可以 来 也 可以 不 来。*Heute gibt es nicht viel zu tun. Du kannst kommen, musst du aber nicht.*
wǒ yī ge xiǎoshí kěyǐ bǎ fàn zuòhǎo
我 一 个 小时 可以 把 饭 做好。*In einer Stunde kann ich das Essen fertig machen.*

9.2.5 能

a) Wo 能 eine Fähigkeit ausdrückt, lässt es sich als „können" übersetzen.

tā shàng sān niánjí néng kàn chángpiān xiǎoshuō le
他 上 三 年级，能 看 长篇 小说 了。*Er ist in der dritten Klasse und kann schon Romane lesen.*
qìchē xiūhǎo le néng kāi le
汽车 修好 了，能 开 了。*Das Auto ist repariert worden, es kann wieder fahren.*

b) Auch als Ausdruck einer Möglichkeit lässt es sich mit „können" übersetzen.

nǐ néng bāng wǒ zhěnglǐ fángjiān ma
你 能 帮 我 整理 房间 吗? *Kannst du mir helfen, das Zimmer aufzuräumen?*
nǐ xiànzài néng gàosù wǒ ma
你 现在 能 告诉 我 吗? *Kannst du es mir jetzt sagen?*

9.2.6 会

会 hui bezeichnet eine erlernte Fähigkeit und kann mit „können" übersetzt werden.

wǒ huì yóu yǒng dàn xiànzài bù xiǎng yóu
我 会 游 泳，但 现在 不 想 游。*Ich kann schwimmen, möchte jetzt aber nicht.*

tā yě huì shàng wǎng le
他也会 上 网 了。*Er kann auch mit dem Internet umgehen.*

9.2.7 应该

a) Wenn 应该 eine Notwendigkeit ausdrückt, kann es mit „sollen" oder „müssen" übersetzt werden.

yīnggāi xiān gōngzuò hòu xiūxī
应该 先 工作 后 休息。*Man sollte erst die Arbeit erledigen und sich danach ausruhen.*

zhè shì wǒmen yīnggāi zuò de
这 是 我们 应该 做 的。*Wir müssen das tun.*

b) Wenn es eine Empfehlung ausdrückt, kann es mit „sollen" übersetzt werden.

wǒmen dōu yīnggāi xiǎngxiǎng bànfǎ
我们 都 应该 想想 办法。*Wir sollten uns alle mal eine Methode überlegen.*

nǐ yě yīnggāi pīpíng tā
你 也 应该 批评 他。*Du solltest ihn auch kritisieren.*

9.2.8 必须

Als Ausdruck von Notwendigkeit ist 必须 stärker als 应该.

xué Zhōngwén de bìxū xuéhǎo sìshēng
学 中文 的必须 学好 四声。*Wer Chinesisch lernt, muss die vier Töne beherrschen.*

míngtiān kǎo shì jīntiān wǒ bìxū xiūxī hǎo
明天 考试，今天 我 必须 休息 好。*Morgen ist Prüfung, heute muss ich mich gut ausruhen.*

9.2.9 得 (děi)

Hinsichtlich der Bedeutung ist 得 als Ausdruck von Notwendigkeit vergleichbar mit 必须, wird aber hauptsächlich in der Umgangssprache verwendet.

wǒ tóufa tài cháng le děi qù lǐfàdiàn le
我 头发 太 长 了，得 去 理发店 了。*Meine Haare sind zu lang, ich muss zum Frisör.*

tā bù rènshi lù wǒmen děi děng tā
他 不 认识 路，我们 得 等 他。*Er kennt den Weg nicht, wir müssen auf ihn warten.*

9.3 Verneinungsformen

Modalverben werden i.d.R. durch 不 verneint. Bei 能, 想 und 要 ist außerdem auch die Verneinung durch 没 möglich.

zhè jiàn shì wǒ bù néng gàosu nǐ
这 件 事 我 不 能 告诉 你。*Die Sache kann ich dir nicht sagen.*
zhè jiàn shì wǒ méi néng gàosu nǐ
这 件 事 我 没 能 告诉 你。*Die Sache konnte ich dir nicht sagen.*

Einige Modalverben verlangen spezielle Verneinungsformen.

9.3.1 要 → 不想

Die Verneinungsform von 要 in der Bedeutung von „wollen" ist 不想.

nǐmen jīntiān yào qù nǎr wǒmen nǎr yě bù xiǎng qù
你们 今天 要 去 哪儿? 我们 哪儿 也 不 想 去。… *Wir wollen nirgendwo hin gehen.*
nǐ yào mǎi shū ma wǒ bù xiǎng mǎi shū
你 要 买 书 吗? 我 不 想 买 书。 … *Ich möchte keine Bücher kaufen.*

9.3.2 要 → 不要

要 als Ausdruck einer Empfehlung oder Aufforderung wird durch 不要 verneint.

nǐ bù yào xiāngxìn tā
你 不 要 相信 他! *Du solltest ihm nicht glauben!*
nǐmen jīntiān bù yào kāi chē
你们 今天 不 要 开 车! *Ihr dürft heute nicht Auto fahren!*

9.3.3 可以 → 不能

可以 als Ausdruck einer Möglichkeit wird durch 不能 oder das Komplement der Möglichkeit verneint.

tā kěyǐ yòng Zhōngwén xiě xìn ma tā bù néng yòng Zhōngwén xiě xìn
他 可以 用 中文 写 信 吗? 他 不 能 用 中文 写 信。… *Er kann keinen Brief auf Chinesisch schreiben.*
zhè běn shū nǐ jīntiān kěyǐ kànwán ma wǒ jīntiān kàn bù wán
这 本 书 你 今天 可以 看完 吗? 我 今天 看 不 完。… *Das kann ich heute nicht durchlesen.*

9.3.4 得, 应该 und 必须 → 不用

得, 应该 und 必须 als Ausdruck einer Notwendigkeit werden mit 不用 verneint.

wǒ děi zuò chē shàng xué → wǒ bù yòng zuò chē shàng xué
我得坐车上学。→ 我不用坐车上学。*Ich brauche nicht mit dem Bus zur Schule zu fahren.*

wǒ yīnggāi dǎ gōng le → wǒ bù yòng dǎ gōng le
我应该打工了。→ 我不用打工了。*Ich brauche nicht mehr zu jobben.*

wǒ bìxū fù qián → wǒ bù yòng fù qián
我必须付钱。→ 我不用付钱。*Ich brauche nicht zu zahlen.*

9.3.5 应该, 必须→不必

应该 und 必须 können auch mit 不必 verneint werden.

tā yīnggāi gōngzuò → tā bù bì gōngzuò
他应该工作。→ 他不必工作。*Er muss nicht arbeiten.*

tā bìxū qù kàn yīshēng → tā bù bì qù kàn yīshēng
他必须去看医生。→ 他不必去看医生。*Er muss nicht zum Arzt gehen.*

9.3.6 应该 und 必须 → 不应该/不该

Wenn 应该 und 必须 durch 不应该/不该 verneint werden, drückt dies eine Notwendigkeit oder eine starke Empfehlung, etwas nicht zu tun, aus.

wǒ yīnggāi dǎ gōng le → wǒ bù gāi dǎ gōng le
我应该打工了。→ 我不该打工了。*Ich sollte nicht mehr jobben.*

9.4 Übungen zu 9.2–9.3

9.4.1 Welches Wort passt?

bìxū děi kěyǐ néng xiǎng yào yīnggāi yuànyì
必须, 得, 可以, 能, 想, 要, 应该, 愿意

lǎoshī xiàwǔ lái ma lǎoshī xiàwǔ méi shì lái
1. 老师下午______来吗? 老师下午没事, ______来。

jīntiān de gōngzuò wǒ zuòwán le huí jiā le ma nǐ huí jiā le
2. 今天的工作我做完了, ______回家了吗? 你______回家了。

lái Déguó shàng dàxué xuéhǎo Déyǔ
3. 来 德国 上 大学__________ 学好 德语。

xuéshēng sùshè zhù duōshǎo rén zhù rén
4. 学生 宿舍__________住 多少 人? __________住300人。

shíjiān bù duō le wǒmen zǒule
5. 时间 不 多了, 我们 __________走了。

wǒ qǐng tā jiāo wǒ dǎ tàijíquán bù zhīdào tā bù
6. 我__________ 请 他 教 我 打 太极拳, 不 知道 他__________不 __________?

qù Déguó lǚyóu kànkan Bólín Mùníhēi hé Hànbǎo
7. 去 德国 旅游, __________ 看看 柏林、慕尼黑 和 汉堡 。

háizimen wèishénme xǐhuan diànnǎo yīnwèi diànnǎo tīng rén de mìnglìng
8. 孩子们 为什么 喜欢 电脑? 因为 电脑 __________ 听 人 的 命令 。

xuéshēng bù zhěngtiān zuò zài diànshìjī qián
9. 学生 不__________ 整天 坐 在 电视机 前 。

tā chōu yān dàn bù zhīdào bù
10. 他__________ 抽 烟, 但 不 知道 __________不__________。

9.4.2 Ordnen Sie

bìxū xué Hànyǔ wǒ qù Zhōngguó
1. 必须, 学 汉语, 我, 去 中国

wǒ jì bǎ shū dào Nánjīng xiǎng
2. 我, 寄, 把书, 到 南京 , 想

huí jiā xiǎng tā qí zìxíngchē
3. 回家, 想 , 她, 骑 自行车

wǒ gàosu bǎ zhè jiàn shìqing děi wǒ de péngyou
4. 我, 告诉, 把 这 件 事情 , 得, 我 的 朋友

bèi tā zhīdào bù néng zhè jiàn shìqing
5. 被 他, 知道 , 不 能 , 这 件 事情

zài zhuōzi shàng bǎ cídiǎn nǐ fàng yīnggāi
6. 在 桌子 上 , 把 词典, 你, 放 , 应该

qù tiào wǔ wǎnshang wǒ hé tā xiǎng dōu
7. 去 跳 舞, 晚上 , 我 和 他, 想 , 都

nǐmen zhǎo tā qù huǒchēzhàn mǎshàng yīnggāi
8. 你们, 找 他, 去 火车站 , 马上 , 应该

9.4.3 Verkehren Sie die folgenden Sätze in ihr Gegenteil

1. jīntiān wǎnshang wǒ děi qù yīyuàn kàn Xiǎo Wáng
   今天 晚上 我 得 去 医院 看 小 王。
2. méi qián le wǒ bìxū dǎ gōng le
   没 钱 了，我 必须 打 工 了。
3. tāmen yào cānjiā bǐsài
   他们 要 参加 比赛。
4. wǒ děi xuéhuì dǎ zì
   我 得 学会 打 字。
5. diànyǐngyuàn lǐ kěyǐ chōu yān
   电影院 里 可以 抽 烟。
6. huǒchēpiào mǎidào le wǒmen kěyǐ zǒu le
   火车票 买到 了，我们 可以 走 了。
7. zhè běn xiǎoshuō yīnggāi kàn
   这 本 小说 应该 看。
8. tāmen dōu yuànyì qù tóu zī
   他们 都 愿意 去 投 资。
9. tiān hēi le Xiǎo Wáng xiǎng shuì jiào
   天 黑 了，小 王 想 睡 觉。
10. zhèxiē háizi bìxū xué gāngqín
    这些 孩子 必须 学 钢琴。

9.4.4 Übersetzen Sie

1. Er möchte mit dem Zug nach Kunming (昆明) fahren, weil er dann mehr sehen kann.
2. Viele chinesische Kinder können oft nur am Samstag eine Stunde fernsehen.
3. Viele chinesische Kinder müssen vieles essen, was sie nicht essen wollen.
4. Viele junge Paare wollen kein Kind zur Welt bringen, weil sie zu beschäftigt sind.
5. Können Sie uns Ihr Buch mal vorstellen?
6. Viele Shanghaier sind nicht bereit, anderswo zur Arbeit zu gehen.
7. Er weiß nicht, dass man im Büro nicht rauchen darf.
8. Wenn er Schwierigkeiten hat, sollten wir ihm helfen.

10 Eigenschaftsverben 形容词

Eigenschaftsverben, auch Adjektive genannt, bezeichnen eine Eigenschaft. Im Chinesischen haben sie zum Teil verbalen Charakter.
Die zwei Gruppen der prädikatsfähigen und nicht prädikatsfähigen Eigenschaftsverben können weiter unterteilt werden, je nachdem, ob sie verdoppelt werden können oder nicht und ob sie durch 很 modifiziert werden können oder nicht.

Eigenschaftsverben					
A	B	C	D	E	F
prädikatsfähig					nicht prädikatsfähig
verdoppelbar		nicht verdoppelbar	verdoppelbar	nicht verdoppelbar	
durch 很 modifizierbar			nicht durch 很 modifizierbar		
bǎo è 饱 - 饿, cháng 长 - duǎn 短, dà xiǎo 大 - 小, duō shǎo 多 - 少, gāo ǎi 高 - 矮, guì jiàn 贵 - 贱,	ānjìng 安静, gānjìng 干净, gāoxìng 高兴, lǎoshí 老实, mǎhu 马虎, míngbái 明白, piàoliang 漂亮,	bǎoguì 宝贵, bù'ān 不安, fùzá 复杂, hǎokàn 好看, jiànkāng 健康, kěxī 可惜, měilì 美丽,	bīngliáng 冰凉, huābái 花白, huībái 灰白, jīnhuáng 金黄, tōnghóng 通红, xuěbái 雪白, xuèhóng 血红	báihuāhuā 白花花, gānbābā 干巴巴, guāngtūtū 光秃秃, hēichénchén 黑沉沉, hóngtōngtōn 红通通, huóshēngshē 活生生	nán nǚ 男, 女, zhèng fù 正, 负, cǎisè 彩色, hēibái 黑白, réngōng 人工, xīshì 西式, xiǎoxíng 小型,

Eigenschaftsverben					
A	B	C	D	E	F
prädikatsfähig					nicht prädikatsfähig
verdoppelbar		nicht verdoppelbar	verdoppelbar	nicht verdoppelbar	
durch 很 modifizierbar			nicht durch 很 modifizierbar		
hǎo huài 好 – 坏, kuài màn 快 – 慢, lǎo shǎo 老 – 少,[2] lěng rè 冷 – 热, máng 忙 – xián 闲, xīn jiù 新 – 旧, yuǎn jìn 远 – 近, hēi bái 黑 – 白, hóng lǜ 红 – 绿, huáng lán 黄 – 蓝	qīngchǔ 清楚, rènzhēn 认真, shūfu 舒服, zǐxì 仔细	róngyì 容易, yǒuhǎo 友好, xiǎoxīn 小心, zháojí 着急			xīnshì 新式, zhēnzhèng 真正, zhōngshì 中式

[1]nicht verdoppelbar [2]nicht prädikatsfähig [3]verdoppelbar

10.1 Prädikatsfähige Eigenschaftsverben (Gruppe A–E) 谓语形容词

Anders als im Deutschen können prädikatsfähige Eigenschaftsverben im Chinesischen ohne das Verb 是 „sein" direkt als Prädikat fungieren. Sie können ein- bis viersilbig sein und unterscheiden sich voneinander nicht nur in der Struktur, sondern auch im Gebrauch.

10.1.1 Einsilbige Eigenschaftsverben (Gruppe A)

Eigenschaftsverben der Gruppe A sind einsilbig, verdoppelbar (**vgl. 10.3.1**) und können durch Adverbien wie 很, 非常 und 十分 modifiziert werden.

hěn dà	fēicháng guì	shífēn máng
很 大	非常 贵	十分 忙

a) als Prädikat

Eigenschaftsverben dieser Gruppe können direkt als Prädikat gebraucht werden. Dabei muss beachtet werden, dass ein Aussagesatz erst dann als vollständig gilt, wenn das Eigenschaftsverb durch ein Adverb wie 很 oder 非常 modifiziert wird,

zhè ge dàxué hěn dà	jīntiān fēicháng lěng
这 个 大学 很 大。	今天 非常 冷。

oder das Ev durch eine Aspekt- oder Modalpartikel (z.B. 了) erweitert ist,

shū guì le	tiān hēi le
书 贵 了。	天 黑 了。

oder zwei parallele Sätze gegenüberstehen.

tā gāo wǒ ǎi	túshūguǎn lǐ déwénshū duō zhōngwénshū shǎo
他 高，我 矮。	图书馆 里 德文书 多， 中文书 少。

Ein Satz wie 这个大学大 oder 他高 ist zwar grammatisch nicht falsch, gilt aber inhaltlich als nicht vollständig.
Anders als im Deutschen wird das Verb 是 „sein" bei der Satzbildung nicht gebraucht. Einen Satz wie 他是高 kann man nur dann verwenden, wenn er als Bestätigung und Bekräftigung einer vorhergehenden Aussage dient.

nǐ dìdi hěn gāo tā shì gāo
你 弟弟 很 高。他 是 高。 *Dein Bruder ist sehr groß. Ja, er ist wirklich groß.*

Wáng xiǎojie hěn piàoliang tā shì piàoliang
王 小姐 很 漂亮 。她 是 漂亮 。*Fräulein Wang ist sehr hübsch. Ja, sie ist wirklich hübsch.*

b) als Prädikat mit Objekt

In der Gruppe A gibt es Eigenschaftsverben, die ein Objekt verlangen können. Das Objekt wird mit 什么 oder 谁 erfragt.

wǒ duō le yī ge péngyou nǐ duō le shénme
我 多 了 一 个 朋友 ← 你 多 了 什么？
bàngōngshì shǎo le yī tái diànnǎo bàngōngshì shǎo le shénme
办公室 少 了 一 台 电脑 ← 办公室 少 了 什么？
yǒu xiē rén zhòngnán-qīngnǚ
有 些 人 重男轻女 .

c) als Prädikat mit Komplement

Eigenschaftsverben der Gruppe A können in der Funktion als Prädikat durch ein Komplement der Menge näher bestimmt werden (**vgl. 18.6**). Bei der Frage nach dem Komplement wird 多少 benutzt.

gēge bǐ dìdi dà liǎng suì gēge bǐ dìdi dà duōshao
哥哥 比 弟弟 大 两 岁。← 哥哥 比 弟弟 大 多少？
jīntiān bǐ zuótiān rè liǎng dù jīntiān bǐ zuótiān rè duōshao
今天 比 昨天 热 两 度。← 今天 比 昨天 热 多少？

d) als Attribut

Als Attribut können Eigenschaftsverben der Gruppe A (mit Ausnahme von 多，少，对 und 错) mit oder ohne 的 gebraucht werden. Das kann für die Bedeutung unerheblich sein, wie

yī běn hǎo shū yī běn hǎo de shū
一 本 好 书 = 一 本 好 的 书
yī liàng dà qìchē yī liàng dà de qìchē
一 辆 大汽车 = 一 辆 大的汽车

Manchmal kann es aber auch einen Unterschied machen:

yī běn xīnshū yī běn xīn de shū
一 本 新书 *eine Neuerscheinung* ≠ 一 本 新 的 书 *ein neues Buch*
yī kuài féiròu yī kuài féi de ròu
一 块 肥肉 *ein Stück Speck* ≠ 一 块 肥 的 肉 *ein Stück fettes Fleisch*

Wird das einsilbige Eigenschaftsverb durch ein Adverb modifiziert ist, ist der Gebrauch von 的 obligatorisch.

yuǎn lù → hěn yuǎn de lù
远 路 → 很 远 的路

xīn diànshìjī → hěn xīn de diànshìjī
新 电视机 → 很 新 的 电视机

lǎo zhàopiàn → fēicháng lǎo de zhàopiàn
老 照片 → 非常 老的 照片

Vor einem Nomen können zwei einsilbige Ev stehen. In diesem Fall steht 的 nicht nach dem direkt vor dem Nomen stehenden Ev, sondern nach dem Ev davor.

xīn de dà shāfā　　xiǎo de bái lǎohǔ
新 的 大 沙发　　小 的 白 老虎

Es kann aber auch sein, dass gar kein 的 gebraucht wird.

xiǎo hóng shū　　hēi duǎn qúnzi
小 红 书　　黑 短 裙子

e) als Adverbialbestimmung

Eigenschaftsverben der Gruppe A können zum Teil direkt als Adverbialbestimmung fungieren.

Xiǎo Wáng zài kuài pǎo　　tā jīngcháng zǎo lái
小 王 在 快 跑。　　他 经 常 早 来。

Bei der Erweiterung durch ein Adverb muss das einsilbige Eigenschaftsverb i.d.R. durch die Strukturpartikel 地 markiert werden.

Qián xiǎojie hěn qīng de shuōle yī shēng　　tā fēicháng kuài de zǒu le
钱 小姐 很 轻 地 说了 一 声 。　　他 非常 快 地 走 了。

f) als Komplement

Eigenschaftsverben dieser Gruppe können direkt als Komplement fungieren. Fungieren sie als Komplement des Grades oder der Möglichkeit, ist der Gebrauch der Partikel 得 notwendig, als Komplement des Resultats benötigen sie kein 得 (**vgl. Kapitel 18**).

tāmen chī de hǎo　　dìdi pǎo de kuài pǎo bù kuài
他们 吃 得 好。　　弟弟 跑 得 快 跑 不 快？

zhèxiē zázhì dōu biànguì le
这些 杂志 都 变贵 了。

[Übungen zu dem voran gehenden Abschnitt **10.1.1** s. **10.5**]

10.1.2 Zweisilbige Eigenschaftsverben in koordinativem Verhältnis (Gruppe B)

Eigenschaftsverben dieser Gruppe stehen meistens in einem koordinativen Verhältnis und können durch Adverbien wie 很, 非常 und 十分 näher bestimmt werden. Sie sind alle verdoppelbar.

hěn rènzhēn	fēicháng rènzhēn	shífēn rènzhēn
很 认真	非常 认真	十分 认真
hěn měilì	fēicháng měilì	shífēn měilì
很 美丽	非常 美丽	十分 美丽

a) als Prädikat

Wie Eigenschaftsverben der Gruppe A können Eigenschaftsverben der Gruppe B direkt als Prädikat gebraucht werden. Aber auch hier muss darauf geachtet werden, dass ein Satz erst dann vollständig ist, wenn das Eigenschaftsverb durch ein Adverb wie 很 oder 非常 modifiziert wird, durch eine Aspekt- oder Modalpartikel erweitert ist, eine Gegenüberstellung zweier paralleler Sätze oder eine Aufzählung vorliegt.

jiějie de fángjiān hěn gānjìng
姐姐 的 房间 很 干净。

Wáng jīnglǐ lěngjìng ma
王 经理 冷静 吗?

Wáng jīnglǐ xiànzài lěngjìng le
王 经理 现在 冷静 了。

tā zǐxì wǒ mǎhu
她 仔细, 我 马虎。

tāmen zuò shì zǐxì rènzhēn
他们 做 事 仔细、 认真。

In dieser Gruppe gibt es einige Ev, die ein Objekt verlangen können.

wǒ míngbáile nǐ de yìsi
我 明白了 你 的 意思。

tā hái bù qīngchǔ tā yǐhòu gàn shénme
他 还 不 清楚 他 以后 干 什么。

Eigenschaftsverben der Gruppe A können in der Funktion als Prädikat durch Komplemente der Zeitdauer oder der Menge näher bestimmt werden (**vgl. 2.6.2 und 18.6**).

qǐng nǐ lěngjìng yīxià
请 你 冷静 一下。

tāmen qīngsōng le liǎng tiān
她们 轻松 了 两 天。

tā mǎhule yī bèizi
他 马虎了 一 辈子。

b) als Attribut

Werden Eigenschaftsverben der Gruppe B als Attribut gebraucht, muss normalerweise 的 verwendet werden, es sei denn, es handelt sich um feststehende Ausdrücke.

róngyì de kèwén		róngyì kèwén
容易 的 课文	≠	* 容易 课文
nuǎnhuo de dōngtiān		nuǎnhuo dōngtiān
暖和 的 冬天	≠	* 暖和 冬天
zhòngyào de wèntí		zhòngyào wèntí
重要 的 问题	=	重要 问题
měilì de rénshēng		měilì rénshēng
美丽 的 人生	=	美丽 人生

c) als Adverbialbestimmung

Auch Eigenschaftsverben der Gruppe B können als Adverbialbestimmung verwendet werden. Dabei ist der Gebrauch der Strukturpartikel 地 oft fakultativ.

tāmen rènzhēn de xuéxí	tóngxuémen zǐxì de tīngzhe
他们 认真 (地) 学习。	同学们 仔细 (地) 听着。
háizimen ānjìng de wánzhe	tóngxuémen gāoxìng de tiàozhe wǔ
孩子们 安静 地 玩着。	同学们 高兴 地 跳着 舞。

d) als Komplement

Die Eigenschaftsverben der Gruppe B können als Komplement des Grades fungieren.

wǒmen xiě de hěn rènzhēn	tāmen xiūxī de fēicháng shūfu
我们 写得很 认真。	他们 休息得 非常 舒服。

10.1.3 Nicht verdoppelbare zweisilbige Eigenschaftsverben (Gruppe C)

Die Eigenschaftsverben dieser Gruppe gleichen denen der Gruppe B in allen Funktionen, sie können allerdings nicht verdoppelt werden.

10.1.4 Zweisilbige Eigenschaftsverben in subordinativem Verhältnis (Gruppe D)

Eigenschaftsverben der Gruppe D stehen in einem subordinativen Verhältnis und können daher nicht durch Adverbien wie 很, 非常 und 十分 modifiziert werden. Auch die Verdoppelungsform ist eine andere als bei den Gruppen A und B (**vgl. unten 10.3**).

a) als Prädikat

Anders als Eigenschaftsverben der Gruppen A, B und C können Eigenschaftsverben der Gruppe D direkt als Prädikat fungieren, ohne durch Adverbien wie 很 oder 非常 modifiziert zu werden.

Qián xiānshēng de tóufà huībái	mèimei de shǒu bīngliáng
钱 先生 的 头发 灰白。	妹妹 的 手 冰凉 。

b) als Attribut

Als Attribut müssen Eigenschaftsverben der Gruppe D zusammen mit 的 verwendet werden.

xuěbái de wūdǐng	jīnhuáng de shùyè
雪白 的 屋顶	金黄 的 树叶

c) als Adverbialbestimmung

Eigenschaftsverben der Gruppe D können aufgrund ihrer Bedeutung kaum als Adverbialbestimmung verwendet werden.

d) als Komplement

Eigenschaftsverben dieser Gruppe können direkt als Komplement fungieren. Bei der Verdoppelungsform ist der Gebrauch von 的 notwendig (**vgl. unten 10.3.1**).

zhè tiáo lù xiū de bǐzhí	tā de liǎn xiào de tōnghóng
这 条 路 修 得 笔直。	她 的 脸 笑 得 通红 。

[Übungen zu den voran gehenden Abschnitten **10.1.2–10.1.4** s. **10.6**]

10.1.5 Drei- und viersilbige Eigenschaftsverben (Gruppe E)

Eigenschaftsverben dieser Gruppe können weder durch Adverbien wie 很, 非常 und 十分 näher bestimmt noch verdoppelt werden. Sie bestehen aus einem Eigenschaftsverb und einem Suffix.

hóngtōngtōng　　hóng　　tōngtōng
红通通 = 红 (EV) + 通通 (Suffix)
báihuāhuā　　bái　　huāhuā
白花花 = 白 (EV) + 花花 (Suffix)

a) als Prädikat

Eigenschaftsverben der Gruppe E können direkt als Prädikat gebraucht werden. Dabei ist aber der Gebrauch von 的 erforderlich. Eine Modifizierung durch ein Adverb wie 很 oder 非常 oder die Gegenüberstellung zweier Sätze ist nicht möglich.

Wáng xiānshēng de jiǎnghuà gānbābā de méi yìsi
王 先生 的 讲话 干巴巴的，没 意思。

tā de liǎn hóngtōngtōng de
他 的 脸 红通通 的。

b) als Attribut

Als Attribut müssen Eigenschaftsverben dieser Gruppe zusammen mit 的 verwendet werden.

gānbābā de jiǎnghuà — guāngtūtū de shān
干巴巴 的 讲话 — 光秃秃 的 山

10.2 Nicht prädikatsfähige Eigenschaftsverben (Gruppe F) 非谓形容词

Nicht prädikatsfähige Eigenschaftsverben können einsilbig oder zweisilbig sein. Sie fungieren im Satz fast ausschließlich als Attribut oder Prädikatsnomen. Sie können nicht durch Adverbien modifiziert werden und sind nicht verdoppelbar.

a) als Attribut

Als Attribut können diese Eigenschaftsverben mit oder ohne 的 verwendet werden.

jǐ ge nán de tóngxué zài wánr — zhè shì yī zhǒng xīnshì de dǎyìnjī
几 个 男 (的) 同学 在 玩儿。 — 这 是 一 种 新式 (的) 打印机。

b) als Prädikatsnomen

Als Prädikatsnomen müssen Eigenschaftsverben dieser Gruppe zusammen mit 的 gebraucht werden.

tā shì nán de bù shì nǚ de — zhè zhāng zhàopiàn shì cǎisè de
他 是 男 的，不 是 女 的。 — 这 张 照片 是 彩色 的。

[Übungen zu dem voran gehenden Abschnitt **10.2** s. **10.7**]

10.3 Verdoppelungen

Eigenschaftsverben der Gruppen A, B und D können verdoppelt werden, die der Gruppe C, E und F nicht.

10.3.1 Verdoppelungsformen

a) Gruppe A

Form

Eigenschaftsverben der Gruppe A werden in der Form AA verdoppelt.

gāo		gāogāo de	cháng		chángcháng de	hǎo		hǎohǎo de
高	→	高高 (的)	长	→	长长 (的)	好	→	好好 (的)

Funktionen

Die Verdoppelungen können als Prädikat, Attribut, Adverbialbestimmung und Komplement fungieren. Als Prädikat und Komplement brauchen sie die Strukturpartikel 的, als Adverbialbestimmung i.d.R. die Strukturpartikel 地.

Xiǎo Wáng gāogāo de shòushòu de
小 王 高高 的，瘦瘦 的。(als Prädikat)

yī jiān xiǎoxiǎo de fángjiān
一 间 小小 的 房间 。(als Attribut)

qǐng nǐ mànmàn de zǒu
请 你 慢慢 (地) 走。(als Adverbialbestimmung)

sùshè lǐ biàn de àn'àn de
宿舍 里 变 得 暗暗 的。(als Komplement)

Aussprache

In der Verdoppelungsform muss die zweite Silbe, wenn sie ursprünglich im dritten oder vierten Ton gelesen wird, im ersten Ton ausgesprochen werden.

好 hǎo → 好好(的) hǎohāo(de)

慢 màn → 慢慢(的) mànmān(de)

b) Gruppe B

Form

Die Verdoppelungsform der Gruppe B ist AABB.

zhěngqí		zhěngzhěngqíqí de	gānjìng		gāngānjìngjìng de
整齐	→	整整齐齐 (的)	干净	→	干干净净 (的)
gāoxìng		gāogāoxìngxìng de			
高兴	→	高高兴兴 (的)			

Funktionen

Die Verdoppelungen der Gruppe B können im Satz die gleichen Funktionen übernehmen wie die der Gruppe A. Auch sie brauchen als Prädikat und als Komplement die Partikel 的, als Adverbialbestimmung die Partikel 地.

tā de fángjiān zǒngshì zhěngzhěngqíqí de
她的 房间 总是 整整齐齐 的。(als Prädikat)
yī ge jiǎnjiǎndāndān de wèntí
一个 简简单单 的问题。(als Attribut)
tāmen rènrènzhēnzhēn de xiě zuòyè
他们 认认真真 地写作业。(als Adverbialbestimmung)
dàjiā wán de gāogāoxìngxìng de
大家玩得 高高兴兴 的。(als Komplement)

c) Gruppe D
Form

Die Verdoppelungsform der Gruppe D ist ABAB.

xuěbái → xuěbáixuěbái
雪白 → 雪白雪白
bīngliáng → bīngliángbīngliáng
冰凉 → 冰凉冰凉
bǐzhí → bǐzhíbǐzhí
笔直 → 笔直笔直

Funktionen

Die Funktionen der Verdoppelungen der Gruppe D sind die gleichen wie bei den Gruppen A und B. Fungiert die Verdoppelung als Prädikat, ist der Gebrauch von 的 fakultativ, in der Funktion als Attribut ist der Gebrauch von 的 obligatorisch.

tā de liǎn tōnghóng tōnghóng
他的脸 通红 通红 (als Prädikat)
yī zhāng tōnghóng tōnghóng de liǎn
一张 通红 通红 的脸 (als Attribut)

10.3.2 Bedeutungen

Durch die Verdoppelung wird die Bedeutung des Eigenschaftsverbs im Allgemeinen verstärkt.

gāo → gāogāo de
高 *groß* → 高高的 *sehr groß*
zhěngqí → zhěngzhěngqíqí de
整齐 *ordentlich* → 整整齐齐 的 *sehr ordentlich*
xuěbái → xuěbáixuěbái de
雪白 *schneeweiß* → 雪白雪白 的 *strahlend weiß*

[Übungen zu dem voran gehenden Abschnitt **10.3** s. **10.8**]

10.4 Besondere Eigenschaftsverben: 多 und 少

10.4.1 多 und 少

多 und 少 können direkt als Prädikat, Adverbialbestimmung und Komplement gebraucht werden, jedoch nicht als Attribut:

wǒmen rén duō dì shǎo
我们 人 多，地 少。(Prädikat)
nǐmen duō xiǎngxiǎng wǒmen míngtiān jiàn
你们 多 想想，我们 明天 见。(Adverbialbestimmung)
tāmen shuō de duō zuò de shǎo
他们 说 得 多，做 得 少。(Komplement)
tāmen yǒu duō Déwén shū hé shǎo Zhōngwén shū
aber * 他们 有 多 德文 书 和 少 中文 书

10.4.2 很多, 很少, 不多 und 不少

多 und 少 können wie viele andere Eigenschaftsverben durch 很 und 不 modifiziert werden und in dieser Form verschiedene Funktionen im Satz erfüllen.

a) als Prädikat

很多, 很少, 不多 und 不少 können als Prädikat fungieren.

zhèlǐ Zhōngwén shūdiàn hěn shǎo
这里 中文 书店 很 少。
tāmen jiā shū bù duō
他们 家 书 不 多。
Wáng lǎoshī xiě de shū hěn duō
王 老师 写 的 书 很 多。
tā kàn de diànyǐng bù shǎo
他 看 的 电影 不 少。

b) als Attribut

很多 und 不少 können ohne 的 direkt als Attribut fungieren, während 很少 und 不多 gar nicht als Attribut fungieren können.

tāmen yǒu hěn duō Déwén shū hé bù shǎo Zhōngwén shū
他们 有 很 多 德文 书 和 不 少 中文 书。
hěn duō rén xué Hànyǔ bù duō rén xué Hànyǔ
很 多 人 学 汉语。(* 不 多 人 学 汉语)
bù shǎo rén xué Hànyǔ hěn shǎo rén xué Hànyǔ
不 少 人 学 汉语。(* 很 少 人 学 汉语)

c) als Objekt

很多 und 不少 können auch direkt als Objekt fungieren, 很少 und 不多 können nicht als Objekt fungieren.

wǒmen qù mǎi shū le wǒ mǎile hěn duō tā yě mǎile bù shǎo
我们去买书了。我买了很多，他也买了不少。

[Übungen zu dem voran gehenden Abschnitt **10.4** s. **10.9**]

10.5 Übungen zu 10.1.1

10.5.1 Vervollständigen Sie die Sätze mit 很 und/oder 了

zhè jǐ tiān rè
1. 这几天热。

tā de xìn duǎn
2. 他的信短。

zhè jiàn yīfu jiù
3. 这件衣服旧。

zhè tái diànnǎo qīng
4. 这台电脑轻。

tā de gèzi gāo
5. 他的个子高。

zhè tiáo hé shēn
6. 这条河深。

Qián lǎoshī jiā de shū duō
7. 钱老师家的书多。

zhè bēi kāfēi kǔ
8. 这杯咖啡苦。

10.5.2 Wo muss unbedingt 的 stehen?

zhè shì yī jiān hěn liàng ___ fángjiān
1. 这是一间很亮___房间。

fángjiān lǐ yǒu liǎng ge jiù ___ shūjià
2. 房间里有两个旧___书架。

shūjià shàng fàngzhe hǎo jǐ běn hòuhòu ___ shū
3. 书架上放着好几本厚厚___书。

shūjià pángbiān shì yī zhāng xīn ___ shūzhuō
4. 书架旁边是一张新___书桌。

shūzhuō shàng yǒu yī tái hěn xīn ___ diànnǎo,
5. 书桌上有一台很新___电脑，

hái yǒu jǐ zhī hēi ___ qiānbǐ
6. 还有几枝黑___铅笔。

shūzhuō pángbiān yǒu yī zhāng xiǎo ___ bái ___ shāfā
7. 书桌旁边有一张小___白___沙发。

shāfā shàng fàngzhe yī zhī dà ___ lǎohǔ
8. 沙发上放着一只大___老虎。

10.5.3 Was passt?

duō duō hǎohǎo de kuài màn qīngqīng de shǎo zhòngzhòng de
多，多，好好 地，快，慢， 轻轻 地，少， 重重 地

1. tā tài pàng le yīshēng ràng tā
他太胖了，医生让他__
chī yīdiǎn
吃一点。

2. zuótiān tāmen hēle jǐ píng
昨天 他们___喝了几瓶
píjiǔ
啤酒。

3. Xiǎo Wáng zǎoshang xǐhuan pǎo
小 王 早上 喜欢___跑。

4. gēge ràng dìdi gàosù tā
哥哥让弟弟___告诉他。

5. tāmen dúle yībiàn shēngcí
他们______读了一遍 生词。

6. Mǎ xiānshēng qiāole jǐ xià
马 先生 ______敲了几下
mén
门。

7. qǐng nǐ xué tiào wǔ
请你______学跳舞。

8. zhè ge Lǐ xiǎojie zhèngle yībǎi
这个李小姐___挣了 一百
yuán
元。

10.5.4 Antworten Sie

duì fēicháng kuài hěn bǎo hěn duō hěn kuài hěn màn shǎo
对，非常 快，很 饱，很 多，很 快，很 慢，少

1. dìdi chī de zěnmeyàng
弟弟吃得 怎么样？

2. Wáng lǎoshī shuō de zěnmeyàng
王 老师 说 得 怎么样？

3. zhè kē shù zhǎng de zěnmeyàng
这棵树 长 得 怎么样？

4. jiějie xiǎng de zěnmeyàng
姐姐 想 得 怎么样？

5. gēge chuān de zěnmeyàng
哥哥 穿 得 怎么样？

6. zhè běn shū nǐ kàn de zěnmeyàng
这本书你看得 怎么样？

7. zhè jiā gōngsī fāzhǎn de
这家公司发展得
zěnmeyàng
怎么样？

10.6 Übungen zu 10.1.2–10.1.4

10.6.1 Wo passt 很?

1.	____ dà de fángzi 大的房子	____ duō xuéshēng 多 学生
2.	____ rènzhēn de lǎoshī 认真 的老师	____ hǎo de diànyǐng 好的 电影
3.	____ bái de qiáng 白的 墙	____ hóng yīfu 红 衣服
4.	____ piàoliang de gōngyuán 漂亮 的 公园	____ gānjìng de jiàoshì 干净 的 教室

xuěbái de huāpíng
5. _____ 雪白 的 花瓶

bīngliáng de shǒu
_____ 冰凉 的 手

10.6.2 Mit oder ohne 的?

hóng shāfā
1. 红 _____ 沙发

hěn gāo shūjià
很 高 _____ 书架

yuǎn lù
2. 远 _____ 路

zuìjìn xīnwén
最近 _____ 新闻

gānjìng fángjiān
3. 干净 _____ 房间

hěn ānjìng dìfang
很 安静 _____ 地方

róngyì wèntí
4. 容易 _____ 问题

jiànkāng gōngrén
健康 _____ 工人

10.6.3 Welche Sätze sind richtig?

tā de tóufà hěn huābái
1a. 他 的 头发 很 花白。

tā de tóufà huābái
1b. 他 的 头发 花白。

dìdi de yīfu gānjìng
2a. 弟弟 的 衣服 干净。

dìdi de yīfu fēicháng gānjìng
2b. 弟弟 的 衣服 非常 干净。

zhè jiàn shì fùzá de
3a. 这 件 事 复杂 的。

zhè jiàn shì shífēn fùzá
3b. 这 件 事 十分 复杂。

tā de shǒu bīngliáng
4a. 他 的 手 冰凉。

tā de shǒu shì bīngliáng
4b. 他 的 手 是 冰凉。

10.6.4 Wo fehlt 地?

dàjiā zǎo láile
1. 大家 早 来了。

tāmen dōu hěn rènzhēn xuéxí Yīngyǔ
2. 他们 都 很 认真 学习 英语。

wǒmen qīngqīngsōngsōng liáoliáo tiān
3. 我们 轻轻松松 聊聊 天。

yīshēng ānjìng zuò zài nàr
4. 医生 安静 坐 在 那儿。

Huā jīnglǐ gāoxìng hēle yī bēi jiǔ
5. 花 经理 高兴 喝了 一 杯 酒。

lǎoshīmen rènzhēn tǎolùn zhè ge wèntí
6. 老师们 认真 讨论 这 个 问题。

10.7 Übungen zu 10.2

10.7.1 Bilden Sie sinnvolle Kombinationen

cǎisè chángqī dàxíng gōnggòng gǔdiǎn hēibái rìcháng xīnshì
彩色，长期 ，大型， 公共 ，古典，黑白，日常，新式

1. qǐyè 企业
2. diànshìjī 电视机
3. qìchē 汽车
4. diànnǎo 电脑
5. shēnghuó 生活
6. nǔlì 努力
7. yīnyuè 音乐
8. lǎo zhàopiàn 老 照片

10.7.2 Wo ist 的 notwendig?

1. xiǎoxíng qìchē 小型 汽车
2. lǎoshì fángzi 老式 房子
3. kùnnan rènwu 困难 任务
4. yǒnggǎn háizi 勇敢 孩子
5. yánzhòng qíngkuàng 严重 情况
6. kuàilè rén 快乐 人
7. nán rén 男 人
8. piàoliang qìchē 漂亮 汽车

10.8 Übungen zu 10.3

10.8.1 Wie wird die Verdoppelungsform gebildet?

1. piàoliang 漂亮
2. gānjìng 干净
3. ānjìng 安静
4. hóngtōngtōng 红通通
5. gānbābā 干巴巴
6. jīnhuáng 金黄
7. bǐzhí 笔直
8. qīngchǔ 清楚
9. qīhēi 漆黑
10. wánquán 完全
11. rènzhēn 认真
12. zhěngqí 整齐
13. mǎhu 马虎
14. xuěbái 雪白
15. bīnglěng 冰冷
16. màntūntūn 慢吞吞

10.8.2 Formulieren Sie die markierten Teile mit Hilfe von Verdoppelungen um

1. zhè ge wèntí hěn jiǎndān
这个问题很 简单。
2. zhè ge gōngsī hěn pǔtōng
这个 公司 很 普通。
3. tā de liǎn xuěbái
她的 脸 雪白。
4. mèimei de shǒu bīngliáng
妹妹 的 手 冰凉 。

Xiǎo Qián hěn qīngsōng de
5. 小 钱 很 轻松 地
wánchéngle rènwu
完成了 任务。
háizimen hěn ānjìng de zài kàn
6. 孩子们 很 安静 地 在 看
diànshì
电视 。

fángjiān dǎsǎo de hěn gānjìng
7. 房间 打扫 得 很 干净 。
tā dìdi wán diànnǎo wán de hěn
8. 他 弟弟 玩 电脑 玩 得 很
gāoxìng
高兴 。

10.9 Übungen zu 10.4

10.9.1 Was passt?

tā qùguo difang hěn duō hěn shǎo
1. 她 去过__________地方。(很 多，很 少)
wǒ yǐjīng xuéle shēngcí le bù shǎo bù duō
2. 我 已经 学了__________ 生词 了。(不 少，不 多)
tāmen de Déyǔ shuǐpíng tígāole hěn duō hěn shǎo
3. 他们 的 德语 水平 提高了__________。(很 多，很 少)
Měiguó diànyǐng Wáng xiǎojiě kànle bù shǎo bù duō
4. 美国 电影 王 小姐 看了__________。(不 少，不 多)
zhīdào zhè jiàn shì de rén hěn duō hěn shǎo
5. 知道 这 件 事 的 人__________。(很 多，很 少)
tāmen jiā de Zhōngwén shū bù shǎo bù duō
6. 他们 家 的 中文 书__________。(不 少，不 多)
tā dìdi wán diànnǎo hěn shǎo hěn duō
7. 他 弟弟__________ 玩 电脑 。(很 少，很 多)
qiǎokèlì tā jiějie chī hěn shǎo hěn duō
8. 巧克力 他 姐姐__________吃。(很 少，很 多)

10.9.2 Übersetzen Sie mit 多, 少 und 不多, 很多, 不少

1. Wir haben viele Wörterbücher gekauft.
2. Nicht wenige Leute wissen nicht, wie dieses Schriftzeichen geschrieben wird.
3. Nachdem er viel Bier getrunken hat, redete er sehr viel.
4. Ihr müsst gut überlegen, wie ihr das Problem lösen könnt.
5. Er redet zwar nicht viel, aber er ist sehr höflich.
6. Ich brauche nicht viele Freunde, aber ich brauche richtige Freunde.

11 Adverbien 副词

Adverbien sind Wörter, die Verben, Eigenschaftsverben, andere Adverbien und bedingt auch Nomina semantisch näher bestimmen.

11.1 Merkmale und Funktionen

Da Adverbien der näheren Bestimmung von Verben, Eigenschaftsverben, Adverbien und Nomina dienen, können sie normalerweise alleine keine Frage beantworten. 不 und 没有 sind Ausnahmen.

nǐmen cháng kàn diànyǐng ma cháng kàn cháng
你们 常 看 电影 吗? 常 看。(nicht 常)
tāmen dōu lái ma dōu lái dōu
他们 都 来 吗? 都 来。(nicht 都)

Adverbien fungieren im Satz hauptsächlich als Adverbialbestimmung, einige wenige als Attribut oder als Komplement.

a) als Adverbialbestimmung

tā gāng dào tā jiù zǒu le wǒmen fēicháng gāoxìng
他 刚 到，她 就 走 了。 我们 非常 高兴 。

b) als Adverbialbestimmung zum nominalen Prädikat

Normalerweise kann ein Adverb kein Nomen und keine Nu-ZEW-Gruppe näher bestimmen, es sei denn, das Nomen bzw. die Nu-ZEW-Gruppe fungiert als Prädikat.

jīntiān cái xīngqī'èr tā dōu liùshí duō le érzi gāng wǔ suì
今天 才 星期二。 他 都 六十 多 了，儿子 刚 五 岁。
shí píng píjiǔ yīgòng èrshí kuài qián
十 瓶 啤酒 一共 二十 块 钱。

c) als Attribut

zhè shì yī liàng hěn xīn de chē
这 是 一 辆 很 新 的 车。
tāmen bǎ sùshè dǎsǎo de fēicháng gānjìng
他们 把 宿舍 打扫 得 非常 干净 。

Einige wenige Adverbien des Grades und der Verneinung können bedingt Nomina und Pronomina näher bestimmen.

jiù zhè jiàn shì wǒ bù zhīdào
就这件事我不知道。

zhè jiàn shì jiù wǒ bù zhīdào
这件事就我不知道。

méi jǐ tiān wǒ yào qù Běijīng le
没几天我要去北京了。

cái zhè yī jiàn shì nǐ jiù bù gāoxìng le
才这一件事你就不高兴了。

d) als Komplement

很 und 极了 können als Komplement fungieren, wobei 很 durch die Partikel 得 markiert werden muss, was bei 极了 nicht der Fall ist (**vgl. 18.1.1**).

mǎlù shàng de chē duō de hěn
马路上的车多得很。

zhè běn shū hǎo jí le
这本书好极了。

Im Folgenden werden Adverbien, die hinsichtlich der Bedeutungen oder des Gebrauchs ähnlich sind oder in einem bestimmten Zusammenhang stehen, in Gruppen zusammengefasst und erörtert.

11.2 不, 没, 没有 und 别

11.2.1 不 nein, nicht

a) Verneinung eines Satzes

不 kann alleine einen Satz verneinen.

wǒmen qù yóu yǒng ba bù wǒ lèi le
我们去游泳吧。不，我累了。

dìdi gēn wǒ qù kàn diànyǐng hǎo ma bù tā jīntiān méi kōng
弟弟跟我去看电影，好吗？不，他今天没空。

b) Verneinung von 是

不 ist die einzige Negationsform für das Verb 是, egal, ob in der Vergangenheit, der Gegenwart oder der Zukunft.

Wáng xiānshēng shì lǎoshī ma tā bù shì lǎoshī
王先生是老师吗？他不是老师。

yī nián qián Mǎ xiǎojiě bù shì jīnglǐ
一年前马小姐不是经理。

c) Verneinung von Verben und Eigenschaftsverben

不 kann Verben und Eigenschaftsverben verneinen, die eine Handlung, einen Zustand oder eine Eigenschaft in der Gegenwart oder in der Zukunft ausdrücken.

wǒmen xiànzài bù dǎ qiú
我们现在不打球。(Handlung in der Gegenwart)

jīntiān bù rè
今天 不 热。(Zustand in der Gegenwart)
míngnián tā bù qù lǚyóu
明年 他 不 去 旅游。(Handlung in der Zukunft)

d) Verneinung von Eigenschaftsverben als Komplement

Eigenschaftsverben in der Funktion als Komplement des Grades können auch mit 不 verneint werden.

Xiǎo Mǎ xiě zì xiě de kuài 小马写字写得快。	→	Xiǎo Mǎ xiě zì xiě de bù kuài 小马写字写得不快。
zhè jiàn shì tā zuò de rènzhēn 这件事他做得认真。	→	zhè jiàn shì tā zuò de bù rènzhēn 这件事他做得不认真。

e) Verneinung von Adverbien

Mit 不 können auch Adverbien wie 很, 都 oder 在 verneint werden.

tā de Hànyǔ bù hěn hǎo
他的 汉语 不 很 好。
wǒ mèimei bù zài kàn shū
我 妹妹 不 在 看 书。
tāmen bù dōu shì yīshēng
他们 不 都 是 医生。

f) Verneinung von Präpositionen

Präpositionen können meistens auch durch 不 verneint werden.

gēge bù zài jiālǐ kàn shū
哥哥不在家里看书。
tā bù wǎng zuǒ kàn wǎng yòu kàn
她不往左看，往右看。
bù bǎ zhè jiàn shì zuòwán wǒ bù xiūxī
不把这件事做完 我不休息。

g) PN-Konstruktion mit 不

Die PN-Konstruktion (Positiv-Negativ-Konstruktion, **vgl. 19.4**) kann mit 不 oder mit 没 gebildet werden. Sie dient von Alternativfragesätzen, bei denen die Fragepartikel 吗 nicht verwendet werden darf.

nǐ xiànzài xiūxi bù xiūxi
你 现在 休息不休息? oder
nǐ xiànzài xiū bù xiūxi
你 现在 休不休息?
nǐ dǎ bù dǎ diànhuà
你打不打 电话?
jīntiān rè bù rè
今天 热 不 热?
nà ge gōngyuán piàoliang bù piàoliang
那个 公园 漂亮 不 漂亮?

11.2.2 没 und 没有 (*noch*) *nicht*, *nein*

没 ist meistens eine Kurzform von 没有. Damit bezieht sich die Negation normalerweise auf die Vergangenheit oder Abgeschlossenheit.

a) Wie 不 kann 没 zur Verneinung eines Satzes dienen

nǐ zuótiān shàng bān le ma méi yǒu wǒ bìng le
你 昨天 上 班 了 吗? 没 有。我 病 了。

b) Verneinung von 有

没 ist die einzige Verneinungsform für das Verb 有, egal, ob es sich dabei um Vergangenheit, Gegenwart oder Zukunft handelt.

nǐ yǒu diànnǎo ma wǒ méi yǒu diànnǎo
你 有 电脑 吗? 我 没 有 电脑 。
zuótiān gōngsī lǐ yǒu rén ma méi yǒu rén
昨天 公司 里 有 人 吗? 没 有 人。

有 kann aber oft aus sprachökonomischen Gründen entfallen.

nǐ yǒu diànnǎo ma wǒ méi diànnǎo
你 有 电脑 吗? 我 没 电脑 。
zuótiān gōngsī lǐ yǒu rén ma méi rén
昨天 公司 里 有 人 吗? 没 人。

c) Verneinung von Verben

Mit 没(有) werden Verben verneint, die eine abgeschlossene Handlung oder eine Handlung, die in der Vergangenheit stattgefunden hat, ausdrücken. Dabei muss die Partikel 了, die die abgeschlossene Handlung markiert, entfallen, während die Partikel 过, die eine Handlung als in der Vergangenheit stattgefunden markiert, erhalten bleibt (**vgl. Kapitel 14**).

tā yóu yǒng le ma tā méi yóu yǒng
他 游 泳 了 吗? 他 没 游 泳 。
nà běn shū nǐ zhǎole ma wǒ méi zhǎo
那 本 书 你 找了 吗? 我 没 找 。
zhè běn xiǎoshuō nǐ kànguo ma wǒ méi kànguo
这 本 小说 你 看过 吗? 我 没 看过 。
zhè ge cí nǐ xuéguo ma wǒ méi xuéguo
这 个 词 你 学过 吗? 我 没 学过 。

d) Verneinung von Eigenschaftsverben

没(有) kann zur Verneinung von Eigenschaftsverben dienen, die zusammen mit 了 eine Situationsveränderung ausdrücken. Das bedeutet, dass die Situationsveränderung nicht stattgefunden hat.

tiānqì rè le ma tiānqì méi rè
天气热了吗？天气没热。

cài shú le ma cài méi shú
菜熟了吗？菜没熟。

e) Verneinung von Eigenschaftsverben als Komplement

Werden Eigenschaftsverben in der Funktion als Komplement des Resultats verneint, steht 没 vor dem Prädikatsverb.

nǐ chīwán fàn le ma wǒ méi chīwán
你吃完饭了吗？我没吃完。

fángjiān shōushi gānjìng le ma hái méi shōushi gānjìng
房间收拾干净了吗？还没收拾干净。

f) Verneinung von Präpositionen

Präpositionen können meistens auch durch 没 verneint werden.

dìdi zuótiān méi zài jiā shuì jiào wǒ méi bǎ zhè jiàn shì gàosù wǒ gēge
弟弟昨天没在家睡觉。我没把这件事告诉我哥哥。

g) PN-Konstruktion mit 没

Die PN-Konstruktion kann nicht nur mit 不, sondern, falls die Frage die Vergangenheit oder das Verb 有 betrifft, auch mit 没 gebildet werden. Auch hier darf die Fragepartikel 吗 nicht verwendet werden. Die Partikel 了 muss entfallen, während 过 erhalten bleibt.

tā zuótiān xiūxile ma → tā zuótiān xiū méi xiūxi xiūxi méi xiūxi
他昨天休息了吗？ → 他昨天休没休息？休息没休息？)

nà jiàn chènshān nǐ mǎile ma → nà jiàn chènshān nǐ mǎi méi mǎi
那件衬衫你买了吗？ → 那件衬衫你买没买？

nǐ yǒu shíjiān ma → nǐ yǒu méi yǒu shíjiān
你有时间吗？ → 你有没有时间？

11.2.3 不 und 没 im Vergleich

a) 不 für Gegenwart und Zukunft, 没 für Vergangenheit

Verben können normalerweise sowohl durch 不 als auch durch 没 verneint werden, dabei bezieht sich 不 auf die Gegenwart oder Zukunft, 没 auf die Vergangenheit.

wǒ jīntiān bù qù míngtiān yě bù qù
我 今天 不去， 明天 也不去。(Gegenwart und Zukunft)
tā zuótiān méi qù
他 昨天 没 去。(Vergangenheit)
wǒmen zhè ge xīngqī bù shàng kè
我们 这 个 星期 不 上 课。(Gegenwart)
tāmen shàng ge xīngqī méi shàng kè
他们 上 个 星期 没 上 课。(Vergangenheit)

b) 不 für Zustand, 没 für Veränderung

Bei Eigenschaftsverben kann mit 不 ein Zustand, mit 没 eine Veränderung verneint werden.

tā bù pàng
他 不 胖 。*Er ist nicht dick.*

tā méi pàng
他 没 胖 。*Er ist nicht dick geworden.*

Damit kann auch wie bei den Verben ein Bezug zur Zeit hergestellt werden.

nǐ bù nǔlì
你 不 努力。(Gegenwart)

nǐ méi nǔlì
你 没 努力。(Vergangenheit)

11.2.4 别 *nicht (tun), nicht (sollen)*

别 ist eine Kurzform für 不要. Man benutzt es in einem Appell oder einer Aufforderung.

bié chàng gē le = bù yào chàng gē le
别 唱 歌了！ = 不要 唱 歌了！
nǐmen bié ràng tā zǒu = nǐmen bù yào ràng tā zǒu
你们 别 让 他 走！ = 你们 不 要 让 他 走！

[Übungen zu dem voran gehenden Abschnitt **11.2** s. **11.16**]

11.3 很, 非常, 极, 多么, 太, 更, 最, 比较 und 越来越

Adverbien dieser Gruppe drücken Intensität aus und modifizieren hauptsächlich Eigenschaftsverben.

jīntiān hěn rè　　　zhè jiā gōngsī bǐjiào dà
今天 很 热。　　　这 家 公司 比较 大。

Sie können nur solche Verben, die Gefühle, Empfindungen, sog. „psychische Aktivitäten" ausdrücken, wie 喜欢, 同意, 关心, 担心, 理解, 相信, und einige Modalverben wie 想, 愿意 und 能 näher bestimmen.

wǒ hěn yuànyì bāngzhù nǐ　　　tā bǐjiào xǐhuan lǚyóu
我 很 愿意 帮助 你。　　　他 比较 喜欢 旅游。

Zhāng xiānshēng zuì guānxīn zhè jiàn shì
张 先生 最 关心 这 件 事。

Man kann nicht sagen:

wǒ zuì hē chá　　　Mǎ xiǎojiě hěn mǎi dōngxi
*我 最 喝 茶　　　*马 小姐 很 买 东西

11.3.1 很 *sehr*

很 ist das meistgebrauchte Adverb der Intensität. Es kann im Satz nicht nur adverbial oder attributiv gebraucht werden, sondern auch alleine als Komplement, was bei anderen Adverbien nicht möglich ist.

jīntiān tā hěn gāoxìng
今天 他 很 高兴 。(adverbial)
wǒ mǎile yī běn hěn yǒu yìsi de shū
我 买了 一 本 很 有 意思 的 书。(attributiv)
tā de gōngzuò hǎo de hěn
他 的 工作 好 得 很。(Komplement)

Eine wichtige Funktion von 很 besteht darin, Eigenschaftsverben prädikatsfähig zu machen (**vgl. 10.1.1 und 10.1.2**). Dieses 很 hat nicht die Bedeutung von „sehr" und muss auch nicht übersetzt werden.

māma hěn máng
妈妈 很 忙 。*Mama ist beschäftigt.*
zhè piān xiǎoshuō hěn duǎn
这 篇 小说 很 短 。*Dieser Roman ist kurz.*

jīntiān dàjiā dōu hěn gāoxìng
今天 大家 都 很 高兴 。*Heute sind alle glücklich.*
zhè jiàn shìqing hěn fùzá
这 件 事情 很 复杂。*Die Sache ist kompliziert.*

11.3.2 非常 *sehr, außerordentlich,* 极 *äußerst, überaus,* 多么 *wie (sehr)* und 太 *höchst, außerordentlich*

Mit 非常, 多么, 太 und 极 wird der hohe Grad der Intensität bezeichnet, ohne dass ein Vergleich impliziert wird.

a) 非常 und 极 werden im Aussagesatz benutzt. Sie können Eigenschaftsverben und bestimmte Verben modifizieren. Die Bedeutung von 极 ist stärker als von 非常.

zhè běn shū fēicháng yǒu yìsi
这 本 书 非常 有 意思。

nà tào fángzi jí guì
那 套 房子 极 贵。

tā dìdi fēicháng xǐhuan tī zúqiú
她弟弟 非常 喜欢 踢足球。
Wáng jīnglǐ jí dānxīn gōngsī xiànzài de qíngkuàng
王 经理 极 担心 公司 现在 的 情况 。

极 kann außerdem zusammen mit 了 als Komplement verwendet werden (**vgl. 18.1.1**)

tā gāoxìng jí le
他 高兴 极 了。

zuótiān rè jí le
昨天 热 极 了。

b) Auch 多么 und 太 modifizieren Eigenschaftsverben und bestimmte Verben. 太 kann sowohl im Aussagesatz als auch im Ausrufesatz verwendet werden, während 多么 i.d.R. im Ausrufesatz gebraucht wird. Im Ausrufesatz verlangt 多么 die Partikel 啊 und 太 die Partikel 了.

tiān duōme lán ā
天 多么 蓝 啊! (Ausrufesatz)
zhè běn cídiǎn tài hòu le
这 本 辞典 太 厚 了! (Ausrufesatz)
zhèlǐ rén tài duō wǒ zǒu le
这里 人 太 多, 我 走 了。(Aussagesatz)

11.3.3 更 *(noch) mehr*, 最 *am meisten, höchst* und 比较 *ziemlich, relativ*

Mit 更 drückt man einen vergleichsweise höheren Grad (vergleichbar mit dem Komparativ im Deutschen), mit 最 den höchsten Grad (vergleichbar mit dem Superlativ im Deutschen) aus.

Xiǎo Wáng gāo Xiǎo Lǐ gèng gāo Xiǎo Zhāng zuì gāo
小 王 高，小 李 更 高，小 张 最高。

Der Unterschied zwischen 更 und 比较 besteht darin, dass 更 eine Steigerung im Vergleich zweier Objekte ausdrückt, während 比较 einen Vergleich impliziert.

zhè zhāng dìtú bǐjiào dà
这 张 地图 比较 大。*Diese Landkarte ist relativ groß.* (nur verhältnismäßig)

jīntiān bǐjiào rè
今天 比较 热。*Heute ist es ziemlich warm.*

Man kann nicht sagen:

Xiǎo Wáng gāo Xiǎo Lǐ bǐjiào gāo Xiǎo Zhāng zuì gāo
* 小 王 高，小 李 比较 高，小 张 最高

11.3.4 越…越… *je … desto …* und 越来越 *immer (mehr)*

Die Konstruktion 越…越… entspricht dem deutschen „je … desto …“. Hinter den beiden 越 werden vor allem Ev, aber auch Verben etc. verwendet. Die Konstruktion fungiert im Satz hauptsächlich als Prädikat.

fángzi yuè dà yuè guì
房子 越 大 越 贵。(Ev)

duì tā lái shuō tiānqì yuè rè yuè hǎo
对 他 来 说，天气 越 热 越 好。(Ev)

tāmen yuè pǎo yuè màn
他们 越 跑 越 慢。(Verb, Ev)

yǒu xiē rén yuè chī yuè pàng
有 些 人 越 吃 越 胖。(Verb, Ev)

nǐ yuè dānxīn yuè yǒu wèntí
你 越 担心 越 有 问题。(Verb, Vk)

tā yuè xiǎng yuè juéde bù shūfu
他 越 想 越 觉得 不 舒服。(Verb, Vk)

越…越… kann nicht nur in einem Satz mit demselben Subjekt, sondern auch in zwei Sätzen mit unterschiedlichen Subjekten gebraucht werden.

qìchē lí jiā yuè jìn tā jiù yuè gāoxìng
汽车 离 家 越 近，她 就 越 高兴。

huǒchē kāi de yuè kuài   Lǐ xiānshēng jiù yuè jǐnzhāng
火车 开得越 快，李 先生 就越 紧张 。

Die gleiche Konstruktion findet sich in 越来越…, das einen zeitlich steigenden Intensitätsgrad ausdrückt. Die Lücke hinter dem ersten 越 ist mit dem Verb 来 gefüllt, das hier für einen zeitlichen Fortschritt steht. Dieses „je weiter die Zeit fortschreitet, desto …" lässt sich eleganter mit „immer (mehr)" übersetzen.

tiānqì yuèláiyuè lěng   tā yuèláiyuè lèi
天气 越来越 冷。   他 越来越 累。

Xiǎo Míng yuèláiyuè xǐhuān tàijíquán le
小 明 越来越 喜欢 太极拳 了。

[Übungen zu dem voran gehenden Abschnitt **11.3** s. **11.17**]

11.4 在, 正在 und 正 ***gerade, gerade dabei, zufällig***

在, 正在 und 正 bedeuten alle „gerade", „gerade dabei sein, etwas zu tun".

wǒ qù tā jiā de shíhou   tā zài kàn bàozhǐ
我去他家的 时候，他在 看 报纸。

wǒ qù tā jiā de shíhou   tā zhèngzài kàn bàozhǐ
我去他家的 时候，他 正在 看 报纸。

wǒ qù tā jiā de shíhou   tā zhèng kàn bàozhǐ
我去他家的 时候，他 正 看 报纸。

a) Sie unterscheiden sich darin, dass 正 sich auf einen Zeitpunkt, 在 auf die Zeitdauer und 正在 auf beides bezieht.

zhèng	zài	zhèngzài
正	在	正在
↓	→	↓→

b) 在 kann daher zusammen mit Adverbien wie 常常, 一直 oder 还, die eine längere Zeitspanne bezeichnen, verwendet werden, was bei 正 und 正在 nicht möglich ist.

wǒmen yīzhí zài gōngzuò   wǒmen yīzhí zhèngzài zhèng gōngzuò
我们 一直 在 工作   * 我们 一直 正在 / 正 工作

Wáng lǎoshī hái zài kàn shū   Wáng lǎoshī hái zhèng zhèngzài kàn shū
王 老师 还在 看 书   * 王 老师 还 正 / 正在 看 书

c) 正 braucht eine weitere Aussage als Bezugspunkt, um den Zeitpunkt des Geschehens zu markieren.

wǒmen zhèng kāi mén
* 我们 正 开 门 (Die Aussage ist nicht vollständig.) *Gerade als*
wǒmen zhèng kāi mén gǒu jiào le
wir die Tür öffne(te)n… 我们 正 开 门，狗 叫 了…。*bellt(e) der Hund*
wǒ gěi tā dǎ diànhuà shí tā zhèng zhǔnbèi shuì jiào
我给他打 电话 时，他 正 准备 睡 觉。*Als ich ihn anrief, wollte er gerade ins Bett gehen*

d) In Sätzen, in denen 在 als Präposition gebraucht wird, kann diese Präpositionalgruppe mit 在 in ihrer Funktion als Komplement oder Adverbialbestimmung nur durch 正 näher bestimmt werden, nicht durch 在 oder 正在.

wǒ gěi tā dǎ diànhuà shí tā zhèng zài jiālǐ zuò fàn
我给他打 电话 时，他 正 在家里做饭。
wǒ gěi tā dǎ diànhuà shí tā zhèngzài zài jiālǐ zuò fàn
*我给他打 电话 时，他 正在 在家里做饭
tā huí jiā shí érzi zhèng tǎng zài chuáng shàng
他回家时，儿子 正 躺 在 床 上。
tā huí jiā shí érzi zhèngzài tǎng zài chuáng shàng
*他回家时，儿子 正在 躺 在 床 上

[Übungen zu dem voran gehenden Abschnitt **11.4** s. **11.18**]

11.5 曾经, 已经 und 刚

11.5.1 曾经 *früher einmal*, 已经 *schon, bereits*

曾经 markiert ein einmaliges Erlebnis in der Vergangenheit und entspricht „früher", „früher einmal". 已经 bedeutet, dass etwas stattgefunden hat und kann mit „schon, bereits" wiedergegeben werden. 已经 wird meistens mit der Partikel 了 zusammen verwendet, 曾经 mit der Partikel 过. Mit 曾经 betont man, dass ein Geschehen der Vergangenheit angehört, mit 已经, dass das Geschehen eine Verbindung zur Gegenwart hat.

céngjīng guò yǐjīng le
曾经 + 过 已经 + 了
↧ ↧→

Beispiele

tā céngjīng qùguo Běijīng
他 曾经 去过 北京。*Er war früher schon mal in Beijing* (jetzt nicht mehr)

tā yǐjīng qù Běijīng le
她已经去 北京 了。*Sie ist schon nach Beijing gefahren* (und ist jetzt in Beijing)

tā céngjīng jiéguo hūn
他 曾经 结过 婚。*Er war früher mal verheiratet* (jetzt nicht mehr)

tā yǐjīng jié hūn le
他已经结婚了。*Er ist bereits verheiratet* (seitdem verheiratet)

11.5.2 刚 *gerade, eben*

Mit 刚 wird ausgedrückt, dass etwas vor kürzester Zeit stattgefunden hat. Es braucht aber, anders als 已经, keine Partikel 了.

lǎoshī gāng zǒu
老师 刚 走。

tóngxuémen yǐjīng zǒu le
同学们 已经 走 了。

wǒmen gāng xià kè
我们 刚 下 课。

tāmen yǐjīng xià kè le
她们 已经 下 课 了。

Häufig werden 刚 und 刚才 verwechselt. Sie unterscheiden sich in mehreren Punkten:

a) Satzgliedstellung: 刚 darf nur zwischen dem Subjekt und dem Prädikat stehen, während 刚才 vor und nach dem Subjekt platziert werden kann. Der Grund dafür ist, dass 刚 ein Adverb ist, während 刚才 nominalen Charakter hat.

wǒ gāng xià huǒchē
我 刚 下 火车。

gāngcái wǒ dǎ diànhuà le
刚才 我 打 电话 了。oder

wǒ gāngcái dǎ diànhuà le
我 刚才 打 电话 了。

b) Bedeutung: 刚 bedeutet „in diesem Augenblick, soeben" und kann einen Zeitpunkt sowie eine Zeitspanne markieren. 刚才 drückt einen Zeitpunkt aus und kann im Deutschen mit „vorher", „gerade" oder „soeben" wiedergegeben werden.

wǒ dìdi gāng kāishǐ xué shūfǎ
我弟弟 刚 开始 学 书法。⭳→

Wáng lǎoshī gāngcái bù zài bàngōngshì
王 老师 刚才 不在 办公室。 ⭳

c) Anwendungsbereich: 刚 ist nicht zeitgebunden und kann deswegen Vorgänge in der Vergangenheit, der Gegenwart und der Zukunft modifizieren, während 刚才 zeitgebunden ist und ein Geschehen in der Vergangenheit markiert.

xuéxiào jīntiān gāng kāi xué wǒ méi yǒu shíjiān kàn péngyǒu
学校 今天 刚 开 学，我 没 有 时间 看 朋友 。(Gegenwart)
míngnián sānyuè nǐ qù Běijīng de shíhou wǒ kěnéng gāng kāishǐ gōngzuò
明年 三月 你 去 北京 的 时候，我 可能 刚 开始 工作 。(Zukunft)
gāngcái wǒ qù mǎi dōngxi le
刚才 我 去 买 东西 了。(Vergangenheit)

[Übungen zu dem voran gehenden Abschnitt **11.5** s. **11.19**]

11.6 常, 常常 *oft, öfters*, 总(是) *immer* und 往往 *meistens*

Zum Ausdruck der Häufigkeit können 常, 常常 und 总(是) verwendet werden. 常常 ist von der Bedeutung her intensiver als 常; 总(是) bedeutet, dass etwas immer so geschehen ist oder geschieht. 常常 entspricht „oft, sehr oft" im Deutschen, und 总(是) „immer (so)".
常常 und 往往 werden oft verwechselt. Sie lassen sich in mehrfacher Hinsicht voneinander unterscheiden.

a) Bezug auf Zeit / Umstand

往往 beinhaltet, dass mögliche Alternativen zur Verfügung stehen. Aus diesem Grund ist ein Bezug auf die Zeit oder einen Umstand notwendig. Bei 常常 ist dies nicht der Fall.

wǒmen chángcháng qù yóu yǒng
我们 常常 去 游 泳 。*Wir gehen oft schwimmen.*
xīngqītiān tāmen wǎngwǎng qù yóu yǒng
星期天 他们 往往 去 游 泳 。*Sonntags gehen sie meistens schwimmen.*

b) Umfang und Häufigkeit

Bei 往往 kann es um einen Teil von einem Ganzen gehen, bei 常 / 常常 um die Häufigkeit.

chōu yān de rén wǎngwǎng róngyì shēng bìng
抽 烟 的 人 往往 容易 生 病 。*Raucher* (als Gesamtheit) *werden in den meisten Fällen eher schnell krank.*

zài Zhōngguó shíxíguo de tóngxué wǎngwǎng xiǎng huí Zhōngguó gōngzuò
在 中国 实习过的 同学 往往 想 回 中国 工作 。
Kommilitonen, die in China ihr Praktikum gemacht haben, wollen meistens zurück nach China, um dort zu arbeiten.
Wáng jīnglǐ chángcháng qù Běijīng
王 经理 常常 去 北京 。*Herr Wang fährt oft/häufig nach Beijing.* (Häufigkeit)

c) Anwendungsbereich

往往 und 总(是) beziehen sich immer auf die Vergangenheit oder auf eine Gewohnheit, 常 / 常常 kann sowohl für die Vergangenheit als auch für die Gegenwart und die Zukunft gebraucht werden.

fàng jiǎ yǐhòu Xiǎo Zhāng wǎngwǎng dì yī ge huí jiā
放假以后 小 张 往往 第一个回家。(Vergangenheit / Gewohnheit)
yǐhòu nǐ huì cháng lái kàn wǒ ma
以后你会 常 来看我吗? (Zukunft)

d) Verneinung

常 / 常常 kann durch 不 modifiziert werden, 往往 und 总(是) nicht.

xiàtiān tā yě bù cháng qù yóu yǒng
夏天 他也不 常 去游 泳 。
xiàtiān tā yě bù wǎngwǎng qù yóu yǒng
* 夏天 他也不 往往 去游 泳
xiàtiān tā wǎngwǎng yě bù qù yóu yǒng
夏天 他 往往 也不去游 泳 。

11.7 早 *längst* und 先 *zuerst*

早 (早... 了) drückt aus, dass etwas früher als gedacht / geplant stattfindet oder stattgefunden hat und entspricht oft „längst" im Deutschen. Es bezieht sich auf einen Zeitpunkt. 先 bedeutet, dass etwas vor etwas anderem stattfindet und kann mit „zuerst" wiedergegeben werden. Es bezieht sich damit auf eine Reihenfolge.

zǎo shuì zǎo qǐ shēntǐ hǎo
早 睡 早 起 身体 好。*Früh ins Bett zu gehen und früh aufzustehen ist gut für die Gesundheit.*
Zhāng jīnglǐ zǎo lái le   tā zǎo jiù huì kāi chē le
张 经理 早 来 了。   他 早 就 会 开 车 了。
Qián jīnglǐ xiān lái   Wáng jīnglǐ hòu lái
钱 经理 先 来, 王 经理 后 来。

wǒmen xiān dú kèwén ránhòu fānyì
我们 先 读 课文， 然后 翻译。

[Übungen zu den voran gehenden Abschnitten **11.6–11.7** s. **11.20**]

11.8 就 *bereits, schon, nur*

就 als Adverb hat mehrere Bedeutungen und wird sehr häufig verwendet.

a) 就 kann ausdrücken, dass eine Handlung in kürzester Zeit einer anderen folgt. In dieser Bedeutung kann 就 durch 马上 ersetzt werden.

tā yī dào jiā jiù kàn diànshì tā yī dào jiā mǎshàng kàn diànshì
他 一 到 家 就 看 电视 。= 他 一 到 家 马上 看 电视 。
qǐng nǐ dàole dàxué jiù gěi wǒ dǎ diànhuà qǐng nǐ dàole dàxué
请 你 到了 大学 就 给 我 打 电话 。= 请 你 到了 大学
mǎshàng gěi wǒ dǎ diànhuà
马上 给 我 打 电话 。

就要… 了 markiert eine Handlung in nächster Zukunft.

huǒchē jiù yào kāi le diànyǐng jiù yào kāishǐ le
火车 就 要 开 了。 电影 就 要 开始 了。

b) 就 kann auch in der Bedeutung von 只 und 仅 („nur", **vgl. unten**) verwendet werden.

mèimei jiù rènshi yībǎi ge Hànzì zhè jiàn shì jiù māma zhīdào
妹妹 就 认识 一百 个 汉字。 这 件 事 就 妈妈 知道 。

Anders als 只 kann es auch direkt vor einem Nomen / Pronomen oder einer Nu-ZEW-Gruppe stehen. Dabei wird es betont ausgesprochen.

jiù Xiǎo Wáng xuéguo yīdiǎn Yīngyǔ
就 小 王 学过 一点 英语 。
jiù zhè liàng chē wǒ juéde hái bù cuò
就 这 辆 车 我 觉得 还 不 错 。

c) 就 kann auch ausdrücken, dass eine Handlung früher als erwartet stattgefunden hat. In dieser Bedeutung ist es ersetzbar durch 已经.

bā diǎn shàng kè tā qī diǎn bàn jiù lái le bā diǎn shàng kè tā qī
八点 上课，他七点半就来了。= 八点 上课，他七
diǎn bàn yǐjīng lái le
点半已经来了。
tā wǔ suì jiù néng xiě máobǐzì le tā wǔ suì yǐjīng néng xiě máobǐzì
他五岁就能写毛笔字了。= 他五岁已经能写毛笔字
le
了。

d) Mit 就 kann etwas bestätigt werden, wovon vorher die Rede war.

zhè jiù shì wǒ zhù de sùshè wǒ xiǎng mǎi de jiù shì zhè zhǒng cídiǎn
这就是我住的宿舍。 我想买的就是这种词典。

e) 就 kann zur Hervorhebung eines Wunsches, Willens etc. verwendet werden.

dàifu bù ràng wǒ chū yuàn wǒ jiù yào chū yuàn
大夫不让我出院，我就要出院。
wǒ jiù bù xiāngxìn wǒ jīntiān wán bù chéng rènwu
我就不相信我今天完不成任务。

f) 就 kann auch in konditionaler Bedeutung gebraucht werden.

jiějie qù wǒ jiù qù rúguǒ jiějie qù wǒ jiù qù
姐姐去我就去。= 如果姐姐去我就去。
nǐ qù Běijīng tā jiù qù Shànghǎi rúguǒ nǐ qù Běijīng tā jiù qù
你去北京她就去上海。= 如果你去北京，她就去
Shànghǎi
上海。

11.9 将 *in Zukunft*

Mit 将 lässt sich ein Geschehen in der näheren oder ferneren Zukunft markieren. Im Vergleich zu 就 ist der Abstand zwischen der Sprechzeit und der Handlungszeit größer.

yī nián hòu tāmen jiāng qù Běijīng liú xué
一年后他们将去北京留学。
Shìjiè Bólǎnhuì jiāng zài Shànghǎi jǔxíng
世界博览会将在上海举行。

Mit 将 kann man einen starken Wunsch ausdrücken. Ähnliches gibt es im Deutschen: „Nächstes Jahr werde ich aufhören zu rauchen."

Zhōngguó xībù jiāng fāzhǎn de yuèláiyuè kuài
中国 西部 将 发展 得 越来越 快。*Der Westen Chinas wird sich immer schneller entwickeln.*

11.10 才 ***erst, erst dann***

a) Mit 才 wird betont, dass ein Geschehen sich später als erwartet ereignet hat. Damit stellt es den Gegensatz zu 就 in seiner Bedeutung „schon (früher als erwartet)" dar.

wǒmen bā diǎn jiù dào le tāmen jiǔ diǎn cái lái
我们 八 点 就 到 了，他们 九 点 才 来。

tā wǎnshang shí'èr diǎn cái shuì jiào zǎoshang wǔ diǎn jiù qǐ chuáng le
他 晚上 十二 点 才 睡 觉，早上 五 点 就 起 床 了。

b) 才 hat außerdem eine Bedeutung von „gerade eben" und lässt sich in dieser Bedeutung durch 刚 ersetzen.

tā cái xià kè
他 才 下 课。

wǒ cái dào Déguó bù zhīdào zěnme mǎi huǒchēpiào
我 才 到 德国，不 知道 怎么 买 火车票 。

c) 才 kann auch die Folge einer vorhergehenden Handlung bezeichnen.

lǎoshī lái le jiàoshì lǐ cái kāishǐ ānjìng
老师 来 了，教室 里 才 开始 安静。

11.11 只 **und** 仅 ***nur, bloß***

只 und 仅 haben, wie 就 (**vgl. oben**), eine einschränkende Bedeutung. 仅 wird hauptsächlich in der Schriftsprache verwendet, dennoch sind alle drei oft austauschbar.

tā zhǐ jǐn jiù xuéle sān ge yuè
他 只/仅/就 学了 三 个 月。

a) 只 kann das Prädikat oder eine Adverbialbestimmung modifizieren.

wǒ zuótiān zhǐ shuìle sān ge xiǎoshí
我 昨天 只 睡了 三 个 小时。

wǒ zhǐ zuótiān shuìle sān ge xiǎoshí
我 只 昨天 睡了 三 个 小时。

tā zhǐ gěi zuì hǎo de péngyǒu xiěle yī fēng xìn
他 只 给 最 好 的 朋友 写了 一 封 信。

Wenn ein Nomen oder eine Nu-ZEW-Gruppe modifiziert werden sollen, muss statt 只 oft 只有 verwendet werden.

zhǐ yǒu yī ge rén kànguo zhè běn shū
只 有 一个 人 看过 这 本 书。
zài Déguó zhǐ yǒu Bólín bǐ Hànbǎo rén duō
在 德国，只 有 柏林 比 汉堡 人 多。

b) 仅, häufig in seiner verdoppelten Form 仅仅 verwendet, hat zwei Bedeutungen:

– wie 只 oder 就 *nur, bloß,* in dieser Bedeutung kann 仅 durch 仅仅 ersetzt werden

wǒmen jiā tā jǐn jǐnjǐn láiguo liǎng cì
我们 家 她 仅/仅仅 来过 两 次。*Sie hat uns bloß zweimal besucht*

– wie „alleine" im Sinne von „von allem anderen abgesehen"

tāmen liǎ hēle hěn duō jiǔ jǐn píjiǔ jiù hēle shí jǐ píng
他们 俩 喝了 很 多 酒，仅 啤酒 就 喝了 十 几 瓶 。… *schon allein Bier haben sie mehr als zehn Flaschen getrunken.*
jǐn Zhōngwén cídiǎn tā jiù mǎile jǐ shí běn
仅 中文 词典 他 就 买了 几十 本。*Er hat schon allein mehrere (-zig) Chinesischwörterbücher gekauft* (von den anderen Büchern mal ganz abgesehen).

[Übungen zu den voran gehenden Abschnitten **11.8–11.11** s. **11.21**]

11.12 再 *wieder, noch einmal* und 又 *wieder*

a) 再 und 又 drücken beide Wiederholung oder Fortsetzung einer Handlung aus und werden deshalb im Gebrauch sehr oft verwechselt. Die Unterschiede bestehen u. a. darin, dass

sich 再 i.d.R. auf die Zukunft und 又 auf die Vergangenheit bezieht und 再 sehr oft in Kombination mit dem Komplement der Häufigkeit steht,

wǒ míngnián zài qù yī cì Běijīng
我 明年 再去 一次 北京 。
wǒ gāngcái méi tīngdǒng qǐng nín zài shuō yī biàn
我 刚才 没 听懂 ，请 您 再 说 一 遍。

zuótiān wǒ qù tā jiā de shíhou tā yòu zài kàn diànshì
昨天 我去他家的时候，他又在看 电视。
Lǐ lǎoshī qùnián yòu lái Déguó le
李老师 去年 又来德国了。

再 und 又 in einem einfachen Aussagesatz unterschiedliche Stellungen bei Modalverben haben: 再 steht nach dem Modalverb, 又 davor.

tā xiǎng zài hē yī bēi kāfēi
他 想 再喝一杯 咖啡。

zhè běn shū nǐ yīnggāi zài kàn yī biàn
这 本 书 你 应该 再 看 一 遍。

kàn yàngzi míngtiān yòu yào xià yǔ
看 样子 明天 又要下雨。
jiǔ diǎn le tā yòu děi shàng bān le
九点了，她又得 上 班了。

b) 再 kann auch „danach, dann“ bedeuten.

zhè jiàn shì wǒmen chīwán le fàn zài shuō
这件事 我们 吃完 了饭再 说。
kànwán le diànshì zài qù jiù chí le
看完 了 电视 再去就迟了。

c) 再也不／没 und 不／没再 haben unterschiedliche Bedeutungen: 再也不 heißt „nie wieder“, 再也没 „nie mehr“, 不再 „nicht mehr (in der Zukunft)“, 没再 „nicht mehr (in der Vergangenheit)“.

Xiǎo Zhāng zài yě bù xiě xiǎoshuō le
小 张 再也不写 小说 了。
shēng bìng yǐhòu tā zài yě méi chōu yān le
生 病 以后，他再也没 抽 烟了。
tā bù zài qù diànyǐngyuàn le
他不再去 电影院 了。

xīngqītiān wǒmen bù zài tī zúqiú le
星期天 我们 不再踢足球了。

xià kè yǐhòu tā méi zài xiǎng zhè ge wèntí
下课以后她没再 想 这个问题。

d) 又…了 bedeutet, dass etwas sich wiederholt. Es kann sowohl für die Vergangenheit als auch für die Zukunft verwendet werden.

Xiǎo Mǎ yòu shēng bìng le
小马又 生 病了。

tiānqì yòu rè le wǒmen shénme shíhou qù yóu yǒng
天气 又 热 了， 我们 什么 时候 去 游 泳？
míngtiān yòu shì xīngqītiān le wǒ xià ge xīngqī yòu yào chū chāi le
明天 又 是 星期天 了。 我 下 个 星期 又 要 出 差 了。

11.13 还 ***weiter, immer noch, außerdem***

还 drückt die Fortsetzung einer Handlung aus.

tāmen hái xiǎng qù Běijīng Dàxué xuéxí
他们 还 想 去 北京 大学 学习。
yǐjīng yèlǐ yī diǎn le tā hái méi huí jiā
已经 夜里 一 点 了，他 还 没 回 家。

还 kann auch „außerdem" bedeuten und etwas ergänzend erwähnen.

mǎile xǐyījī nǐ hái yào mǎi shénme
买了 洗衣机 你 还 要 买 什么？
chúle Bólín Mùníhēi tāmen hái qùle Hànbǎo
除了 柏林、慕尼黑，他们 还 去了 汉堡 。

11.14 也 ***auch***

也 drückt einen Bezug auf etwas Typgleiches aus und steht vor dem Prädikat (bestehend aus Vollverb, Modalverb oder Ev). Es darf nicht vor dem Subjekt stehen.

tā qù wǒ yě qù Wáng jīnglǐ hē chá yě hē kāfēi
他 去 我 也 去。 王 经理 喝 茶，也 喝 咖啡。
jīntiān lěng míngtiān yě lěng
今天 冷， 明天 也 冷。
tāmen míngtiān qù kàn diànyǐng wǒ yě xiǎng qù
他们 明天 去 看 电影 ，我 也 想 去。

[Übungen zu den voran gehenden Abschnitten **11.12–11.14** s. **11.22**]

11.15 都, 一起 und 一共

11.15.1 都 ***alle(s), allesamt***

a) 都 bedeutet „alles" oder „ohne Ausnahme" und kann sich auf das Subjekt, das Objekt oder eine Adverbialbestimmung beziehen.

tāmen dōu hē lǜchá
他们 都 喝 绿茶。(Bezug auf das Subjekt 他们)
zhèxiē shū wǒ dōu kàn le
这些 书 我 都 看 了。(Bezug auf das Objekt 这些书)

zuótiān hé jīntiān tā dōu méi lái
昨天 和 今天 他 都 没 来。(Bezug auf die Adverbialbest. 昨天和今天)

b) 都 + 了 kann „bereits, schon" ausdrücken, dabei ist die Partikel 了 am (Teil-)Satzende notwendig. 都 wird unbetont ausgesprochen und kann durch 已经 ersetzt werden.

dōu shí'èr diǎn le shuì jiào ba
都 十二 点 了，睡 觉 吧。
tā dōu bāshí duō suì le zǒu lù hái zhème kuài
他 都 八十 多 岁 了，走 路 还 这么 快。

c) 都 kann auch „sogar" im Deutschen entsprechen.

tā dōu bù zhīdào wǒ zěnme zhīdào
他 都 不 知道，我 怎么 知道？ *Nicht einmal er weiß das, wie soll ich denn davon wissen?*
zhè jiàn shìqing wǒ dōu zhīdào
这 件 事情 我 都 知道。*Sogar ich weiß schon davon*。

11.15.2 一起 *gemeinsam* und 一共 *insgesamt*

一起 und 一共 bezeichnen beide „etwas zusammen". 一起 bezieht sich aber auf das aus Personen bestehende Subjekt, 一共 auf das Prädikat.

wǒ gēn tā yīqǐ fùxí shēngcí tāmen yīqǐ qù yóu yǒng
我 跟 他 一起 复习 生词。 他们 一起 去 游 泳。
jīntiān yīgòng láile wǔshí ge rén wǒmen jīntiān yīgòng huāle yībǎi yuán
今天 一共 来了 五十 个 人。 我们 今天 一共 花了 一百 元。

Der Ausdruck 在一起 bedeutet „zusammen (sein)" und kann als Prädikat oder als Ergänzung zu Verben wie 住, 玩 und 吃 verwendet werden.

wǒmen tiāntiān zài yīqǐ tāmen liǎng ge rén zhùzài yīqǐ
我们 天天 在 一起。 他们 两 个 人 住在 一起。

一起 kann auch 一共 ersetzen, umgekehrt jedoch nicht.

zhè sān běn shū yīgòng duōshao qián zhè sān běn shū yīqǐ duōshao qián
这 三 本 书 一共 多少 钱？ = 这 三 本 书 一起 多少 钱？

[Übungen zu dem voran gehenden Abschnitt **11.15** s. **11.23**]

11.16 Übungen zu 11.2

11.16.1 Verneinen Sie mit 不

zhè shì túshūguǎn de shū
1. 这 是 图书馆 的 书。

Mǎ lǎoshī jīntiān shàng kè
2. 马 老师 今天 上 课。

Zhāng xiānshēng qí zìxíngchē
3. 张 先生 骑 自行车。

zhè zhǒng gōngzuò hěn shūfu
4. 这 种 工作 很 舒服。

tā zài xuéxí shàng hěn rènzhēn
5. 她 在 学习 上 很 认真。

tā jiějie xiǎng sàn bù
6. 他 姐姐 想 散 步。

11.16.2 Verneinen Sie mit 没

nǐ xué kāi chē le ma
1. 你 学 开 车 了 吗?

tā kàn diànshì le ma
2. 他 看 电视 了 吗?

nǐmen qùguo Bólín ma
3. 你们 去过 柏林 吗?

nǐmen hēguo báijiǔ ma
4. 你们 喝过 白酒 吗?

nǐ xuéguo Zhōngwén ma
5. 你 学过 中文 吗?

Mǎ xiǎojiě bìng le ma
6. 马 小姐 病 了 吗?

11.16.3 Beantworten Sie die Fragen mit 不 oder 没

nǐ zuò fēijī qù ma
1. 你 坐 飞机 去 吗?

nǐ yǒu Zhōngguó dìtú ma
2. 你 有 中国 地图 吗?

nǐ dǎ diànhuà le ma
3. 你 打 电话 了 吗?

nǐ zhīdào zhè ge zì zěnme xiě ma
4. 你 知道 这 个 字 怎么 写 吗?

nǐ zuótiān mǎi diànnǎo le ma
5. 你 昨天 买 电脑 了 吗?

tā shì cóng Zhōngguó lái de ma
6. 他 是 从 中国 来 的 吗?

tā zài Shànghǎi zhùguo ma
7. 他 在 上海 住过 吗?

tā zài Déguó gōngzuòguo ma
8. 他 在 德国 工作过 吗?

11.16.4 Was passt? 不 oder 没?

wǒ xìng Zhāng wǒ xìng Huā
1. 我____ 姓 张，我 姓 花。

wǒ xiǎng kàn diànshì
2. 我____ 想 看 电视。

tā xiànzài máng
3. 他 现在 ____ 忙。

yǒu diànnǎo wǒ zěnme gōngzuò
4. ____有 电脑 我 怎么 工作？

5. tāmen zhīdào ____ zhīdào jīntiān bà kè
他们 知道 ____ 知道 今天 罢课?

6. nǐ xiǎng ____ xiǎngguo zhè ge wèntí
你 想 ____ 想过 这个问题?

7. zhè ge xīngqī wǒ nǎr dōu ____ qù, xiǎng zài jiālǐ xiūxi xiūxi
这个星期我哪儿都____去，想在家里休息休息。

8. wǒ ____ tīngshuōguo zhè jiàn shì, nǐ néng ____ néng gàosù wǒ
我____ 听说过 这件事，你能 ____ 能 告诉 我?

11.16.5 Formulieren Sie die Sätze unter Verwendung der PN-Konstruktion um

1. nǐ huí jiā ma
你回家吗?

2. nǐ hē lǜchá ma
你喝绿茶吗?

3. nǐ qùguo Xī'ān ma
你去过西安吗?

4. nǐ kànguo zhè bù diànyǐng ma
你看过这部电影吗?

5. nǐ xiǎng xué Éyǔ ma
你想学俄语吗?

6. nǐ néng bāng wǒ máng ma
你能帮我忙吗?

7. gōngsī mǎi qìchē le ma
公司买汽车了吗?

8. gōngsī qù Zhōngguó tóuzī le ma
公司去中国投资了吗?

11.16.6 Verneinen Sie mit 别

1. bù yào tīng shōuyīnjī le
不要听收音机了。

2. bù yào shuō huà le
不要说话了。

3. zhè jiàn shì bù yào gàosù tā
这件事不要告诉他。

4. zìxíngchē bù yào jiègěi tā
自行车不要借给他。

5. bù yào bǎ qián huāwán
不要把钱花完。

6. bù yào bǎ zhè jiàn shì wàng le
不要把这件事忘了。

11.17 Übungen zu 11.3

11.17.1 Übersetzen Sie

1. Gestern war es sehr kalt, aber heute ist es noch kälter.
2. Dieses Auto ist teuer, aber jenes Auto ist noch teurer.
3. Er spielt vergleichsweise gerne mit mir Tischtennis.
4. Herr Wang ist relativ gut informiert über Europa.
5. Die amerikanische Firma passt am besten zu dir.
6. Er mag am liebsten im Bett fernsehen.
7. Sein Vater reist am liebsten nach China.
8. Als er die Nachricht hörte, war er äußerst glücklich.
9. Seit einigen Jahren sind die Sachen immer teurer geworden.

11.17.2 Wo ist 很 richtig?

zhè běn shū hòu
1. A 这 本 B 书 C 厚。

wǒ mǎile yī tái guì de diànnǎo
2. 我 A 买了 B 一 台 C 贵 的 电脑 。

tāmen duì zhè ge gōngzuò mǎnyì
3. 他们 A 对 这 个 工作 B 满意 C。

dìdi měi tiān dōu zhè máng de
4. 弟弟 每 天 A 都 这B 忙 得 C。

Xiǎo Míng xǐhuan tī zúqiú
5. 小 明 A 喜欢 B 踢 C 足球。

dàjiā gāoxìng de zài liáotiān
6. A 大家 B 高兴 地 在 C 聊天。

11.17.3 Welche Sätze sind richtig?

wǒmen sān ge rén zhōng tā gèng gāo
1a. 我们 三 个 人 中 他 更 高。

wǒmen sān ge rén zhōng tā zuì gāo
1b. 我们 三 个 人 中 他 最 高。

zhè bù diànyǐng hěn yǒu yìsi le
2a. 这 部 电影 很 有 意思 了。

zhè bù diànyǐng tài yǒu yìsi le
2b. 这 部 电影 太 有 意思 了。

wǒmen dōu hěn dǎ wǎngqiú
3a. 我们 都 很 打 网球 。

wǒmen dōu hěn xǐhuan dǎ wǎngqiú
3b. 我们 都 很 喜欢 打 网球 。

tāmen zuìjìn máng de hěn
4a. 他们 最近 忙 得 很。

tāmen zuìjìn máng de bǐjiào
4b. 他们 最近 忙 得 比较。

Mùníhēi rén duō Hànbǎo rén bǐjiào duō Bólín rén zuì duō
5a. 慕尼黑 人 多， 汉堡 人 比较 多， 柏林 人 最 多。

Mùníhēi rén duō Hànbǎo rén gèng duō Bólín rén zuì duō
5b. 慕尼黑 人 多， 汉堡 人 更 多， 柏林 人 最 多。

wǒ hěn yào qù Běijīng
6a. 我 很 要 去 北京 。

wǒ hěn yuànyì qù Běijīng
6b. 我 很 愿意 去 北京 。

11.17.4 Welches Wort passt?

bǐjiào duōme gèng hěn jí tài zuì
比较，多么，更，很，极，太，最

jīntiān bǐ zuótiān lěng
1. 今天 比 昨天 _______ 冷 。

tā yǒu sān ge shǒujī　　guì de　　ōuyuán　　piányi de
2. 他有三个手机，______贵的500欧元，______便宜的100
ōuyuán
欧元。

tā de Rìwén shuō de bù cuò　dàn Zhōngwén shuō de　　hǎo
3. 他的日文说得不错，但中文说得______好。

wǒ　　bù xǐhuan zǎoshang bā diǎn shàng kè
4. 我______不喜欢早上八点上课。

zhè jiàn yīfu piàoliang　　le
5. 这件衣服漂亮______了。

zhǎodào le hǎo gōngzuò　tā　　gāoxìng ā
6. 找到了好工作，她______高兴啊。

nà bù diànyǐng méi yìsi　zhè bù hái suàn　　yǒu yìsi
7. 那部电影没意思，这部还算______有意思。

wǒ　　yuànyì bāngzhù nǐ　kěshì nǐ zìjǐ yě děi nǔlì ā
8. 我______愿意帮助你，可是你自己也得努力啊。

zhèlǐ de rén　　duō le
9. 这里的人______多了！

11.17.5 Formulieren Sie die Sätze mit 越来越... oder 越...越... um

yǔ hěn dà
1. 雨很大。

xiànzài de gōngzuò hěn yǒu yìsi
2. 现在的工作很有意思。

Mǎ jīnglǐ hěn xǐhuan tiào wǔ
3. 马经理很喜欢跳舞。

tā bù xiāngxìn zhèngzhìjiā
4. 她不相信政治家。

Qián xiānshēng jiǎng de hěn duō
5. 钱先生讲得很多，
Zhāng xiānshēng hěn hàipà
张先生很害怕。

tā de shūfǎ xiě de hěn piàoliang
6. 她的书法写得很漂亮。

11.18 Übungen zu 11.4

11.18.1 Was passt? 在, 正在 oder 正?

wǒ　　xiǎng qù dǎ gōng　diànhuà
1. 我____想去打工，电话
xiǎng le
响了。

tā　　zhǔnbèi míngtiān de kǎoshì
2. 他____准备明天的考试。

nǐ zài nǎr　wǒmen　　dàochù zhǎo
3. 你在哪儿？我们____到处找
nǐ ne
你呢！

Wáng lǎoshī yīzhí ___ xiǎng zhè ge
4. 王 老师 一直___ 想，这个
wèntí zěnme jiějué
问题 怎么 解决。

tā ___ kàn diànshì bù xiǎng chī
5. 他_____看 电视，不 想 吃
fàn
饭。

wǒmen ___ yào xià kè tā zǒujìn le
6. 我们 __要 下 课，他 走进 了
jiàoshì
教室。

tā ___ zài gōngsī gōngzuò bù néng
7. 他____在 公司 工作，不 能
huí jiā
回 家。

wǒmen ___ dú yī běn Déguó
8. 我们 _____读 一 本 德国
xiǎoshuō
小说。

11.18.2 Übersetzen Sie

1. Er liest gerade Zeitung.
2. Als ich meine ältere Schwester anrief, kochte sie gerade.
3. Seit einer Woche schreibt er an seiner Hausarbeit.
4. Als ich in der Bibliothek war, räumte er gerade sein Zimmer auf.
5. Als es regnete, waren wir gerade spazieren.
6. Sie macht sich Sorgen um ihr neues Auto.

11.19 Übungen zu 11.5

11.19.1 已经 oder 曾经?

wǒ ___ zhīdào zhè jiàn shì le
1. 我_____知道 这 件 事 了。

wǒ ___ zài Wáng lǎoshī nàr xuéguo shūfǎ
2. 我_____在 王 老师 那儿 学过 书法。

Xī'ān ___ shì shìjiè shàng zuì dà de chéngshì
3. 西安_____是 世界 上 最 大 的 城市。

xiànzài bù huì yòng diànnǎo de rén ___ hěn shǎo le
4. 现在，不会 用 电脑 的 人_____很 少 了。

nǐ bìyè de shíhou wǒ ___ gōngzuò le
5. 你 毕业 的 时候，我_____ 工作 了。

tāmen liǎ ___ shì hǎo péngyǒu
6. 他们 俩_____是 好 朋友。

tā ___ bù shì shíjǐ suì de háizi le
7. 他_____不 是 十几 岁 的 孩子 了。

tā ___ xuéguo fǎlǜ xiànzài ___ bù xué le
8. 他_____ 学过 法律，现在 _____不 学 了。

11.19.2 已经 oder 刚?

qǐng nǐ qīng yīdiǎn mèimei shuì
1. 请你轻一点，妹妹_____睡。

wǒ dào jiā nǐ jiù lái le
2. 我_____到家，你就来了。

nà fēng xìn jìzǒu le
3. 那封信_____寄走了。

cóng nánfāng lái de tóngxué xíguàn běifāng de shēnghuó le
4. 从南方来的同学_____习惯北方的生活了。

Wáng xiānshēng chū chāi huílái
5. 王先生出差_____回来。

lǚyóu de shì dàjiā tǎolùn le
6. 旅游的事大家_____讨论了。

11.19.3 刚 oder 刚才?

wǒ zài túshūguǎn kànjiàn tā le
1. _____我在图书馆看见她了。

Qián lǎoshī cóng túshūguǎn huílái
2. 钱老师_____从图书馆回来。

xià xuě le
3. _____下雪了。

Xiǎo Lǐ xiǎng qù yóu yǒng, wàimiàn xià dàyǔ le
4. 小李_____想去游泳，外面下大雨了。

tāmen bāngzhù Xiǎo Míng fùxí shēngcí le
5. 他们_____帮助小明复习生词了。

wǒ rènshi tā, hái bù tài liǎojiě tā
6. 我_____认识他，还不太了解他。

11.20 Übungen zu 11.6–11.7

11.20.1 Übersetzen Sie

1. Am Morgen las er immer zuerst Zeitungen.
2. Die Künstler haben meistens lange Haare.
3. Sie gehen nicht sehr oft zum Training.
4. Wir fahren meistens mit der U-Bahn in die Stadt.
5. Am Wochenende unterhielt ich mich sehr oft mit meinem jüngeren Bruder.
6. Herr Qian arbeitete meistens bis in die Nacht.

11.20.2 Welche Sätze sind richtig?

tā yǒule wèntí wǎngwǎng zhǎo Gāo lǎoshī bù zhǎo Wáng lǎoshī
1a. 他有了问题往往找高老师，不找王老师。

tā yǒule wèntí chángcháng zhǎo Gāo lǎoshī bù zhǎo Wáng lǎoshī
1b. 他有了问题 常常 找 高 老师，不 找 王 老师。

dàole Běijīng yǐhòu wǒ huì chángcháng gěi nǐ dǎ diànhuà de
2a. 到了 北京 以后，我 会 常常 给你打 电话 的。

dàole Běijīng yǐhòu wǒ huì wǎngwǎng gěi nǐ dǎ diànhuà de
2b. 到了 北京 以后，我 会 往往 给你打 电话 的。

wǒ bù chángcháng gěi tā dǎ diànhuà
3a. 我不 常常 给她打 电话。

wǒ chángcháng gěi tā bù dǎ diànhuà
3b. 我 常常 给她不打 电话。

sìshí suì yǐshàng de rén wǎngwǎng bù yuànyì huàn gōngzuò
4a. 四十岁 以上 的人 往往 不愿意 换 工作。

sìshí suì yǐshàng de rén bù wǎngwǎng yuànyì huàn gōngzuò
4b. 四十岁 以上 的人不 往往 愿意 换 工作。

11.20.3 早 oder 先?

wǒmen wǎng dōng háishi wǎng xī
1. 我们 ______ 往 东，还是______ 往 西?

tā jiù huì xiě Hànzì le
2. 她______就会写汉字了。

tāmen yǐwéi Hànyǔ hěn nán xuéle yǐhòu cái zhīdào bù tài nán
3. 他们______以为 汉语 很 难，学了 以后 才 知道 不太 难。

Wáng xiānshēng hé tā de qīzi qù yóu yǒng le
4. 王 先生 ______和他的妻子去游 泳 了。

Chén lǎoshī zài hēibǎn shàng huà le yī ge píngguǒ ránhòu wèn dàjiā
5. 陈 老师______在 黑板 上 画了一个 苹果，然后 问 大家。

miànbāo huài le
6. 面包 ______ 坏 了。

11.21 Übungen zu 11.8–11.11

11.21.1 Ersetzen Sie 就 durch ein anderes passendes Wort

mǎshàng yǐjīng zhǐ
马上，已经，只

qǐng nǐ děng yīxià wǒ jiù lái
1. 请你等一下，我就来。

bā diǎn shàng kè Xiǎo Zhāng qī diǎn jiù lái le
2. 八点 上课，小 张 七 点 就来了。

Wáng xiānshēng jiù qùguo Rìběn
3. 王 先生 就去过 日本。
fēijī jiù yào qǐfēi le
4. 飞机就 要 起飞 了。
gōngsī lǐ jiù láile sān ge rén
5. 公司 里就来了 三 个 人。
yī shàng chuáng tā jiù shuìzháo le
6. 一 上 床 她就 睡着 了。

Lǐ xiānshēng jiù huì shuō yī jù
7. 李 先生 就会 说 一句
Déwén
德文。
tā yī shàng kè jiù tóu téng
8. 他一 上 课就头 疼。

11.21.2 Übersetzen Sie

1. Herr Ma ist gerade in Beijing angekommen.
2. Gleich nach dem Examen hat sie schon einen guten Job gefunden.
3. Sein Vater ist gestern Abend erst um acht Uhr zurückgekommen.
4. Nach dem Abendessen geht mein Vater sofort ins Internet.
5. In diesem Jahr hat es gerade einmal geschneit.
6. In einem Jahr wird mich die Firma in die USA schicken.

11.21.3 就 oder 将?

wǒmen mǎshàng dào jiā le
1. 我们 马上 ____ 到 家 了。
fēijī yào qǐfēi le
2. 飞机____ 要 起飞 了。
zúqiú bǐsài zài Shànghǎi
3. 足球 比赛____在 上海
jìnxíng
进行。

míngnián gōngsī pài yī ge rén qù
4. 明年 公司 ____派 一 个 人 去
Fǎguó
法国。
tā yī qǐ chuáng kàn bàozhǐ
5. 他一起 床 ____看 报纸。
tāmen zài sān ge yuè yǐhòu jié
6. 他们____在 三 个 月 以后 结
hūn
婚。

11.21.4 就 oder 才?

zhè bù diànyǐng tā bù xǐhuan kànle jǐ fēnzhōng bù kàn le
1. 这 部 电影 他 不 喜欢，看了 几 分钟 _____不 看 了。
Shànghǎi yǒu liǎngqiān wàn rén Hànbǎo yībǎi qīshí wàn
2. 上海 有 两千 万 人，汉堡 _____一百 七十 万。
tā xiān gōngzuòle jǐ nián sānshí suì shàng dàxué
3. 他 先 工作了 几 年，三十 岁_____ 上 大学。
tā tài lèi le wǎnshang bā diǎn shuì jiào le
4. 她 太 累 了， 晚上 八 点 _____ 睡 觉 了。

jīnnián bǐjiào lěng shíyuè xià xuě le

5. 今年 比较 冷，十月_____下 雪 了。

Zhāng lǎoshī zǎoshang wǔ diǎn bàn qù gōngyuán dǎ tàijíquán le

6. 张 老师 早上 五 点 半_____去 公园 打 太极拳 了。

tā wán diànnǎo wándào zǎoshang liù diǎn shuì jiào

7. 他 玩 电脑 玩到 早上 六 点_____睡 觉。

tā sìshí suì xuéhuì kāi chē

8. 他 四十 岁_____学会 开 车。

11.22 Übungen zu 11.12-11.14

11.22.1 Übersetzen Sie

1. Ich möchte noch mal nach Xi'an fahren.
2. Er hat wieder einen deutschen Roman gekauft.
3. Nächste Woche wird er wieder auf Dienstreise gehen.
4. Wie wär´s, wenn wir nach dem Film darüber diskutieren?
5. Fräulein Chen isst nie wieder Fleisch.
6. Sie diskutieren nicht mehr über die Frage.

11.22.2 Was passt?

hái yě yòu zài
还，也，又，再

míngtiān shì xīngqītiān le wǒ wèn Xiǎo Zhāng xiǎng bù xiǎng qù kàn
明天 _____是 星期天 了。我 问 小 张，想 不 想 _____去 看
diànyǐng tā shuō xiǎng wèn wǒ Xiǎo Wáng qù bù qù wǒ dǎ diànhuà
电影。他 说 想，_____问 我 小 王 去 不 去。我_____打 电话
wèn Xiǎo Wáng Xiǎo Wáng shuō tā xīngqīyī kǎo shì děi fùxí gōngkè
问 小 王。小 王 说，他 星期一 考 试，_____得 复习 功课，
suǒyǐ bù néng qù tā shuō tā méi qián le yǒu shíjiān yào qù dǎ gōng wǒ
所以 不 能 去。他 说 他 没 钱 了，有 时间_____要 去 打 工。我
gàosù tā xīngqīyī wǒ yào kǎo shì dàn xīngqītiān wǒ děi fàngsōngfàngsōng
告诉 他，星期一 我_____要 考 试，但 星期天 我 得 放松放松 。

11.22.3 Setzen Sie die Adverbien an die richtige Stelle

shàng ge yuè tā gēn wǒ qùle yī tàng Běijīng yòu

1. 上 个 月 A 他 跟 B 我 C 去了 D 一 趟 北京。（又）

dàxué bìyè yǐhòu wǒ méi jiànguo tā hái

2. A 大学 毕业 以后，B 我 C 没 D 见过 他。（还）

tā xiǎng qù Běijīng dàxué xué yī nián zài

3. 他 A 想 B 去 北京 大学 C 学 D 一 年。（再）

xià yǔ le　　bié wàngle　dài　yǔyī　　yòu

4. A下雨了，B别忘了C带D雨衣。（又）

wǒ　méi yǒu　tīngdǒng lǎoshī　shuō shénme　　yě

5. A我B没有C听懂老师D说什么。（也）

tā　zài Zhōngguó　yī nián　　shì　bù huì shuō Zhōngwén　　hái

6. 他A在中国B一年，C是D不会说中文。（还）

11.23 Übungen zu 11.15

11.23.1 Übersetzen Sie

1. Die Leute dort sind alle sehr höflich.
2. Seine Töchter haben alle studiert.
3. Meine Schwester isst jeden Tag Obst.
4. Es ist bereits Januar. Es hat immer noch nicht geschneit.
5. Der Vater und seine Tochter gingen zusammen ins Museum.
6. Sie haben insgesamt drei Ausstellungen gesehen.
7. Zum Geburtstag hat er nur fünf Leute eingeladen.
8. Von diesem Buch habe ich nur drei Seiten gelesen.

11.23.2 都 oder 只?

tāmen　　bù chōu yān le

1. 他们____不抽烟了。

Déguó xiànzài dàochù　　yǒu Zhōngcānguǎn

2. 德国现在到处____有中餐馆。

tā bù xiǎng duō gōngzuò　　xiǎng shūfu

3. 他不想多工作，____想舒服。

yǒu xuéhǎo le Déyǔ　cái néng lái Déguó shàng dàxué

4. ____有学好了德语，才能来德国上大学。

bié rén　　zài dǎsǎo jiàoshì　　yǒu tā zài dǎ diànhuà

5. 别人____在打扫教室，____有他在打电话。

Zhōngguó de dà chéngshì wǒ　　yǒu Chóngqìng méi qùguo　qítā de　　qùguo

6. 中国的大城市我____有重庆没去过，其它的____去过

le

了。

Zhōngguó de jiāzhǎng　　xīwàng zìjǐ de háizi néng shàng dàxué

7. 中国的家长____希望自己的孩子能上大学。

zài Zhōngguó　yī ge jiātíng yībān　　kěyǐ shēng yī ge háizi

8. 在中国，一个家庭一般____可以生一个孩子。

Zhōngguó de hěn duō héliú　　bèi wūrǎn le

9. 中国的很多河流____被污染了。

11.23.3 一起 oder 一共?

shéi gēn wǒ qù Nánjīng liú xué
1. 谁 跟 我________去 南京 留 学?

nǐmen yǒu duōshao rén
2. 你们________有 多少 人?

wǒmen zuò huǒchē qù Bólín ba
3. 我们 ________坐 火车 去 柏林 吧。

tā xǐhuan gēn gēge jiějie zài
4. 他 喜欢 跟 哥哥 姐姐 在________。

wǒ zài Běijīng huāle liǎngqiān ōuyuán
5. 我 在 北京 ______花了 两千 欧元 。

wǒmen jiù sì ge rén qìchē lǐ néng zuòxià
6. 我们 ________就 四 个 人, 汽车 里 能 坐下。

tāmen shì lǎotóngxué zài dàxué xuéle sì nián
7. 他们 是 老同学 , ________在 大学 学了 四 年。

sān ge wánjù duōshao qián
8. 三 个 玩具________ 多少 钱?

12 Präpositionen 介词

Präpositionen sind Wörter, die nicht satzgliedfähig sind und ein Objekt (Wort oder Wortgruppe) regieren. Sie bilden zusammen mit ihrem Objekt eine satzgliedfähige Präpositionalgruppe. Je nach ihrer Bedeutung können die Präpositionen in folgende Gruppen eingeteilt werden:

Präpositionen	
zài dāng cóng lí 在，当，从，离	Zeit, Ort, Ausgangspunkt
xiàng wǎng cháo 向，往，朝	Richtung
duì gēn hé bǐ gěi 对，跟 / 和，比，给	Einführung des Bezugspunktes
bèi jiào ràng gěi wèi bǎ 被，叫，让，给，为，把 / jiāng 将	Urheber, Objekt
wèi wèile 为，为了	Zweck
yóuyú yīnwèi 由于，因为	Ursache, Grund
chú le chú le yǐwài 除了…，除了…以外	Einschränkung, Ergänzung

12.1 Merkmale und Funktionen

Die meisten Präpositionen sind aus Verben entstanden, sind aber nicht mehr prädikatsfähig und können auch nicht mit den Partikeln 了, 着 und 过 kombiniert werden.

tā gěile wǒ yī běn shū
他给了我一本书。(Verb)
tā gěi wǒ dàile yī běn shū
他给我带了一本书。(Präposition)
tā gěi le wǒ dàile yī běn shū
*他给了我带了一本书。

Sie bilden zusammen mit einem Nomen / Pronomen oder einer Wortgruppe eine Präpositionalgruppe, die satzgliedfähig ist.

cóng Shànghǎi tāmen cóng Shànghǎi lái
从 + 上海 → 他们从上海来。
duì wǒmen de gōngzuò wǒ duì wǒmen de gōngzuò hěn mǎnyì
对 + 我们的工作 → 我对我们的工作很满意。

Die Präpositionalgruppe kann im Satz in unterschiedlicher Position auftreten:

a) als Adverbialbestimmung

wǒ zài gōngsī gōngzuò yīnwèi nǐ wǒmen duō gōngzuòle liǎng ge xiǎoshí
我在公司工作。因为你我们多工作了两个小时。

b) als Attribut

cháo nán de chuānghù yǐjīng kāi le duì nǐ de pīpíng shì duì de
朝南的窗户已经开了。对你的批评是对的。

c) als Präpositionalobjekt

tā duì Zhōngwén gǎn xìngqù
他对中文感兴趣。
wǒmen duì zhè piān xiǎoshuō jìnxíngle yánjiū
我们对这篇小说进行了研究。
Wáng xiānshēng bǎ shū fàng zài shūjià shàng
王先生把书放在书架上

d) als Prädikatsnomen

wǒ lái Hànbǎo shì wèile gōngzuò
我来汉堡是为了工作。
wǒmen dì yī cì jiànmiàn shì zài Běijīng fàndiàn
我们第一次见面是在北京饭店。

[Übungen zu den voran gehenden Abschnitten **12.1** s. **12.8**]

12.2 Präpositionen der Zeit, des Ortes und des Ausgangspunktes

在, 从 und 离 können sowohl temporal und lokal als auch zur Angabe der Umstände etc. verwendet werden, in der lokalen Bedeutung brauchen sie i.d.R. eine Ortsangabe als Objekt. 当 kann nur temporal gebraucht werden.

12.2.1 在

在 kann in Verbindung mit LRWn, Nomina und Zeitnomina zur Angabe der Zeit, des Ortes und der Umstände verwendet werden (**vgl. 3.3**).
Der Gebrauch von 在 hängt in erster Linie von der Art der Nomina ab, die als Präpositionalobjekt fungieren:

a) Bei geografischen Namen als Objekt muss 在 verwendet werden, aber kein LRW.

tā zài Déguó xuéxí
他 在 德国 学习。

b) Steht die Angabe des Ortes oder der Zeit mit einem allgemeinen Nomen am Satzanfang, entfällt 在, egal, ob es in räumlicher oder zeitlicher Bedeutung verwendet wird.

sùshè lǐ xiànzài méi yǒu rén
宿舍 里 现在 没 有 人。(räumlich)
shuì jiào qián dìdi xǐhuan tīng yīnyuè
睡 觉 前 弟弟 喜欢 听 音乐。(zeitlich)

c) Steht die 在…LRW-Konstruktion mit einem allgemeinen Nomen in anderen Positionen im Satz, so ist der Gebrauch von 在 in zeitlicher Bedeutung fakultativ, in anderen Bedeutungen obligatorisch.

dìdi xǐhuan zài shuì jiào qián tīng yīnyuè
弟弟 喜欢（在）睡 觉 前 听 音乐。(zeitlich)
gēge zài chuáng shàng kàn shū
哥哥 在 床 上 看 书。(räumlich)
tā zài xuéxí shàng bāngzhù wǒ
她 在 学习 上 帮助 我。(Umstand)

12.2.2 当

当 bedeutet „zur gleichen Zeit wie". Häufig gebrauchte Kombinationen sind

dàng de shíhou
当 …的 时候 *während/als*
dàng shí
当 …时 *während/als*
dàng yǐqián
当 … 以前 *bevor*
dàng yǐhòu
当 …以后 *nachdem*

dàng nǐmen dǎ wǎngqiú de shíhou wǒ zài hē kāfēi
当 你们 打 网球 的 时候，我 在 喝 咖啡。*Während/Als ihr Tennis spieltet, …*
dàng tā kànwán zhè piān xiǎoshuō yǐhòu cái zhīdào dàjiā wèishénme dōu
当 他 看完 这 篇 小说 以后 才 知道 大家 为什么 都
xiǎng kàn
想 看。*Nachdem er den Roman fertig gelesen hatte, …*

当 kann in dieser Bedeutung durch 在 ersetzt werden. Die Unterschiede zwischen den beiden bestehen in folgenden Punkten:

a) 当 verlangt einen Satz oder eine Verbalkonstruktion als Erweiterung, bei 在 ist auch ein Nomen möglich.

dàng wǒ qù Běijīng de shíhou
当 我 去 北京 的 时候。(Satz)
dàng Běijīng de shíhou
* 当 北京 的 时候
zài wǒ qù Běijīng de shíhou
在 我 去 北京 的 时候。(Satz)
zài Běijīng de shíhou
在 北京 的 时候。(Nomen)

b) Bei 当 ist, anders als bei 在, die Angabe eines Zeitpunktes nicht erlaubt.

dàng wǒ shēng bìng de nián
* 当 我 生 病 的 2000 年
zài wǒ shēng bìng de nián
在 我 生 病 的 2000 年

12.2.3 从

从 bedeutet „ab (einem bestimmten Punkt)". Die Anwendung ist vergleichbar mit 在: 从 kann zum Ausdruck der Zeit, des Raumes, des Bereichs und Umfangs sowie der Modalität verwendet werden. Es gibt einige häufig verwendete Ausdrücke wie

cóng dào
从 … 到 … *von … bis …*

cóng qǐ
从…起 *ab/von … an*
cóng yǐlái
从…以来 *seit* (nur für Vergangenheit)
cóng yǐhòu
从…以后 *nach/nachdem*
cóng wǎng
从… 往 … *von … nach …*

a) zur Zeitangabe

从 dient zur Angabe der Zeit und kann sowohl für die Vergangenheit als auch für die Gegenwart und Zukunft verwendet werden.

tā cóng míngtiān qǐ bù zuò fàn le
她 从 明天 起 不 做 饭 了。***Ab** morgen/**von** morgen **an** kocht sie nicht mehr.*
cóng rènshi tā yǐhòu wǒmen chángcháng yīqǐ tī zúqiú
从 认识 他 以后，我们 常常 一起 踢 足球。*Gegenwart: **Seit** ich ihn kenne, spielen wir oft Fußball. Vergangenheit: **Nachdem** ich ihn kennengelernt hatte, spielten wir oft Fußball.*
cóng rènshi dào jié hūn tāmen zhǐ yòngle yī ge yuè
从 认识 到 结 婚，他们 只 用了 一 个 月。***Vom** Kennenlernen **bis** zur Hochzeit …*

b) zur Ortsangabe

Der Gebrauch von 从 ist vergleichbar mit dem von 在: Es fordert ein Ortsnomen als Objekt; allgemeine Nomina als Objekt müssen durch ein LRW zum Ortsnomen erweitert werden.

tā cóng Zhōngguó huílái le
她 从 中国 回来 了。*Sie ist **aus** China zurück.* (Ortsnomen)
cóng Běijīng dào Nánjīng kěyǐ zuò huǒchē
从 北京 到 南京 可以 坐 火车。***Von** Beijing **nach** Nanjing …* (Ortsnomen)
tā cóng shūjià shàng názǒu yī běn shū
他 从 书架 上 拿走 一 本 书。*Er nimmt ein Buch **aus** dem Regal.* (Allgemeines Nomen + LRW)
tā cóng yéye nàr qù dàxué
她 从 爷爷 那儿 去 大学。*Sie geht **von** Opa **aus** zur Universität.* (Allgemeines Nomen + LRW)

c) zur Angabe des Bereichs und Umfangs

Zur Angabe des Bereichs und Umfangs wird oft 从…到 verwendet.

wǒ shénme dōu xiǎng xué cóng shūfǎ dào tàijíquán
我 什么 都 想 学，从 书法 到 太极拳。… *von Kalligrafie **bis** Taijiquan.*
cóng zuò fàn dào xǐ yīfu tā shénme shì dōu huì zuò
从 做 饭 到 洗 衣服，他 什么 事 都 会 做。*__Von__ Kochen **bis** Waschen …*

从 allein kann aber auch einen Umstand ausdrücken.

Wáng xiānshēng cóng mèng zhōng xǐnglái
王 先生 从 梦 中 醒来。*…**von** seinem Traum wach geworden.*

12.2.4 离

离 bedeutet „entfernt von (einem Punkt)“ , „bis“. Es kann zum Ausdruck der Zeit, des Ortes und der Modalität gebraucht werden.

a) zur Zeitangabe

Zur Zeitangabe kann 离 ein nominales oder ein verbales Objekt fordern.

lí hánjià hái yǒu yī ge xīngqī
离 寒假 还 有 一 个 星期。*__Bis__ zu den Winterferien ist es noch eine Woche.*
lí kāi chē hái yǒu sān ge xiǎoshí
离 开 车 还 有 三 个 小时。*__Bis__ zur Abfahrt sind es noch drei Stunden.*

b) zur Ortsangabe

Zur Ortsangabe können sowohl allgemeine Nomina als auch Ortsnomina verwendet werden.

tāmen sùshè lí wǒmen sùshè hěn jìn
他们 宿舍 离 我们 宿舍 很 近。*Ihr Wohnheim ist nicht weit **entfernt von** unserem.*
zhèlǐ lí Běijīng hái yǒu gōnglǐ
这里 离 北京 还 有 10 公里。*__Bis__ Beijing sind es noch 10 km.*

c) zur Angabe des Umstandes

Auch zur Angabe des Umstandes kann 离 ein nominales oder verbales Objekt fordern.

tāmen zuòle hěn duō dàn lí gōngsī de yāoqiú hái chà bù shǎo
他们 做了 很 多，但 离 公司 的 要求 还 差 不 少。*...**von** den Forderungen der Firma ist es noch weit **entfernt.***
lí dádào mùdì hái yǒu hěn duō shìqing yào zuò
离 达到 目的 还 有 很 多 事情 要 做。***Bis** zum Erreichen des Ziels...*

[Übungen zu dem voran gehenden Abschnitt **12.2** s. **12.9**]

12.3 Präpositionen der Richtung

向, 往 und 朝 bedeuten alle „in Richtung auf" und können durch „nach" oder „zu" wiedergegeben werden. Der Unterschied besteht darin, dass 向 und 往 nur mit einem Verb der Bewegung in Verbindung stehen können, während 朝 auch mit einem Verb des Zustands kombiniert werden kann. Außerdem können 向 und 往 als Komplemente verwendet werden, was bei 朝 nicht möglich ist.

12.3.1 向

向 hat zwei verschiedene Funktionen und lässt sich einmal mit „nach" und einmal mit „von" ins Deutsche übersetzen. Es dient

a) zur Angabe der Richtung
als Adverbialbestimmung

wǒmen xiàng nán zǒu
我们 向 南 走。*Wir gehen **nach** Süden.*
huǒchē xiàng Běijīng kāiqù
火车 向 北京 开去。*Der Zug fährt **nach** Beijing.*

als Komplement

fēijī fēixiàng Déguó
飞机 飞向 德国。*Das Flugzeug fliegt **nach** Deutschland.*
Chángjiāng liúxiàng dàhǎi
长江 流向 大海。*Der Changjiang fließt **ins** Meer.*

b) zur Markierung eines Personalobjekts

wǒ xiàng lǎoshī jièle yī běn shū
我 向 老师 借了 一 本 书。*Ich habe mir **vom** Lehrer ein Buch geliehen.*

wǒmen yào xiàng nǐmen xuéxí

我们 要 向 你们 学习。*Wir wollen* ***von*** *euch lernen.*

12.3.2 往

往 (im 3. Ton: wǎng) dient zur Ortsangabe mit einem Ortsnomen (meistens als Komplement)

zhè fēng xìn shì jìwǎng Běijīng de

这 封 信 是 寄往 北京 的。*Dieser Brief wurde* ***nach*** *Beijing geschickt.*

zhè tiáo lù tōngwǎng Xī'ān

这 条 路 通往 西安。*Diese Straße führt* ***nach*** *Xi'an.*

qìchē wǎng tā nàr kāiqù

汽车 往 他那儿 开去。*Das Auto fährt* ***zu*** *ihm.*

[Übungen zu dem voran gehenden Abschnitt **12.3** s. **12.10**]

12.4 Präpositionen zur Einführung des Bezugspunktes

12.4.1 对

Die Grundbedeutung von 对 als Präposition ist ähnlich wie die von 对 als Verb: einer Sache oder einer Person gegenüber.

a) 对 markiert den Adressaten einer Handlung.

wǒ duì lǎoshī xiào le xiào

我 对 老师 笑 了 笑。*Ich lächelte den Lehrer an.*

tā duì wǒ shuō míngtiān bù shàng kè

他 对 我 说：“明天 不 上 课。” *Er sagte zu mir: „…*

b) 对 markiert das Objekt eines Eigenschaftsverbs, das die Verhaltensweise des Subjektes gegenüber dem Objekt ausdrückt, und wird von diesem Eigenschaftsverb gefordert.

tā duì wǒ hěn hǎo

他 对 我 很 好。*Er ist sehr gut* ***zu*** *mir.*

tā duì wǒmen hěn rèqíng

他 对 我们 很 热情。*Er ist uns* ***gegenüber*** *sehr herzlich.*

12.4.2 跟 / 和

跟 und 和 unterscheiden sich nur stilistisch: 和 ist mehr umgangssprachlich geprägt.

a) Beide dienen zur Angabe einer Verbindung oder eines Zusammenhangs.

wǒ gēn hé tā yīqǐ qù Běijīng
我 跟/和 他 一起 去 北京 。*Ich fahre **mit** ihm zusammen nach Beijing.*
māma gēn hé tā shuō huà
妈妈 跟/和 她 说 话。*Mama redet **mit** ihr.*

b) In einem Vergleichssatz markiert es das Vergleichsobjekt (**vgl. 19.2**). Die häufig gebrauchten Konstruktionen sind

gēn hé yīyàng bù yīyàng
跟/和… 一样 / 不 一样 *mit etwas gleich/nicht gleich sein*
tā gēn wǒ yīyàng dōu shì dàxuéshēng
他 跟 我 一样 都 是 大学生 。*Er ist **wie** ich Student.*

gēn hé xiāngtóng bù tóng
跟/和… 相同 / 不 同 *mit etwas gleich/nicht gleich sein*
wǒmen gēn tāmen bù tóng wǒmen děi dǎ gōng tāmen bù yòng dǎ gōng
我们 跟 他们 不 同，我们 得 打 工，他们 不 用 打 工。
*Bei uns ist das **anders als** bei ihnen, …*

gēn hé chàbùduō
跟/和… 差不多 *mit etwas ungefähr/annähernd gleich sein*
tā de Zhōngwén gēn wǒ de Zhōngwén chàbùduō
他 的 中文 跟 我 的 中文 差不多 。*Sein Chinesisch ist **ungefähr** so wie meins.*

12.4.3 比

比 bedeutet „im Vergleich" und markiert das Vergleichsobjekt. Hinter ihm steht das Prädikat. Ein verbales Prädikat muss durch ein Komplement erweitert werden. (**„Konstruktionen für Vergleich" siehe 19.2**)

wǒ bǐ tā gāo
我 比 他 高 。*Ich bin größer **als** er.*
wǒ bǐ tā gāo yīdiǎnr
我 比 他 高 一点儿。*Ich bin ein bisschen größer **als** er.*
tā bǐ wǒ xué de duō
他 比 我 学 得 多 。*Er lernt mehr **als** ich.*
tā bǐ wǒ xué de duō hěn duō
他 比 我 学 得 多 很 多 。*Er lernt viel mehr als ich.*

12.4.4 给

给 kann in unterschiedlichen Bedeutungen verwendet werden.

a) Zur Angabe des Adressaten wird es in der Form eines Präpositionalobjektes gebraucht.

tā gěi wǒ dǎle yī ge diànhuà
她 给 我 打了 一 个 电话 。*Sie rief mich an.*
wǒ dǎle yī ge diànhuà gěi tā
我 打了 一 个 电话 给 她。*Ich rief sie an.*
wǒ sònggěi tā yī shù huā
我 送给 她 一 束 花。*Ich schenke ihr einen Strauß Blumen.*

[Übungen zu dem voran gehenden Abschnitt **12.4** s. **12.11**]

12.5 Präpositionen des Urhebers und des Objekts

12.5.1 被, 叫, 让 und 给

被, 叫, 让 und 给 markieren den Urheber oder das Mittel und fungieren damit als Passiv-Markierung.

a) 被 wird sowohl in der Umgangssprache als auch in der Schriftsprache verwendet, während 叫, 让 und 给 umgangssprachlich geprägt sind.

nà běn xiǎoshuō bèi jiào ràng gěi Zhāng lǎoshī jièzǒu le
那 本 小说 被 (叫 / 让 / 给) 张 老师 借走 了。*Der Roman **wurde von** Herrn Zhang entliehen.*
fángjiān bèi jiào ràng gěi bàba zhěnglǐhǎo le
房间 被 (叫 / 让 / 给) 爸爸 整理好 了。*Das Zimmer **wurde von** Papa aufgeräumt.*

b) 被 und 给 können auch allein im Satz stehen, während 叫 und 让 nur zusammen mit dem Präpositionalobjekt gebraucht werden können.

tā bèi lǎoshī pīpíng le
他 被 (老师) 批评 了。*Er **wurde** (**vom** Lehrer) kritisiert.*
zìxíngchē gěi xiūhǎo le
自行车 给 修好 了。*Das Fahrrad **wurde** repariert.*
nà běn xiǎoshuō jiào rén jièzǒu le nà běn xiǎoshuō jiào jièzǒu le
那 本 小说 叫 人 借走 了。* 那 本 小说 叫 借走 了
hàochī de dōu ràng tāmen chīwán le hàochī de dōu ràng chīwán le
好吃 的 都 让 他们 吃完 了。* 好吃 的 都 让 吃完 了

12.5.2 为

为 bildet mit 所 die zweiteilige Präposition 为…所… und bezeichnet eine Ursache oder einen Urheber im Passivsatz. Es wird in der Schriftsprache benutzt.

tāmen wéi měilì de fēngjǐng suǒ xīyǐn
他们 为 美丽的 风景 所 吸引。*Sie **werden von** der schönen Landschaft angezogen.*

tā de míngzi wéi dàjiā suǒ shúxī
他 的 名字 为 大家 所 熟悉。*Sein Name ist allen bekannt.*

12.5.3 把 und 将

a) 把 markiert das Objekt in einem Satz, in dem der Platz hinter dem Prädikat für eine neue Aussage in Form einer Prädikatserweiterung (Partikel, Komplement etc.) benötigt wird. Damit die Erweiterung des Prädikats (als neue Information) hinter dem Prädikat stehen kann, muss das Objekt nach vorne rücken. Betont wird also die neue Aussage, nicht das durch 把 markierte Objekt, wie so oft behauptet wurde. Die neue Aussage kann verschiedene Formen haben: Erweiterung durch Partikel, Komplement oder Objekt.

tā hē chá → tā bǎ chá hē le
他喝茶。→ 他把茶喝了。(Partikel)

wǒ zuò jīntiān de zuòyè → wǒ bǎ jīntiān de zuòyè zuòwán
我 做 今天 的 作业。→ 我 把 今天 的 作业 做完 。
(Komplement)

tāmen shōushi jiàoshì → tāmen bǎ jiàoshì shōushi de gāngānjìngjìng de
他们 收拾 教室 。→ 他们 把 教室 收拾 得 干干净净 的。
(Komplement)

wǒ gàosù tā wǒ de dǎsuan → wǒ bǎ wǒ de dǎsuan gàosù tā
我 告诉 他 我 的 打算 。→ 我 把 我 的 打算 告诉 他。(Objekt)

b) Die 把-Konstruktion steht vor dem Prädikat. Bei einem zweiteiligen Prädikat steht sie zwischen dem Modalverb und dem Hauptverb.

wǒ xiǎng bǎ shū huángěi tā
我 想 把 书 还给 她。

c) Das mit 把 nach vorne geholte Objekt kann nur etwas Bestimmtes, weil schon Bekanntes, sein. Unbestimmte, also unbekannte Objekte (z.B. mit einer Nu-ZEW-Gruppe) sind selber eine neue Aussage und können deshalb nicht zusammen mit 把 benutzt werden.

tā hēle yī bēi píjiǔ tā bǎ yī bēi píjiǔ hē le
他喝了一杯啤酒。*他把一杯啤酒喝了
tā mǎile hěn duō shū le tā bǎ hěn duō shū mǎi le
他买了很多书了。*他把很多书买了

d) In der Schriftsprache wird 把 oft durch 将 ersetzt.

wǒmen yào jiāng zhè ge wèntí yánjiūhǎo
我们要将这个问题研究好。= wǒmen yào bǎ zhè ge wèntí yánjiūhǎo
我们要把这个问题研究好。

tā jiāng nà ge gùshi yòu shuōle yī biàn
他将那个故事又说了一遍。

[Übungen zu dem voran gehenden Abschnitt **12.5** s. **12.12**]

12.6 Präpositionen des Grundes und der Ursache

由于 und 因为 dienen zur Angabe des Grundes oder der Ursache. 因为 wird mehr in der Umgangssprache verwendet.

yóuyú shíjiān wèntí tā bù néng lái
由于时间问题她不能来。***Aufgrund von*** *Zeitproblemen kann sie nicht kommen.*
yóuyú jīngjì de fāzhǎn hěn duō rén yǒu qián le
由于经济的发展很多人有钱了。***Aufgrund*** *der wirtschaftlichen Entwicklung sind viele Menschen zu Geld gekommen.*
yīnwèi tiānqì wèntí fēijī bù néng qǐfēi le
因为天气问题飞机不能起飞了。***Wegen*** *des schlechten Wetters kann das Flugzeug nicht starten.*
yīnwèi nǐ wǒmen dōu chídào le
因为你我们都迟到了。***Wegen*** *dir sind wir alle zu spät.*

12.7 Präpositionen der Einschränkung und der Ergänzung

除了… und 除了…以外 können sowohl einschränkende als auch ergänzende Bedeutung haben. Die Bedeutung der beiden ist identisch.

a) Zur Einschränkung eines Sachverhalts auf eine bestimmte Ausnahme, wobei oft 都 gebraucht wird.

chú le wǒ yǐwài tóngxuémen dōu zài kàn diànshì
除了我(以外)同学们都在看电视。***Außer*** *mir sehen alle Kommilitonen fern.*

chú le jīntiān yǐwài wǒ tiāntiān dōu zài jiā
除了今天(以外)我天天都在家。***Außer*** *heute bin ich jeden Tag zu Hause.*

b) Zur Ergänzung, dabei werden oft 还 und 也 verwendet.

chú le yóu yǒng yǐwài wǒ hái xǐhuan sàn bù
除了游泳(以外)我还喜欢散步。***Außer*** *schwimmen mag ich auch noch gerne spazieren gehen.*
chú le Zhōngwén yǐwài tā yě huì shuō Rìwén hé Yīngwén
除了中文(以外)他也会说日文和英文。***Außer*** *Chinesisch kann er auch noch Japanisch und Englisch sprechen.*

[Übungen zu den voran gehenden Abschnitten **12.6–12.7** s. **12.13**]

12.8 Übungen zu 12.1

12.8.1 Präposition oder Verb?

nǐ xiànzài zài jiā ma
1a. 你现在在家吗?
nǐ zài jiā zuò shénme
1b. 你在家做什么?
dàng tā zuò lǎoshī de shíhou
2a. 当他做老师的时候,
wǒmen jiù rènshi tā le
我们就认识他了。
tā dāngle sān nián de lǎoshī
2b. 她当了三年的老师。
wǒmen xiǎng sònggěi tā yī běn
3a. 我们想送给他一本
dìtú
地图。
wǒmen gěi tā yī běn dìtú
3b. 我们给他一本地图。

wǒ gēn nǐ yīqǐ qù
4a. 我跟你一起去。
qǐng nǐ gēnzhe wǒ
4b. 请你跟着我。
nǐmen lǎoshī jiào shénme míngzi
5a. 你们老师叫什么名字?
tā de xiǎoshuō jiào lǎoshī gǎi le
5b. 她的小说叫老师改了。
tā ràng wǒ jì liǎng fēng xìn
6a. 她让我寄两封信。
tā de liǎng fēng xìn ràng wǒ jìzǒu
6b. 她的两封信让我寄走
le
了。

12.8.2 Ordnen Sie

duì nǐ de gōngzuò hěn mǎnyì
1. 对你的工作,很满意,
wǒmen
我们

xuéxí tāmen zài dàxué
2. 学习,他们,在大学
túshūguǎn jīntiān
图书馆,今天

zǎoshang wǒ qǐ chuáng yīnwèi
3. 早上，我，起床，因为
gōngzuò liù diǎnzhōng
工作，六点钟

gěi tā wǒ dǎ diànhuà le
4. 给她，我，打电话了，
zuótiān
昨天

wǒ yī běn shū gēn Wáng lǎoshī
5. 我，一本书，跟王老师，
xiǎng jiè
想，借

zuò fēijī tā gēn wǒ qù
6. 坐飞机，他，跟我，去
Běijīng yīqǐ
北京，一起

12.9 Übungen zu 12.2

12.9.1 Was passt?

lǐ wài shàng xià zhījiān hòu de shíhou tóngshí
里，外，上，下，之间，后，的时候，同时

wǒ zài jiā xǐhuan shuì jiào
1. 我在家____喜欢睡觉。

wǒmen zài xué Zhōngwén de yě
2. 我们在学中文的____也
xué jīngjì
学经济。

tāmen xiǎng zài bàngōnglóu dǎ
3. 他们想在办公楼____打
tàijíquán
太极拳。

Lǐ lǎoshī zài zhè yī nián yīzhí
4. 李老师在这一年____一直
hěn máng
很忙。

wǒ zài guòwán shēngrì yǐ
5. 我在过完生日以____
mǎshàng gěi nǐ dǎ diànhuà
马上给你打电话。

cídiǎn fàng zài shūjià
6. 词典放在书架____。

Shànghǎi hé Hànbǎo de guānxi
7. 上海和汉堡____的关系
fēicháng hǎo
非常好。

shēn gāo zài yī mǐ yǐ de
8. 身高在一米以____的
xuéshēng bù yòng mǎi piào
学生不用买票。

12.9.2 Vervollständigen Sie die Sätze

dàng wǒ hē chá de shíhou
1. 当我喝茶的时候，________________。

dàng wǒmen chī wǔfàn shí
2. 当我们吃午饭时，________________。

dàng nǐmen rènshi tā yǐqián
3. 当你们认识他以前，________________。

dàng wǒ kànwán zhè běn shū yǐhòu
4. 当我看完这本书以后，________________。

dàng tā zài fēijī shàng de shíhou
5. 当她在飞机上的时候，________________。

dàng jīnglǐ pīpíng nǐ de shíhou

6. 当 经理 批评 你 的 时候，_______________。

12.9.3 从 oder 离?

tā míngtiān qǐ xué kāi chē

1. 他____ 明天 起 学 开 车。

xīngqītiān hái yǒu sān tiān

2. ____ 星期天 还 有 三 天。

Shànghǎi dào Nánjīng yǒu sānbǎi gōnglǐ

3. ____ 上海 到 南京 有 三百 公里。

wǒ túshūguǎn qù nǐ nàr

4. 我____ 图书馆 去 你 那儿。

jiàoshì shítáng zhǐ yǒu liǎngbǎi mǐ

5. 教室____ 食堂 只 有 两百 米。

zhèlǐ hǎibiān bù yuǎn

6. 这里____ 海边 不 远 。

12.10 Übungen zu 12.3

12.10.1 Was passt?

cháo wǎng xiàng

朝，往，向

xià kè yǐhòu tóngxuémen wài zǒu

1. 下 课 以后 同学们 ____外 走。

Huánghé cóng xī dōng liú dàhǎi

2. 黄河 从 西____ 东 流____ 大海。

kāi Hànbǎo de huǒchē hái méi yǒu dào

3. 开____ 汉堡 的 火车 还 没 有 到。

tā xǐhuan chuānghù zuò

4. 她 喜欢____ 窗户 坐。

wǒ tā xuéle zuò Zhōngguó fàn

5. 我____他 学了 做 中国 饭。

huǒchēzhàn zài xībian nǐ yīnggāi xiān dōng ránhòu xī zǒu

6. 火车站 在 西边，你 应该 先____ 东，然后____西 走。

zhè fēng xìn shì jì Déguó de

7. 这 封 信 是 寄____ 德国 的。

tā wǒ xiào le xiào shuō huānyíng huānyíng

8. 她____我 笑 了 笑，说 欢迎 欢迎 。

12.10.2 Ordnen Sie

dàjiā kàn xiàng yòu Chángjiāng jiù shì nàr qǐng

1. 大家，看， 向 右， 长江 ，就 是，那儿，请

diànyǐngyuàn wǒ qù xiǎng wǎng nán wǎng běi háishi zǒu zǒu

2. 电影院 ，我，去， 想 ， 往 南， 往 北，还是，走，走

wǎng qiáng shàng bǎ zhàopiàn guà xǐhuan tā

3. 往 墙 上 ，把 照片 ，挂，喜欢，她

cháo chūzūchē yīqǐ hǎn wǒmen
4. 朝 出租车，一起，喊，我们，
hěn shūfu kāi wǎng Běijīng huǒchē de
5. 很 舒服，开， 往 北京， 火车，的
yīnggāi xiàng nǐ xuéxí wǒ yóu yǒng qù měi tiān
6. 应该， 向 你，学习，我，游 泳，去，每 天

12.11 Übungen zu 12.4

12.11.1 Was ist richtig? 对 oder 给?

nǐ zài shéi shuō huà
1. 你 在____ 谁 说 话？
tā zài shéi dǎ diànhuà
2. 他 在____ 谁 打 电话？
Déguó péngyǒu tā hěn rèqíng
3. 德国 朋友 ____她 很 热情。
wǒmen tā sòngqù yī běn dìtú
4. 我们 ____她 送去 一 本 地图。
wǒ jì yī fēng xìn wǒ de tóngxué
5. 我 寄 一 封 信____我 的 同学。
tā wǒ jiǎngle yī ge gùshi
6. 他____我 讲了 一 个 故事。
zhè ge wèntí wǒmen yào hǎohǎo xiǎngxiǎng
7. ____这 个 问题 我们 要 好好 想想。
tā xuéxí hěn rènzhēn
8. 她____学习 很 认真。

12.11.2 Was ist richtig? 比 oder 跟?

tā tā māma yīyàng gāo
1. 她____她 妈妈 一样 高。
Běijīng Nánjīng dà
2. 北京 ____ 南京 大。
Hànbǎo de tiānqì Shànghǎi de tiānqì bù yīyàng
3. 汉堡 的 天气____ 上海 的 天气 不 一样。
tā de xuéxí wǒ de xuéxí chàbùduō
4. 他 的 学习____我 的 学习 差不多。
tā wǒ duō xuéle yī nián Hànyǔ
5. 他____我 多 学了 一 年 汉语。
tā zuò fàn nǐ zuò de hǎo
6. 她 做 饭____你 做 得 好。
zhè jiā gōngsī bù nà jiā gōngsī dà
7. 这 家 公司 不____那 家 公司 大。
zhè zhāng yǐzi nà zhāng yǐzi yīyàng shūfu
8. 这 张 椅子 ____那 张 椅子 一样 舒服。

12.12 Übungen zu 12.5

12.12.1 Formulieren Sie die Sätze unter Verwendung von 被, 叫, 让 und 给 ins Passiv um

wǒmen hēwán le píjiǔ
1. 我们 喝完 了 啤酒。

tā jièzǒu le wǒ de zìxíngchē
2. 他 借走 了 我 的 自行车 。

jīnglǐ pīpíngle tā
3. 经理 批评了 他。

jīntiān de bàozhǐ tā názǒu le
4. 今天 的 报纸 他 拿走 了。

tāmen jiā de qìchē mài le
5. 他们 家 的 汽车 卖 了。

wǒmen jiēzǒu le dàxué de kèrén
6. 我们 接走 了 大学 的 客人。

tā zěnme zhīdào zhè jiàn shìqing de
7. 他 怎么 知道 这 件 事情 的?

nà běn Dé-Hàn cídiǎn wǒ zhǎodào le
8. 那 本 德汉 词典 我 找到 了。

12.12.2 Formulieren Sie die Sätze unter Verwendung von 把 um

wǒ hē chá le
1. 我 喝 茶 了。

tā xiūhǎo le zìxíngchē
2. 她 修好 了 自行车 。

tā xiǎng shōushi fángjiān
3. 他 想 收拾 房间 。

wǒmen fùxíle yīxià shēngcí
4. 我们 复习了 一下 生词 。

wǒ wàngjì le zhè jiàn shì
5. 我 忘记 了 这 件 事。

tā dìdi chuānhǎo le yīfu
6. 她 弟弟 穿好 了 衣服。

tāmen néng kànwán zhè bù diànyǐng
7. 他们 能 看完 这 部 电影 。

wǒ jiějie xiǎng dài zhè běn Zhōngwén shū huí jiā
8. 我 姐姐 想 带 这 本 中文 书 回 家。

12.12.3 Übersetzen Sie mit 被 oder 把

1. Der Fernseher im Klassenzimmer wurde repariert.
2. Übersetzen Sie bitte diesen Satz ins Englische.
3. Der Freund aus China wurde von ihm nach Hause gebracht.
4. Stell dich bitte einmal kurz vor.
5. Können Sie das Buch der Bibliothek sofort zurückgeben?
6. Er möchte seinen Studienplan zu Ende schreiben.
7. Sein Bruder wurde immer wieder vom Lehrer kritisiert.
8. Das Lexikon wurde ins Bücherregal zurückgestellt.

12.13 Übungen zu 12.6–12.7

12.13.1 Was passt?

chú le yǐwài wèi wèi le yóuyú yīnwèi
除了…(以外), 为, 为了, 由于 / 因为

tā xuéxí dǎ gōng
1. 他________学习打工。

xīngqītiān tā měi tiān dōu gōngzuò
2. ________星期天他每天都工作。

Bólín yǐwài Mùníhēi hé Hànbǎo de rénkǒu yě chāoguò le yībǎiwàn
3. ________柏林以外慕尼黑和汉堡的人口也超过了一百万。

gōngzuò tā bù néng lái gēn nǐ yīqǐ guò shēngrì
4. ________工作她不能来跟你一起过生日。

nǐ wǒ shéi dōu bù rènshi
5. ________你我谁都不认识。

tā wǒ qùle yī tàng Fǎguó
6. 他________我去了一趟法国。

13 Konjunktionen 连词

Konjunktionen verbinden Wörter, Satzglieder und Sätze und drücken damit eine bestimmte Beziehung aus.

Konjunktionen	
hé gēn tóng yǔ yǐjí ér bìngqiě 和, 跟, 同 , 与, 以及, 而, 并且	Kopulativ I: für Wörter
jì yòu yě yòu yòu bùdàn érqiě 既… 又 (也)…, 又 … 又 …, 不但 … 而且…, bùjǐn érqiě cǐwài 不仅 … 而且…, 此外	Kopulativ II: für Prädikate / Sätze
kěshì dànshì què ér rán'ér 可是, 但是 , 却 , 而, 然而	Adversativ
huòzhě háishì bù shì ér shì bùshì jiù shì 或者 , 还是, 不 (是)…而 (是)…; 不是... 就 是	Alternativ
yīnwèi suǒyǐ yóuyú suǒyǐ 因为 …(所以…), 由于 , 所以	Kausal
rúguǒ jiù yě yàoshi jiù yě bùrán 如果…(就…) / (也…), 要是 …(就…) / (也…), 不然, bùguǎn zhǐyǒu cái 不管 , 只有 …才…	Konditional
suīrán dànshì jǐnguǎn dànshì yě 虽然 …(但是 …), 尽管 …(但是 …) / (也…)	Konzessiv

Konjunktionen verbinden einfache Sätze zu komplexen Sätzen. Im Chinesischen sind die Sätze nebenordnend. Es findet keine Umstellung des Prädikats ans Satzende statt, wie es im Deutschen der Fall ist.
Konjunktionen im Chinesischen können aus einem oder zwei Gliedern bestehen.

rúguǒ nǐ yǒu kōng wǒ xiǎng qǐng nǐ hē kāfēi
如果你有空，我想请你喝咖啡。

zhè tiáo qúnzi jì guì yòu bù hǎokàn
这 条 裙子 既 贵 又 不 好看 。

Neben den meisten Konjunktionen, die ausschließlich in dieser Wortart vorkommen, können einige Wörter sowohl als Konjunktion als auch als Präposition dienen, wie z.B. 和, 跟 und 同.
Von der Bedeutung und dem Gebrauch her unterscheiden sie sich allerdings voneinander.

māma hé wǒ tán huà
妈妈 和 我 谈 话。(Meine) *Mutter spricht mit mir.* (Präposition)
māma hé wǒ zài hē chá
妈妈 和 我 在 喝 茶。(Meine) *Mutter und ich trinken gerade Tee.* (Konjunktion)

Im ersten Satz ist 妈妈 das Subjekt, 和我 eine Adverbialbestimmung. Im zweiten Satz bilden 妈妈 und 我 zusammen das Subjekt, die beiden können ihre Stellung tauschen, ohne die Bedeutung zu verändern.

13.1 Kopulative Konjunktionen I

13.1.1 和, 跟, 同, 与, 而 und 并且 *und*

Konjunktionen dieser Gruppe können i.d.R. nur Wörter, aber keine Sätze miteinander verbinden. 和 wird besonders häufig verwendet.

wǒ hé tā dōu shì xuéshēng
我 和 他 都 是 学生 。(Pronomina als Subjekt)
zuótiān hé jīntiān tiānqì dōu hěn hǎo
昨天 和 今天 天气 都 很 好。(Zeitnomina als Subjekt)
Qián xiānshēng mǎile jǐ běn Déyǔ hé Yīngyǔ shū
钱 先生 买了 几 本 德语 和 英语 书。(Nomina als Objekt)
tā yǐqián hé xiànzài dōu hěn rènzhēn
他 以前 和 现在 都 很 认真 。(Zeitnomina als Adverbialbestimmung)
wǒ gēge xǐhuan yóu yǒng hé huá bīng
我 哥哥 喜欢 游 泳 和 滑 冰 。(Verben als Objekt)

Wichtig: 和 darf auf keinen Fall zwei Sätze verbinden, in der Regel auch keine Prädikate. Das bedeutet, dass 和 zwar im Deutschen mit „und“ übersetzt werden kann, aber der Gebrauch von 和 und „und“ nicht identisch ist. Zur Verbindung zweier Prädikate oder Sätze stehen im Chinesischen 又, 而 und 并且 zur Verfügung. 又 und 并且 verbinden Prädikate des gleichen Subjekts, 而 verbindet zwei Sätze.

Die folgenden Sätze sind grammatisch falsch,

dàjiā chàngle gē hé tiàole wǔ
*大家 唱了 歌和跳了 舞。(zwei Prädikate)
wǒ jīntiān shōushile fángjiān hé xǐle yīfu
*我 今天 收拾了 房间 和 洗了 衣服。(zwei Prädikate mit Objekt)
jiějie zài dǎ diànhuà hé mèimei zài kàn diànshì
*姐姐 在 打 电话 和 妹妹 在 看 电视。(zwei Sätze)

stattdessen können 又, 而 und 并且 verwendet werden.

dàjiā chàngle gē yòu tiàole wǔ
大家 唱了 歌 又 跳了 舞。(zwei Prädikate)
wǒ jīntiān shōushile fángjiān bìngqiě xǐle yīfu
我 今天 收拾了 房间 并且 洗了 衣服。(zwei Prädikate mit Objekt)
jiějie zài dǎ diànhuà ér mèimei zài kàn diànshì
姐姐 在 打 电话，而 妹妹 在 看 电视。(zwei Sätze)

Außerdem wird „und" im Deutschen oft ohne Konjunktion im Chinesischen wiedergegeben.

	wǒ liú zài zhèr nǐ qù ba
Ich bleibe hier, und du gehst fort.	我 留 在 这儿，你 去 吧。
	wǒ liú zài zhèr zuò wǒ de shì
Ich bleibe hier und erledige meine Arbeit.	我 留 在 这儿 做 我 的 事。

Es gibt einige Fälle, in denen 和 Prädikatsverben verbinden kann, z. B. dann, wenn zwei Prädikate ein gemeinsames Objekt haben.

hěn duō péngyǒu guānxīn hé bāngzhù tā
很 多 朋友 关心 和 帮助 他。

Zur Verbindung zweier Prädikatseigenschaftsverben kann 既…又… verwendet werden.

zhè zhāng shāfā jì piàoliang yòu shūfu
这 张 沙发 既 漂亮 又 舒服。

跟, 同 und 与 haben die gleiche Bedeutung wie 和 und können dieses ersetzen. 与 wird in der Schriftsprache verwendet.
Treten 和, 跟 und 同 im selben Satz auf, wird 和 meistens als Konjunktion, 跟 oder 同 als Präposition verwendet.

wǒ gēn tóng bàba hé māma gàobié
我 跟/同 爸爸和妈妈告别。
gēge gēn dìdi hé mèimei shuō hǎohao wán
哥哥跟弟弟和妹妹说："好好 玩！"。

13.2 Kopulative Konjunktionen II

Anders als Kopulativ-I-Konjunktionen können Konjunktionen dieser Gruppe Prädikate und Sätze verbinden.

13.2.1 既…又/也… *sowohl … als auch …*

既…又/也… verbindet Wörter oder Prädikate, die zwei gleichzeitig vorhandene Eigenschaften oder zwei gleichzeitig stattfindende Handlungen bezeichnen.

tā chī de jì màn yòu shǎo
她吃得既慢又少。
tā māma jì yào gōngzuò yòu yào zuò jiāwùshì
他妈妈既要工作又要做家务事。
Wáng xiānshēng jì bù huì kāi chē yě bù huì qí zìxíngchē
王先生既不会开车也不会骑自行车。(*weder … noch …*)

13.2.2 又…又… *sowohl … als auch …*

又…又… verbindet Verben oder Eigenschaftsverben in verschiedenen Funktionen, deren Bedeutung gleich oder gegensätzlich sein kann. Eine Verneinung durch 不 oder 没有 folgt auf 又.

zuótiān wǎnshang tāmen yòu chàng gē yòu tiào wǔ
昨天晚上他们又唱歌又跳舞。
érzi zhǎng de yòu gāo yòu kuài māma yòu gāoxìng yòu dānxīn
儿子长得又高又快，妈妈又高兴又担心。
míngtiān wǒ yòu xiǎng qù yòu bù xiǎng qù
明天我又想去又不想去。

13.2.3 不但…而且…, 不仅…而且… *nicht nur …, sondern auch …*

不但…而且… und 不仅…而且… können sowohl Subjekte und Prädikate als auch Adverbialbestimmungen verbinden.

bùdàn wǒ bù xiǎng qù érqiě tā yě bù xiǎng qù
不但我不想去，而且她也不想去。
jīntiān bùdàn lěng érqiě fēng hěn dà
今天不但冷，而且风很大。

tāmen jiā dàochù dōu shì shū bùjǐn shūjià shàng yǒu érqiě dìshàng yě
他们 家 到处 都 是 书，不仅 书架 上 有，而且 地上 也
yǒu
有。

[Übungen zu den voran gehenden Abschnitten **13.1–13.2** s. **13.8**]

13.3 Adversative Konjunktionen

13.3.1 可是, 但是, 却 und 然而 *aber, jedoch*

可是, 但是, 然而 und 却 drücken einen Gegensatz aus.

wǒ xiǎng qù Fǎguó kěshì rán'ér méi shíjiān
我 想 去 法国，可是/然而 没 时间。
tā yǒu hěn duō shū dànshì rán'ér hěn duō dōu méi kànguo
他 有 很 多 书，但是/然而 很 多 都 没 看过。
Wáng lǎoshī huì shuō Éyǔ què méi qùguo Éguó
王 老师 会 说 俄语 却 没 去过 俄国。

可是, 但是 und 然而 stehen im Satz mit Subjekt an der ersten, 却 an der zweiten Stelle.

dàjiā dōu zài děng tā dànshì tā méi lái
大家 都 在 等 他，但是 他 没 来。
dàjiā dōu zài děng tā tā què méi lái
大家 都 在 等 他，他 却 没 来。

13.3.2 而 *aber, jedoch*

而 ist sowohl kopulativ als auch adversativ zu gebrauchen.

zhè ge huángguā xì ér duǎn
这 个 黄瓜 细 而 短。(kopulativ) *Die Gurke ist kurz und dünn.*
nánfāng huā yǐjīng kāi le ér běifāng hái zài xià xuě
南方 花 已经 开 了，而 北方 还 在 下 雪。(adversativ) *Im Süden blüht es schon, aber im Norden schneit es noch.*

13.4 Alternative Konjunktionen

13.4.1 或者 und 还是 *oder*

或者 und 还是 geben beide die Möglichkeit einer Alternative an. 还是 wird in der Regel im Fragesatz, 或者 dagegen im Aussagesatz verwendet.

nǐmen jīntiān qù háishì míngtiān qù
你们 今天 去 还是 明天 去?

nǐ hē kāfēi háishì hē chá
你 喝 咖啡 还是 喝 茶?

tāmen zhù èrlóu huòzhě sānlóu dōu kěyǐ
他们 住 二楼 或者 三楼 都 可以。

wǒ xiǎng qù Běijīng huòzhě Shànghǎi de gōngsī gōngzuò
我 想 去 北京 或者 上海 的 公司 工作 。

Wáng xiānshēng xiǎng zuò huǒchē huòzhě kāi chē qù Xī'ān
王 先生 想 坐 火车 或者 开 车 去 西安。

13.4.2 不(是)…而(是)… *nicht … sondern …*

不(是)…而(是)… bezeichnet den Ausschluss der ersten und die Bejahung der zweiten Aussage. Diese zweigliedrige Konjunktion kann Wörter und Prädikate verbinden.

tā jiějie bùshì jīntiān érshì míngtiān jié hūn
他 姐姐 不是 今天 而是 明天 结 婚。

Wáng xiānshēng bùshì zuò huǒchē érshì zuò fēijī qù Nánjīng
王 先生 不是 坐 火车 而是 坐 飞机 去 南京 。

13.4.3 不是…就是… *wenn nicht … dann, entweder … oder*

不是…就是…drückt aus, dass unter zwei Möglichkeiten bestimmt eine zutrifft, wenn nicht A, dann bestimmt B.

tā bùshì jīntiān lái jiùshì míngtiān lái
他 不是 今天 来 就是 明天 来。

Lǐ xiǎojiě bùshì qù Měiguó jiùshì qù Yīngguó
李 小姐 不是 去 美国 就是 去 英国 。

[Übungen zu den voran gehenden Abschnitten **13.3–13.4** s. **13.9**]

13.5 Kausale Konjunktionen

因为…(所以…) und 由于 *weil, da, denn* werden zur Hervorhebung der Ursache, 所以 *deshalb, daher, denn* zur Betonung der Schlussfolgerung verwendet. Sie können alleine oder zusammen gebraucht werden. 因为 kann auch im Nachsatz, 由于 nur im Vordersatz stehen.

yīnwèi xuě tài dà huǒchē bù kāi le
因为 雪 太 大, 火车 不 开了。

tā tài lèi le suǒyǐ zài jiā shuìle sān tiān
他 太 累 了, 所以 在 家 睡了 三 天。
yīnwèi yào kǎo shì suǒyǐ wǒ yào nǔlì xuéxí
因为 要 考 试, 所以 我 要 努力 学习。
yóuyú shíjiān tài jǐn tā zhōumò yě bù xiūxī
由于 时间 太紧, 他 周末 也不休息。

13.6 Konditionale Konjunktionen

如果…(的话)(就)/(也), 要是…(的话)(就)/(也) *wenn, falls*

如果 und 要是 drücken eine Bedingung aus und können alleine oder zusammen mit …的话 verwendet werden. 要是 gilt als umgangssprachlich.

rúguǒ yǒu wèntí nǐ kěyǐ zhǎo wǒ
如果 有 问题, 你 可以 找 我。
nǐ rúguǒ xiǎng kàn diànyǐng de huà jiù gēn wǒ yīqǐ qù
你 如果 想 看 电影 的 话, 就 跟 我 一起 去。
yàoshi nǐ è le wǒ mǎshàng zuò fàn
要是 你 饿 了, 我 马上 做 饭。
yàoshi Mǎ xiānshēng duì zhè běn shū gǎn xìngqù de huà wǒ kěyǐ sònggěi
要是 马 先生 对 这 本 书 感 兴趣 的 话, 我 可以 送给
tā yī běn
他 一 本。
yàoshi rén tài shǎo wǒ yě lái bāng máng
要是 人 太 少, 我 也 来 帮 忙。

13.7 Konzessive Konjunktionen

虽然…(但是) und 尽管…(但是) / (也) *obwohl, obgleich, wenn auch* geben an, dass die Situation im Vordersatz andere als die zu erwartenden Folgen im Nachsatz hat.

tā suīrán zhǐ shíxíle sān ge yuè dànshì xuédào le hěn duō dōngxi
他 虽然 只 实习了 三 个 月, 但是 学到 了 很 多 东西。
suīrán fángjiān hěn rè dànshì Xiǎo Qián hái zài liànxí shūfǎ
虽然 房间 很 热, 但是 小 钱 还 在 练习 书法。
jǐnguǎn rén fēicháng duō jiàoshì lǐ háishì hěn ānjìng
尽管 人 非常 多, 教室 里 还是 很 安静。

Wáng jīnglǐ jǐnguǎn zìjǐ bù xǐhuan chàng gē dànshì xǐhuan tīng biérén
王 经理 尽管 自己 不 喜欢 唱 歌，但是 喜欢 听 别人
chàng gē
唱 歌。

[Übungen zu den voran gehenden Abschnitten **13.5–13.7** s. **13.10**]

13.8 Übungen zu 13.1-13.2

13.8.1 Antworten Sie

Lǐ lǎoshī hé shéi yīqǐ qù túshūguǎn tā de érzi
1. 李 老师 和 谁 一起 去 图书馆？(她的 儿子)
nǐ qùle Běijīng hé nǎr Dōngjīng
2. 你 去了 北京 和 哪儿？(东京)
Xiǎo Zhāng xīngqīyī hé xīngqījǐ méi kè xīngqīwǔ
3. 小 张 星期一 和 星期几 没 课？(星期五)
gēge mǎile xiǎoshuō hé shénme qiǎokèlì
4. 哥哥 买了 小说 和 什么？(巧克力)
Qián jīnglǐ xǐhuan yóu yǒng hé shénme sàn bù
5. 钱 经理 喜欢 游 泳 和 什么？(散 步)
tā de Hànyǔ zài fāyīn hé shénme fāngmiàn jìnbù hěn kuài biǎodá
6. 他的 汉语 在 发音 和 什么 方面 进步 很 快？(表达)

13.8.2 Verteilen Sie die Konjunktionen auf die passenden Lücken

hé ér jì yòu bìngqiě
和，而，既… 又，并且

Shànghǎi Běijīng shì Zhōngguó zuì dà de chéngshì
1. 上海 ______ 北京 是 中国 最 大 的 城市 。
bàba xiū zìxíngchē kuài hǎo
2. 爸爸 修 自行车 ______ 快 ______ 好。
tā duì zìjǐ de xuéxí gōngzuò dōu hěn mǎnyì
3. 他 对 自己 的 学习 ______ 工作 都 很 满意。
māma qùle shāngdiàn mǎile yī pén huā
4. 妈妈 去了 商店 ______ 买了 一 盆 花。
wǒmen yīnggāi bāngzhù tā bùshì bù guǎn tā
5. 我们 应该 帮助 他，______ 不是 不 管 他。
dàjiā tǎolùn tōngguòle zhè ge jìhuà
6. 大家 讨论 ______ 通过了 这 个 计划。

13.8.3 Verbinden Sie die Sätze mit den vorgegebenen Konjunktionen und übersetzen Sie

tāmen hē kāfēi tāmen hē chá yòu yòu bùjǐn érqiě jì yòu
1. 他们喝咖啡。他们喝茶。(又…又, 不仅…而且, 既…又)

Wáng xiǎojiě huì shuō Yīngwén Wáng xiǎojiě huì shuō Rìwén yòu yòu bùjǐn érqiě jì yòu
2. 王小姐会说英文。王小姐会说日文。(又…又, 不仅…而且, 既…又)

Běijīng kǎoyā zài Zhōngguó hěn yǒumíng Běijīng kǎoyā zài shìjiè shàng hěn yǒumíng bùjǐn érqiě
3. 北京烤鸭在中国很有名。北京烤鸭在世界上很有名。(不仅…而且)

mèimei xiǎng xué Déyǔ tā pà méi shíjiān yòu yòu jì yòu
4. 妹妹想学德语。她怕没时间。(又…又, 既…又)

kèrénmen zài zhèlǐ chī de hǎo chī de bù guì yòu yòu bùjǐn érqiě jì yòu
5. 客人们在这里吃得好, 吃得不贵。(又…又, 不仅…而且, 既…又)

qiántiān tāmen wánle Chángchéng Běihǎi tāmen kànle yī wèi lǎo péngyǒu bùjǐn érqiě jì yòu cǐwài
6. 前天他们玩了长城、北海。他们看了一位老朋友。(不仅…而且, 既…又, 此外)

13.9 Übungen zu 13.3–13.4

13.9.1 Verteilen Sie die Konjunktionen auf die passenden Lücken

dànshì ér què bùshì érshì bùdàn érqiě bùshì jiùshì
但是, 而, 却, 不是…而是…, 不但…而且…, 不是…就是

tā xiǎng xué Hànyǔ bù xiǎng xiě Hànzì
1. 他想学汉语, ______不想写汉字。

Xiǎo Wáng qǐng tā bāng máng tā shuō méi shíjiān
2. 小王请他帮忙, 他______说没时间。

tā de wénzhāng jiǎnduǎn shēngdòng
3. 她的文章简短______生动。

yǐjīng yīyuè le tiānqì hěn nuǎn
4. 已经一月了, 天气______很暖。

wǒ qù yóu yǒng qù kàn diànyǐng
5. 我______去游泳______去看电影。

jiějie zhǐ xiǎng tǎng yīhuìr bù shì xiǎng shuì jiào
6. 姐姐只想躺一会儿, ______不是想睡觉。

Zhāng xiānshēng bù xiǎng guò shēngrì bù zhīdào yào qǐng duōshao rén

7. 张 先生 ______不 想 过 生日，______不 知道 要 请 多少 人。

bàba jīntiān bǎ fàn zuòhǎo le shōushile fángjiān

8. 爸爸 今天______把 饭 做好 了，______ 收拾了 房间 。

13.9.2 或者 oder 还是?

nǐ xīngqīsān xīngqīsì yǒu kōng

1. 你 星期三______星期四 有 空？

wǒmen xià ge yuè xiàxià ge yuè qù yóu yǒng

2. 我们 下 个 月______下下 个 月 去 游 泳 。

tāmen xiǎng zuò fēijī xiǎng zuò chuán

3. 他们 想 坐 飞机______ 想 坐 船 ？

nǐ dìdi xiǎng xué tàijíquán hóuquán

4. 你 弟弟 想 学 太极拳______ 猴拳 (Boxen im Stil des Affen)?

yǔ bù dà dài yǔyī yǔsǎn dōu kěyǐ

5. 雨 不 大，带 雨衣______雨伞 都 可以。

13.10 Übungen zu 13.5–13.7

13.10.1 Übersetzen Sie

1. Weil er zu müde ist, möchte er sofort ins Bett gehen. (因为, 所以)
2. Weil es zu kalt ist, ist niemand auf dem Sportplatz. (由于)
3. Egal was für eine Arbeit es ist, er macht alles sehr gewissenhaft. (不管, 都)
4. Wir müssen jetzt zur Bushaltestelle gehen, sonst können wir den Bus nicht mehr erreichen. (不然, 就)
5. Nur wenn er eine Geschichte gehört hat, geht er ins Bett. (只有, 才)
6. Da er noch viel zu tun hat, hat er nicht mehr auf dich gewartet. (因为, 所以)

13.10.2 Füllen Sie die Lücken mit den passenden Konjunktionen

bùguǎn dōu bùrán yàoshì jiù yīnwèi suǒyǐ zhǐyǒu cái yòu yòu

不管 … 都 …, 不然, 要是 … 就…, 因为 … 所以…, 只有 … 才…, 又 … 又 …

dìdi bìng le jīntiān méi qù shàng kè

1. 弟弟______ 病 了，______今天 没 去 上 课。

duō dǎ jǐ tiān gōng wǒ yǒu qián qù dù jià

2. ______ 多 打 几 天 工，我______有 钱 去 度 假。

méi qùguo Chángchéng bù zhīdào Chángchéng duōme hǎokàn

3. ______ 没 去过 长城 ，______不 知道 长城 多么 好看 。

nǐ shénme shíhou lái wǒ zài jiā děng nǐ

4. _______你 什么 时候 来，我_______在 家 等 你。

mèimei yīdìng yǒu jíshì bù huì xiànzài dǎ diànhuà

5. 妹妹 一定 有 急事，_______不 会 现在 打 电话。

Xiè xiǎojiě xiǎng qù dù jià xiǎng xué kāi chē

6. 谢 小姐_______ 想 去 度假，_______ 想 学 开 车。

14 Aspektpartikeln 动态助词

Partikeln sind Wörter, die keine lexikalische, sondern grammatische Bedeutung haben und unbetont ausgesprochen werden. Sie dienen zum Ausdruck grammatischer Beziehungen und kommunikativer Absichten und gehören zu den wichtigsten Merkmalen des Chinesischen. Gemeinhin werden drei Arten von Partikeln unterschieden: Aspekt-, Struktur- und Modalpartikeln.
Aspektartikeln drücken Aspekte der Handlung aus, z.B. ob sie vollendet ist (了), andauert (着) oder in der Vergangenheit schon einmal stattgefunden hat (过). Sie stehen immer direkt nach dem Prädikatsverb bzw. -eigenschaftsverb, außer beim Komplement des Resultats, wo 了 und 过 nach dem Komplement stehen (着 tritt nicht zusammen mit dem Komplement des Resultats auf).

14.1 了

Zu 了 in seiner Funktion als Aspektpartikel **s. Kapitel 17**

14.2 过

过 markiert ein Erlebnis oder eine Erfahrung als in der Vergangenheit „schon mal stattgefunden" und wird direkt an das Prädikat angehängt,

zhèxiē diànyǐng wǒ dōu kànguo
这些 电影 我 都 看过。

wǒ kànguo yī běn zázhì
我 看过 一 本 杂志。

tā céngjīng qùguo Shànghǎi wǒ méi qùguo
他 曾经 去过 上海 ，我 没 去过。

es sei denn, das Prädikat wird durch ein Komplement des Resultats modifiziert.

zhèxiē diànyǐng nǐ kàndǒngguo ma
这些 电影 你 看懂过 吗?

zhè běn zázhì nǐ kànwánguo ma
这 本 杂志 你 看完过 吗?

过 als Partikel unterscheidet sich von 过 als Komplement des Resultats dadurch, dass es nicht möglich ist, die Partikel 了 an die Partikel 过 anzuhängen. Wo 了 dem 过 folgt, muss es sich also um das Komplement handeln, das durch 完 ersetzbar ist.

Éyǔ tā xuéguo
俄语 他 学过。*Russisch hat er mal gelernt.* (inzwischen hat er vieles oder alles vergessen)

Fǎyǔ wǒ xuéguo le
法语 我 学过 了。*Französisch habe ich* (erfolgreich) *gelernt.* (ich beherrsche diese Sprache)

Die Partikel 过 wird oft zusammen mit dem Adverb 曾经 *früher einmal* gebraucht, so wie 了 häufig mit 已经 *schon* und 着 häufig mit 正 / 在 / 正在 *gerade dabei* zusammen verwendet wird.

wǒmen céngjīng yīqǐ chīguo fàn
我们 曾经 一起 吃过 饭。

tāmen céngjīng xuéguo tàijíquán
他们 曾经 学过 太极拳。

Zur Verneinung von 过 gebraucht man 没, wobei 过 weiter erhalten bleibt.

wǒmen qùguo Yīngguó → wǒmen méi qùguo Yīngguó
我们 去过 英国 。 → 我们 没 去过 英国 。
tāmen céngjīng xuéguo shūfǎ → tāmen méi xuéguo shūfǎ
他们 曾经 学过 书法。 → 他们 没 学过 书法。

14.3 着

着 markiert eine Handlung oder einen Zustand als gerade im Verlauf befindlich oder andauernd und steht direkt nach dem Prädikatsverb. Es wird häufig mit einer Ortsangabe oder mit den Adverbien 正 / 在 / 正在 *gerade dabei* zusammen verwendet.

14.3.1 着 zum Ausdruck einer andauernden Handlung

Wenn 着 an ein Prädikatsverb oder -eigenschaftsverb angehängt wird, das eine Handlung oder einen Vorgang beschreibt, drückt es aus, dass diese Handlung gerade stattfindet und für eine bestimmte Zeitspanne andauern wird, vergleichbar mit der englischen -ing-Form. Das Objekt steht hinter 着.

Wáng lǎoshī zài jiàoshì lǐ shuōzhe huà
王 老师 在 教室 里 **说着** 话。*Herr Wang redet im Unterrichtsraum.* (… is talking …)

tāmen liǎ zhèngzài xiūzhe diànshìjī
他们 俩 正在 修着 电视机。*Die beiden reparieren gerade den Fernseher.* (… are repairing …)

14.3.2 着 zum Ausdruck eines Zustands

Steht 着 nach dem Prädikatsverb oder -eigenschaftsverb, kann es, abhängig von dessen Bedeutung, auch ausdrücken, dass ein bestimmter Zustand nach einer Handlung oder einem Vorgang fortbesteht.

tā dìdi hái bìngzhe
他弟弟还病着。*Sein Bruder ist noch krank.*
túshūguǎn de mén kāizhe
图书馆的门开着。*Die Türen der Bibliothek sind* (jetzt / noch) *offen.*

14.3.3 着 zum Ausdruck der Gleichzeitigkeit

In einem Satz mit zwei Verben kann durch 着 nach dem ersten Verb die Gleichzeitigkeit der beiden Handlungen und damit die Art und Weise des zweiten Verbs beschrieben werden. Dieser Ausdruck der Gleichzeitigkeit entspricht im Deutschen dem Gerundium (lachend, singend).

tóngxuémen xiàozhe shuō huà tāmen yībiān xiào yībiān shuō huà
同学们笑着说话。= 他们一边笑，一边说话。
Die Kommilitonen unterhalten sich lachend.
tā chàngzhe gē xǐ zǎo tā yībiān chàng gē yībiān xǐ zǎo
他唱着歌洗澡。= 他一边唱歌一边洗澡。*Singend wäscht er sich.*

14.3.4 着 bei Zustandsverben

Folgt 着 auf einsilbige Zustandsverben wie 站, 坐, 躺, 跑, 跳 sowie 睡, müssen folgende Punkte beachtet werden:

a) Die Ortsangabe mit 在 kann nur vor dem Prädikat stehen (**vgl. Kap. 8.2.5**).

tā zài shāfā shàng zuòzhe wǒ zài chuānghù pángbiān zhànzhe
他在沙发上坐着，我在窗户旁边站着。
tā zuòzhe zài shāfā shàng wǒ zhànzhe zài chuānghù pángbiān
*他坐着在沙发上，*我站着在窗户旁边

Ohne 着 kann die Ortsangabe mit 在 hinter dem Prädikat stehen.

Wáng jīnglǐ zuò zài bàngōngshì lǐ
王经理坐在办公室里。

b) Wenn die Ortsangabe vor dem Prädikat steht, kann das Subjekt, sofern es unbekannt und unbestimmt ist, hinter 着 stehen.

chuáng shàng tǎngzhe yī ge rén túshūguǎn lǐ hái zuòzhe jǐ ge xuéshēng
床上躺着一个人。图书馆里还坐着几个学生。
zhuō shàng fàngzhe yī běn Déwén cídiǎn
桌上放着一本德文辞典。

c) Wenn das Subjekt bekannt und bestimmt ist, steht es vor dem Prädikat.

zhè ge rén zài chuáng shàng tǎngzhe
这 个 人 在 床 上 躺着 。
zhè jǐ ge xuéshēng hái zài túshūguǎn lǐ zuòzhe
这 几 个 学生 还 在 图书馆 里 坐着 。

14.4 Übungen zu 14.2-14.3

14.4.1 Beantworten Sie die Fragen mit 着

tóngxuémen zài gàn shénme kàn dìtú
1. 同学们 在 干 什么 ? (看 地图)

nǐ qù de shíhou Wáng xiānshēng zài bàngōngshì lǐ gàn shénme dǎ diànhuà
2. 你 去 的 时候 王 先生 在 办公室 里 干 什么 ? (打 电话)

jiàoshì de mén zěnmeyàng guān
3. 教室 的 门 怎么样 ? (关)

huāyuán lǐ de huā zěnmeyàng kāi
4. 花园 里 的 花 怎么样 ? (开)

dàjiā zài nàr zuò shénme ne děng nǐ
5. 大家 在 那儿 做 什么 呢? (等 你)

tāmen zěnme kàn bào tǎng
6. 他们 怎么 看 报? (躺)

Zhāng xiānshēng zěnme kàn shū tīng yīnyuè
7. 张 先生 怎么 看 书? (听 音乐)

nǐmen zěnme qí chē xiào
8. 你们 怎么 骑 车? (笑)

14.4.2 Welche Sätze sind richtig?

lǎorénmen zài huāyuán lǐ zuòzhe
1a. 老人们 在 花园 里 坐着 。

lǎorénmen zuòzhe zài huāyuán lǐ
1b. 老人们 坐着 在 花园 里。

tā gēge zài shāfā shàng tǎng
2a. 她 哥哥 在 沙发 上 躺 。

tā gēge zài shāfā shàng tǎngzhe
2b. 她 哥哥 在 沙发 上 躺着 。

yī píng píjiǔ fàngzhe zài zhuō shàng
3a. 一 瓶 啤酒 放着 在 桌 上 。

yī píng píjiǔ fàng zài zhuō shàng
3b. 一 瓶 啤酒 放 在 桌 上 。

huǒchē lǐ zuòzhe hěn duō rén
4a. 火车 里 坐着 很 多 人。

hěn duō rén zuòzhe huǒchē lǐ
4b. 很 多 人 坐着 火车 里。

14.4.3 Übersetzen Sie die Sätze mit 着

1. Sie denkt noch an diese Angelegenheit.
2. Er schaut zu Hause das Fußballspiel an.
3. Wir laufen langsam auf dem Sportplatz.
4. Sein jüngerer Bruder ist noch dabei, Französisch zu lernen.
5. Als der Lehrer eine Geschichte erzählte, hörten alle Kommilitonen zu.
6. Sie hat mir immer geholfen.
7. Ein Patient liegt im Bett.
8. Er hält eine Zeitung in der Hand.

14.4.4 Übersetzen Sie mit 过

1. Er hat früher mal Japanisch gelernt.
2. Mein Vater war mal in München.
3. Sie war früher einmal Lehrerin. (当)
4. Mein Freund hat früher mal Tennis gespielt.
5. Wir haben mal zusammen ein Buch geschrieben.
6. Sie haben noch keine Fabrik besichtigt.
7. In den letzten drei Monaten hat sie noch keine Pause gemacht.
8. Mit diesem Spielzeug hat mein jüngerer Bruder noch nicht gespielt.

15 Strukturpartikeln 结构助词

Strukturpartikeln markieren syntaktische Strukturen im Satz oder Satzteil wie z.B. Attribute (的), Adverbiale (地) oder Komplemente (得). Sie stehen zwischen dem modifizierenden Teil und dem Bezugswort.

15.1 的

Zwischen Attribut und Nomen stehend dient die Partikel 的 der Bildung bzw. Markierung einer attributiven Struktur, die ein Nomen als Bezugswort modifiziert.

Nu-ZEW + Attribut + 的 + Bezugswort/Nomen		
yī běn 一 本	hěn hòu 很 厚	de cídiǎn 的 词典。

a) Nomina + 的

Nomina, die eine Zugehörigkeit ausdrücken, müssen mit 的 als Attribut markiert werden.

lǎoshī de bàngōngshì
老师 的 办公室

dàxué de jiàoxuélóu
大学 的 教学楼

b) Lage- und Richtungswörter + 的

Fungieren zweisilbige Lage- und Richtungswörter als Attribut, muss 的 verwendet werden.

shàngmian de shū
上面 的 书

hòumian de rén
后面 的 人

zuǒbian de jiàoshì
左边 的 教室

yòubian de shítáng
右边 的 食堂

c) Personalpronomina + 的

Personalpronomina können zusammen mit der Partikel 的 Besitzverhältnisse und Zugehörigkeiten ausdrücken. Sie entsprechen den Possessivpronomina im Deutschen (**s.a. Kap. 7.2 Personalpronomina**).

wǒ de fángjiān 我的 房间 tā de xìn 他的信 tāmen de jìhuà 他们 的计划

的 kann entfallen, wenn die Beziehung zum Bezugswort als besonders eng gilt oder die Zugehörigkeit zu einer Gruppe ausdrückt.

wǒ jiā wǒ de jiā
我家 = 我的家

nǐ gēge nǐ de gēge
你哥哥 = 你的哥哥

wǒmen gōngsī wǒmen de gōngsī
我们 公司 = 我们 的 公司

tāmen dàxué tāmen de dàxué
他们 大学 = 他们 的 大学

Manche Ausdrücke können je nach Kontext zwei Bedeutungen haben.

wǒmen lǎoshī
我们 老师 **a)** *wir Lehrer* **b)** *unser/e Lehrer* = 我们 的 老师 (wǒmen de lǎoshī)

nǐmen jīnglǐ
你们 经理 **a)** *ihr Manager* **b)** *euer/e Manager* = 你们 的 经理 (nǐmen de jīnglǐ)

d) Zahl- und Zählwort + 的

Der Gebrauch von 的 ist bei Nu-ZEW- und Dp-ZEW-Gruppen normalerweise nicht möglich.

wǒ hēle yī píng píjiǔ
我喝了一 瓶 啤酒

wǒ hēle yī píng de píjiǔ
* 我喝了一 瓶 的啤酒

zhè běn cídiǎn hěn xīn
这 本 词典 很 新

zhè běn de cídiǎn dōu hěn xīn
* 这 本 的 词典 都 很 新

Die Markierung von Nu-ZEW-Gruppen durch 的 ist dann möglich, wenn Nomina als ZEW fungieren. Die Bedeutung ist dann „voll von" oder „voll mit".

yī zhuōzi de píjiǔ
一 桌子 的 啤酒。*Ein Tisch voller Bier*

yī fángjiān de rén
一 房间 的 人。*Ein Zimmer voller Menschen*

Ebenso ist sie möglich bei Attributen, die aus Zahlen und Maßeinheiten bestehen.

yī wèi sānshí duō suì de lǎoshī
一位 三十 多 岁的 老师

sānshí píngfāngmǐ de fángjiān
三十 平方米 的 房间

e) Bruch- und Prozentzahlen + 的

Wird ein Nomen durch Bruch- und Prozentzahlen modifiziert, ist der Gebrauch von 的 obligatorisch.

sān fēn zhī yī de tóngxué　　　bǎifēn zhī jiǔshí de shū
三分之一的 同学　　　百分之九十的书

f) Ev + 的

Ob Eigenschaftsverben mit 的 als Attribut markiert werden, ist abhängig von der Zahl der Silben/Schriftzeichen.

– Bei einigen einsilbigen Eigenschaftsverben ist eine Markierung durch 的 nicht möglich, weil sie mit dem Bezugswort einen festen Begriff bilden.

lǎorén　　　lǎo de rén
老人 *Alte/r* * 老的人

hǎopéngyǒu　　　hǎo de péngyǒu
好朋友 *guter Freund* * 好的 朋友

– Bei anderen einsilbigen Ev ist der Gebrauch von 的 dann möglich, wenn das Attribut hervorgehoben werden soll oder ein Vergleich angestellt wird.

wǒ yǒu yī ge xīn de xiǎngfǎ
我有一个新的想法。(Hervorhebung)

tā yào nà běn hòu de cídiǎn　bù yào báo de
他要那本厚的词典，不要薄的。(Vergleich)

In manchen Fällen kann ein Ausdruck mit 的 eine andere Bedeutung haben als ohne 的.

xīnshū　　　xīn de shū
新书 *Neuerscheinung*　　新的书 *neues Buch*

– Bei zwei- oder mehrsilbigen Eigenschaftsverben wie auch bei einsilbigen Eigenschaftsverben, die durch ein Attribut erweitert sind (wie 好 → 很好, 大 → 非常大), ist die Verwendung von 的 obligatorisch, es sei denn, das Attribut ist mit dem Bezugswort so eng verbunden ist, dass beide zusammen als ein Begriff zu verstehen sind.

hěn dà de fángjiān　　piàoliang de yīfu　　rènrènzhēnzhēn de gōngzuò
很大的房间　　漂亮 的衣服　　认认真真 的 工作

rìcháng shēnghuó　　　zhòngyào tōngzhī
日常 生活 *Alltagsleben*　　重要 通知 *wichtige Mitteilung*

g) 多 oder 少 + 的

多 und 少 können nicht alleine als Attribut fungieren. Sie können aber wie viele Eigenschaftsverben durch 很 und 不 modifiziert werden. 很多 und 不少 können dann mit oder ohne 的 als Attribut fungieren, während 很少 und 不多 nicht attributsfähig sind (**vgl. Kap. 10.4**).

tāmen yǒu hěn duō de Déwén shū hé bù shǎo de Zhōngwén shū
他们 有 很 多 (的) 德文 书 和 不 少 (的) 中文 书。

tāmen yǒu duō Déwén shū hé shǎo Zhōngwén shū
* 他们 有 多 德文 书 和 少 中文 书

hěn duō de rén xué Hànyǔ
很 多 (的) 人 学 汉语。

bù duō rén xué Hànyǔ
* 不 多 人 学 汉语

bù shǎo de rén xué Hànyǔ
不 少 (的) 人 学 汉语。

hěn shǎo rén xué Hànyǔ
* 很 少 人 学 汉语

h) Verben + 的

Wenn Verben oder Verbalgruppen als Attribut fungieren, ist der Gebrauch von 的 unabhängig von der Silbenzahl obligatorisch.

qù de rén
去 的 人 *derjenige, der hingeht*

dǎ diànhuà de xiānshēng
打 电话 的 先生 *der telefonierende Herr*

zhèngzài zuò fàn de jiějie
正在 做 饭 的 姐姐 *die Schwester, die gerade Essen macht*

zuótiān gāng jiějué de wèntí
昨天 刚 解决 的 问题 *die Frage, die gestern gerade gelöst wurde*

i) mehrfache koordinative Attribute

Wenn vor einem Nomen mehrere Attribute in koordinativem Verhältnis stehen, wird 的 an das letzte Attribut angehängt.

rènzhēn hé zǐxì de gōngzuò
认真 和 仔细 的 工作

Déguó Fǎguó hé Yīngguó de gōngsī
德国、法国 和 英国 的 公司

Zur Betonung kann auch jedes einzelne Attribut mit 的 markiert werden.

rènzhēn de hé zǐxì de gōngzuò
认真 的 和 仔细 的 工作

Déguó de Fǎguó de hé Yīngguó de gōngsī
德国 的、法国 的 和 英国 的 公司

[Übungen zu dem voran gehenden Abschnitt **15.1** s. **15.4**]

15.2 地

地 markiert eine adverbiale Struktur, die vor dem Prädikat steht und dieses hinsichtlich der Art und Weise (erfragbar mit 怎么, 怎样 oder 怎么样) modifiziert. Andere Adverbialbestimmungen der Zeit oder des Ortes werden nicht mit 地 markiert.

(Subjekt)	Adverbialbestimmung	地	Prädikat
xuéshēngmen （学生们）	rènzhēn 认真	de 地	xuéxí 学习。

wǒmen gāogāoxìngxìng de huí jiā le
我们 高高兴兴 地 回 家 了。(Art und Weise)
tāmen zuótiān huí jiā le
他们 昨天 回 家 了。(Zeit)
Wáng xiānshēng zài Bólín jiāo shū
王 先生 在 柏林 教 书。(Ort)

15.2.1 Regeln für die Verwendung von 地

a) fakultative Verwendung von 地

Der Gebrauch von 地 ist in den meisten Fällen fakultativ.

tāmen rènzhēn de gōngzuò
他们 认真 (地) 工作 。

fángjiān yào yī jiān yī jiān de shōushi
房间 要 一 间 一 间 (地) 收拾 。

b) obligatorische Verwendung von 地

– Wird ein zweisilbiges Eigenschaftsverb durch ein Adverb modifiziert, ist der Gebrauch von 地 obligatorisch.

dàjiā hěn rènzhēn de tǎolùn wèntí
大家 很 认真 地 讨论 问题。
Xiǎo Mǎ fēicháng qīngsōng de wánchéngle rènwu
小 马 非常 轻松 地 完成了 任务。

– Wenn das Prädikat einsilbig und die Adverbialbestimmung zweisilbig ist, ist der Gebrauch von 地 obligatorisch.

jiějie zháojí de wèn dìdi zěnmeyàng
姐姐 着急 地 问 弟弟 怎么样 。
Wáng xiǎojiě chī jīng de kànzhe jīnglǐ
王 小姐 吃惊 地 看着 经理。

– Dienen mehrsilbige Verbal- oder Präpositionalgruppen als Adverbialbestimmung, müssen sie mit 地 markiert werden.

tāmen yòu shuō yòu xiào de liáo tiān
他们 又 说 又 笑 地 聊 天。
tā gēge xiàng yī zhèn fēng sì de lái le yòu zǒu le
他哥哥 像 一 阵 风 似地 来 了 又 走 了。

– Bei zweisilbigen Eigenschaftsverben wie 高兴, 客气, 友好, 大方, 激动, 不安, 悲伤, welche die Gemütszustände bezeichnen, wird 地 gebraucht.

dìdi gāoxìng de shuō míngtiān bù shàng kè
弟弟 高兴 地 说："明天 不 上 课"。
Wáng lǎoshī kèqi de qǐng wǒ hē chá
王 老师 客气地 请 我 喝 茶。

c) keine Verwendung von 地

Werden einsilbige Eigenschaftsverben adverbial gebraucht, entfällt 地.

kuài zǒu ba
快 走 吧!

Xiǎo Wáng kǔ xiàole yī shēng
小 王 苦 笑了 一 声 。

[Übungen zu dem voran gehenden Abschnitt **15.2** s. **15.5**]

15.3 得

得 (de, unbetont ausgesprochen) steht zwischen Verb und Komplement und markiert das Komplement des Grades und das Komplement der Möglichkeit, die dem Ausdruck des Grades, der Intensität oder der Möglichkeit dienen. Diese Struktur steht immer hinter dem durch sie modifizierten Verb. **Vgl. Kapitel 18 „Komplemente“**.

15.4 Übungen zu 15.1

15.4.1 Wo ist 的 notwendig?

jīntiān bàozhǐ
1. 今天 报纸

zhè liàng zìxíngchē
2. 这 辆 自行车

yī jiā gōngsī
3. 一家 公司

sì fēn zhī yī shū
4. 四分之一书
hěn lǎo diànhuà
5. 很老 电话
shūfu shēnghuó
6. 舒服 生活
lǎo péngyǒu
7. 老 朋友

wǒ jiějie
8. 我姐姐
hěn duō yóupiào
9. 很 多 邮票
bù shǎo shíjiān
10. 不 少 时间
yī fángjiān rén
11. 一 房间 人

yī xiāng yī xiāng
12. 一 箱 一 箱
yīfu
衣服

15.4.2 Formulieren Sie die beiden Sätze zu einem Satz mit Nominalgruppe um

tā shì lǎoshī tā jiāo yīnyuè → tā shì jiāo yīnyuè de lǎoshī
Beispiel: 她是老师。她教音乐。 → 她是教音乐的老师。

zhè shì xuéshēng xuéshēng xué Zhōngwén
1. 这是学生。学生学中文。

nà shì dàxué dàxué hěn yǒumíng
2. 那是大学。大学很有名。

zhè shì yī fēng xìn xìn shì tā xiě de
3. 这是一封信。信是他写的。

nà shì Zhōngguó yīnyuè Zhōngguó yīnyuè tā xǐhuan tīng
4. 那是中国音乐。中国音乐他喜欢听。

wǒ kàn shū shū shì gāng mǎi de
5. 我看书。书是刚买的。

tā chī fàn fàn shì tā māma zuò de
6. 她吃饭。饭是她妈妈做的。

wǒmen kàn diànshì diànshì jièshào Zhōngguó
7. 我们看电视。电视介绍中国。

tā qí zìxíngchē zìxíngchē gāng xiūhǎo
8. 她骑自行车。自行车刚修好。

15.4.3 An welcher Stelle muss 的 stehen?

yī fēng gāng xiěhǎo xìn
1. 一封 刚 写好 信
zhè wèi jiāo Yīngyǔ lǎoshī
2. 这位 教 英语 老师
wǒ nà liàng jiù zìxíngchē
3. 我那 辆 旧 自行车
Běijīng xǔduō dàxuéshēng
4. 北京 许多 大学生
Zhōngguó wǔqiān nián lìshǐ
5. 中国 五千 年 历史
gōngsī lǐ nà jiān zuì dà bàngōngshì
6. 公司 里 那 间 最大 办公室

15.5 Übungen zu 15.2

15.5.1 Beantworten Sie die Fragen

dìdi zěnme chī fàn mànmàn
1. 弟弟 怎么 吃 饭？（慢慢）

gēge zěnme chàng gē dàshēng
2. 哥哥 怎么 唱 歌？（大声）

jiějie zěnme zuò zuòyè rènzhēn
3. 姐姐 怎么 做 作业？（认真）

mèimei zěnme tīng yīnyuè ānjìng
4. 妹妹 怎么 听 音乐？(安静)

yéye zěnme xiě shū yī běn yī běn
5. 爷爷 怎么 写 书？(一 本 一 本)

nǎinai zěnme sàn bù mànmàn
6. 奶奶 怎么 散 步？（慢慢）

bàba zěnme xiū zìxíngchē yī liàng yī liàng
7. 爸爸 怎么 修 自行车？(一 辆 一 辆)

māma zěnme dǎsǎo fángjiān yī jiān yī jiān
8. 妈妈 怎么 打扫 房间 ？(一 间 一 间)

15.5.2 Ordnen Sie

kuài nǐmen zǒu hǎo bù hǎo qǐng
1. 快， 你们， 走， 好 不 好， 请

yīnggāi túshūguǎn lǐ shuō huà qīngqīng de
2. 应该， 图书馆 里， 说 话， 轻轻 地

wánzhe tāmen gāogāoxìngxìng diànzi yóuxì de
3. 玩着， 他们， 高高兴兴 ， 电子 游戏， 地

tóngxuémen ānjìng de fēicháng jiǎng gùshi tīng lǎoshī
4. 同学们 ， 安静， 地， 非常 ， 讲 ， 故事， 听， 老师

bù tíng de Wáng xiǎojiě hé kèrénmen zài shuō huà yòng Yīngyǔ
5. 不 停， 地， 王 小姐， 和， 客人们， 在 说 话， 用 英语

wèi le zhǎo shū yī ge fángjiān yī ge fángjiān de Xiǎo Mǎ kàn
6. 为 了， 找 书， 一个 房间 一个 房间 ，地， 小 马， 看

tāmen liǎ biān chī biān hē de diànyǐng kànwán sān bù le
7. 他们 俩， 边 吃 边 喝， 地， 电影 ， 看完 ， 三 部， 了

zài jiàoshì lǐ Xiǎo Míng zǒu lù xiàng jīqìrén yīyàng de
8. 在 教室 里， 小 明 ， 走 路， 像 机器人， 一样 ， 地

15.5.3 Wo ist 地 notwendig?

wǒmen yào rènzhēn gōngzuò
1. 我们 要 认真 _____ 工作 。

chá yào yī kǒu yī kǒu hē
2. 茶 要 一 口 一 口 _____喝。

Wáng jīnglǐ kèqi dìgěi tā yī zhī yān
3. 王 经理 客气_____递给 他 一 支 烟。

tāmen fēicháng kuài ___ bǎ kāfēi
4. 他们 非常 快____把 咖啡
hēwán le
喝完 了。

tóngxuémen yòu shuō yòu xiào
5. 同学们 又 说 又 笑__
líkāile cāochǎng
离开了 操场 。

tā xiàng lǎopéngyǒu yīyàng
6. 她 像 老朋友 一样____
guānxīn wǒmen
关心 我们 。

16 Modalpartikeln 语气助词

Modalpartikeln dienen einerseits der Gliederung eines Gesprächs oder eines Textes, andererseits dem Ausdruck oder der Verdeutlichung der Absicht des Sprechers, seiner Bewertung des Gesagten und seiner Erwartung, wie der Hörer die Äußerung verstehen und darauf reagieren soll, z.B. als Frage (吗), als elliptische Frage (呢), als Bitte um Zustimmung (吧) oder als Situationsveränderung (了); sie können auch eine Verbindung innerhalb des Gesprächs oder zwischen Sprecher und Hörer herstellen (啊). Sie stehen immer am Satz- oder Teilsatzende.

16.1 啊

啊 steht im Gegensatz zur Interjektion 啊 immer am Satz- bzw. Teilsatzende und hat zwei Grundfunktionen.

a) Abmilderung

Durch die Verwendung von 啊 wird die Eindringlichkeit der Aussage abgemildert, die dadurch weniger schroff, milder und freundlicher wirkt.

shéi a
谁 啊? *Wer ist denn da?*

kuài lái a
快 来 啊! *Komm mal schnell!*

b) Verbindung

啊 kann auch einen Rückverweis auf gemeinsames Vorwissen markieren und so konnektierend wirken.

zhè hěn bù róngyì a
这 很 不 容易 啊! *Das ist aber auch schwierig!*

míngtiān kǎoshì jīntiān děi hǎohǎo fùxí a
明天 考试, 今天 得 好好 复习 啊! *Morgen ist Prüfung, da müssen wir heute noch gut lernen!*

Zu 啊 gibt es, abhängig vom Auslaut des vorhergehenden Wortes bzw. vom Anlaut der vorhergehenden Partikel, Varianten in Aussprache und Schreibweise, nämlich 呀, 哇, 哪 (das auch 呢 + 啊 sein kann) und 啦 (nämlich 了 + 啊).

16.2 吧

吧 steht immer am Satz- bzw. Teilsatzende, seine Grundfunktion ist die Bitte um Zustimmung. Durch die Verwendung von 吧 bittet der Sprecher den Hörer um

Zustimmung zur Äußerung, deshalb wird 吧 auch gerne in Fragen verwendet. Die Funktionen von 吧 werden im Deutschen häufig von Modalpartikeln wie „doch“ oder „wohl“ übernommen.

a) im Aussagesatz

tā de fēijī yǐjīng zhuó lù le ba
她 的 飞机 已经 着 陆 了 吧。*Ihre Maschine ist wohl schon gelandet.*
nà liàng shì Qián xiānshēng de xīn qìchē ba
那 辆 是 钱 先生 的 新 汽车 吧。*Das da ist wohl der neue Wagen von Herrn Qian.*

b) im Fragesatz

nǐ è le ba
你 饿 了 吧? *Du hast wohl Hunger?*
nín shì lǎoshī ba
您 是 老师 吧? *Sie sind wohl Lehrer?*

c) im Aufforderungssatz

Eine Aufforderung wird durch 吧 freundlicher, weil der Hörer um seine Zustimmung gebeten wird.

bù zǎo le nǐ huí jiā ba
不 早 了, 你 回 家 吧! *Es ist schon spät, geh doch nach Hause.*
wǒmen yīqǐ kàn diànyǐng ba
我们 一起 看 电影 吧。*Lass uns den Film doch zusammen angucken.*
bié gàosù tā ba
别 告诉 她 吧。*Erzähl' es ihr aber nicht, ja?*

16.3 了

Zu 了 in seiner Funktion als Modalpartikel **siehe Kap. 17 „Partikel 了“**.

16.4 吗

a) zur Markierung einer Entscheidungsfrage

吗 steht immer am Satz- oder Teilsatzende, seine Grundfunktion ist die Markierung einer Entscheidungsfrage (Ja-Nein-Frage). Diese Frage kann neutral sein, d.h., der Sprecher hat keine bestimme Erwartung hinsichtlich der Antwort, oder sie kann nicht neutral sein, d.h., der Sprecher erwartet eine bestimmte – oft gegenteilige – Antwort. In Fragesätzen mit 吗 darf kein Interrogativpronomen wie 谁, 哪, 什么 und 怎么样 verwendet werden.

jiějie shì dàxuéshēng → jiějie shì dàxuéshēng ma

姐姐 是 大学生 。→ 姐姐 是 大学生 吗?

tā qù Běijīng → tā qù Běijīng ma

他 去 北京 。 → 他 去 北京 吗?

b) zum Ausdruck einer rhetorischen Frage

吗 wird gerne für rhetorische Fragen benutzt, oft zusammen mit 不是.

nǐ bù xiǎng jiā ma
你 不 想 家 吗? *Hast du denn kein Heimweh?*

tā bù shì nǐ de hǎopéngyǒu ma
他 不 是 你 的 好朋友 吗? *Ist er denn nicht dein guter Freund?* (Der Freund hat ihm vielleicht nicht geholfen.)

tā zhēn de zuò fēijī qù Běijīng ma
他 真 的 坐 飞机 去 北京 吗? *Fliegt er wirklich mit dem Flugzeug nach Beijing?* (Wir wissen alle, dass er Angst vor dem Fliegen hat.)

zhè bù shì hěn qīngchǔ ma
这 不 是 很 清楚 吗? *Ist das denn nicht klar?*

16.5 呢

呢 steht immer am Satz- oder Teilsatzende, seine Grundfunktion besteht darin, eine Äußerung (meist eine Frage) als Reaktion auf eine ausgesprochene oder vermutete Erwartung des Gegenübers zu markieren. Es wird daher u. a. für elliptische Fragen (im Deutschen „und ...?") verwendet. Mithilfe von 呢 lässt sich eine Äußerung mit vorhergehenden Gesprächsbeiträgen verknüpfen. 呢 wird nicht in gesprächseröffnenden Äußerungen benutzt.

A macht Anstalten, aufzubrechen, B sagt:
hái zǎo ne
还 早 呢, ... *Es ist doch noch früh, ...*

16.5.1 呢 in elliptischen Fragen

呢 dient zur Bildung elliptischer Entscheidungsfragesätze und kann im Deutschen mit „Und...?" wiedergegeben werden.

nǐ hǎo ma wǒ hěn hǎo nǐ ne
A: 你 好 吗? B: 我 很 好, 你 呢? *..., und du/dir?*

zhè liàng chē búcuò nà liàng ne
这 辆 车 不错。那 辆 呢?

Běijīng xià yǔ le Shànghǎi ne
北京 下 雨 了。 上海 呢?

tā zuótiān méi lái shàng kè jīntiān ne
他 昨天 没 来 上 课。今天 呢?

16.5.2 呢 in Ergänzungsfragesätzen

呢 kann zusammen mit Interrogativpronomina (Fragepronomina) in Ergänzungsfragensätzen stehen, dadurch wird ein höherer Grad an Verbindlichkeit und Nähe zwischen Sprecher und Hörer hergestellt und die Frage wirkt höflicher.

nǐ zhè jǐ tiān máng shénme ne
你 这 几 天 忙 什么 呢? *Was hast du denn in diesen Tagen gemacht?*

wǒmen jīntiān zài nǎr chī fàn ne
我们 今天 在 哪儿 吃 饭 呢? *Wo essen wir denn heute?*

nǐ zěnme qù Nánjīng ne
你 怎么 去 南京 呢? *Wie fährst du denn nach Nanjing?*

Diese Sätze wären ohne 呢 zwar richtig, ihnen würde aber der Ausdruck höflicher Anteilnahme des Sprechers an den Dingen, mit denen der Hörer sich beschäftigt (und die ihm Schwierigkeiten bereiten könnten), fehlen.

16.5.3 呢 in Aussagesätzen

In der Umgangssprache kann 呢 in Aussagesätzen zur Verstärkung von Aussagen verwendet werden, in denen oft Unzufriedenheit oder Bedauern mitschwingen.

nǐ jiějie zài gàn ma tā zài dǎ diànhuà ne
你 姐姐 在 干 吗? 她 在 打 电话 呢。

zuòyè zuòhǎo le ma méi yǒu wǒ hái zài zuò ne
作业 做好 了 吗? 没 有, 我 还 在 做 呢。

nà běn zázhì zài nǎr zài sānlóu ne
那 本 杂志 在 哪儿? 在 三楼 呢。

nǐ míngtiān qù bù qù wǒ hái méi xiǎnghǎo ne
你 明天 去不去? 我 还 没 想好 呢。

16.6 Übungen zu 16

16.6.1 Wandeln Sie die PN-Fragen in 吗-Fragen um

zhè shì bù shì Běijīng dàxué
1. 这 是 不 是 北京 大学?

Mǎ xiānshēng shì bù shì lǎoshī
2. 马 先生 是不是 老师?

tā è bù è
3. 他 饿 不 饿?

dìdi huí méi huí jiā
4. 弟弟 回 没 回 家?

tāmen xiǎng bù xiǎng qù Zhōngguó xuéxí
5. 他们 想 不 想 去 中国 学习?

jiějie gēn mèimei qù méi qùguo
6. 姐姐 跟 妹妹 去 没 去过
yóujú
邮局?

míngtiān huì bù huì xià xuě
7. 明天 会不会 下 雪?

tā shuō Déwén nǐ tīng de dǒng tīng
8. 他 说 德文 你 听 得 懂 听
bù dǒng
不 懂?

16.6.2 Schließen Sie an die Aussagesätze unter Beachtung der hervorgehobenen Satzglieder elliptische Fragen an

tā xiǎng xué Yīngyǔ nǐ ne
Beispiel **他** 想 学 英语。你 呢?

wǒ xiǎng qù yóu yǒng
1. 我 想 去 游 泳。

gēge qù kàn diànyǐng le
2. 哥哥 去 看 电影 了。

zuótiān tiānqì bù hǎo
3. 昨天 天气 不 好。

kāfēi tā bù hē
4. **咖啡** 她 不 喝。

zhè zhāng zhàopiàn bù cuò
5. 这 张 照片 不 错。

wǒ bù kàn zhè běn shū
6. 我 不 看 这 本 书。

16.6.3 Formulieren Sie die Sätze unter Verwendung von 吧 um

Wáng xiǎojiě dào Běijīng le
1. 王 小姐 到 北京 了。

Lǐ xiānshēng xǐhuan hē chá
2. 李 先生 喜欢 喝 茶。

tāmen bù gāoxìng le
3. 他们 不 高兴 了。

jiějie bù xiǎng qù ma
4. 姐姐 不 想 去 吗?

wǒmen shàng kè
5. 我们 上 课!

qǐng nǐ qù yīyuàn
6. 请 你 去 医院!

bǎ zuòyè xiěwán
7. 把 作业 写完。

míngtiān bā diǎn zài jiàn
8. 明天 八 点 再 见。

16.6.4 Welche Partikel passt? 吗, 吧 oder 呢?

tā shì nǐ de hǎo péngyǒu
1. 他 是 你 的 好 朋友 ____?

wǒmen hē shénme chá
2. 我们 喝 什么 茶____?

tāmen yīnggāi dào jiā le
3. 他们 应该 到 家 了____?

nǐ xiǎng zuò fēijī qù
4. 你 想 坐 飞机 去____?

zài nǎr néng jièdào zhè běn shū
5. 在 哪儿 能 借到 这 本 书
____?

zuò huǒchē tài màn zuò fēijī
6. 坐 火车 太 慢。坐 飞机 ____?

xiān bǎ zìxíngchē xiūhǎo
7. 先 把 自行车 修好 ____。

nǐ dào jiā le méi yǒu méi yǒu wǒ
8. 你 到 家 了 没 有? 没 有, 我
hái zài huǒchē shàng
还 在 火车 上 ____。

17 Partikel 了

17.1 Allgemein

17.1.1 Merkmale und Funktionen

a) Als Partikel kann 了 u. a. eine abgeschlossene Handlung oder die Veränderung einer Situation markieren. Diese „Situationsveränderung" ist nicht nur im engeren Sinne zu verstehen, sondern umfasst auch eine bevorstehende Veränderung, eine erwünschte Veränderung im Verhalten des Hörers, eine veränderte Wahrnehmung oder eine Aktualisierung (also Veränderung) des Informationsstands. Daraus ergibt sich auch die Verwendung von 了, um eine Aussage abzuschließen und damit das Wort abzugeben. 了 als Markierung für eine abgeschlossene Handlung wird meist als Aspektpartikel, 了 als Markierung für Situationsveränderung als Modalpartikel bezeichnet. Das Problem liegt aber darin, dass sich die beiden 了 nicht einfach voneinander unterscheiden lassen. Wann 了 konkret welche Bedeutung hat, hängt außer von seiner Stellung im Satz auch noch von anderen Faktoren ab.
Im Folgenden wird auf diese Unterteilung von 了 bewusst verzichtet, um stattdessen einen Leitfaden zur Anwendung der Partikel zu bieten.

b) Die Abgeschlossenheit oder die Veränderung können in der Vergangenheit, der Gegenwart oder in der Zukunft liegen

zhè běn xiǎoshuō wǒ kànwán le
这 本 小说 我 看完 了。(Vergangenheit)
tā zuótiān kànle yī bù xīn diànyǐng
他 昨天 看了 一 部 新 电影 。(Vergangenheit)
míngtiān wǒ kànwán le diànyǐng jiù lái zhǎo nǐmen
明天 我 看完 了 电影 就 来 找 你们。(Zukunft)
dàole míngnián bāyuè tā jiù bìyè le
到了 明年 八月，他 就 毕业 了。(Zukunft)

c) Das Adverb 已经 (*schon, bereits*) wird oft zusammen mit 了 verwendet.

lǎoshīmen yǐjīng zǒu le
老师们 已经 走 了。

d) Soll bei mehreren aufeinander folgenden Handlungen der Aspekt der Abgeschlossenheit ausgedrückt werden, reicht es, wenn 了 nach der letzten steht.

tā qù shūdiàn mǎile yī běn Hànyǔ cídiǎn
他去 书店 买了 一 本 汉语 词典。

māma zhànqǐlái kāile mén
妈妈 站起来 开了 门。

e) 了 wird auch in festen Wendungen wie 太…了, 要…了 oder 就要…了 verwendet.

17.1.2 Verneinung

Eine abgeschlossene Handlung oder eine Veränderung der Situation wird mit 没 verneint, **wobei 了 nicht mehr gebraucht werden darf**. Mit 没 drückt man aus, dass die Handlung nicht abgeschlossen oder die Veränderung in der Vergangenheit gar nicht eingetreten ist (**zu 没 vgl. 11.2**).

Wáng xiǎojiě shòu le → Wáng xiǎojiě méi shòu
王 小姐 瘦 了。 → 王 小姐 没 瘦。

wǒ kànle yī běn shū → wǒ méi kàn shū
我看了一 本 书。 → 我 没 看 书。*Ich habe kein Buch gelesen.*

17.2 Stellung und Bedeutung

17.2.1 P/Ev + 了

Wenn 了 an einen Satz mit einem Prädikatseigenschaftsverb angehängt ist, drückt es eine Situationsveränderung aus.

wǒ è le
我 饿 了。*Ich bin hungrig.* (vorher war ich nicht hungrig)

Wáng xiǎojiě shòu le
王 小姐 瘦 了。*Fräulein Wang hat abgenommen.*

jīntiān tiānqì hǎo le
今天 天气 好 了。*Heute ist das Wetter heiter geworden.* (gestern war es noch schlecht)

Vergleiche

wǒ hěn è
我 很 饿。*Ich habe großen Hunger.* (Zustandsbeschreibung)

wǒ è le
我 饿 了。*Ich bin hungrig geworden.* (Zustandsveränderung)

17.2.2 P/N + 了

Auch wenn ein Nomen oder eine Nominalgruppe als Prädikat fungiert, drückt 了 eine Situationsveränderung aus.

jīntiān xīngqīwǔ le
今天 星期五 了。*Heute ist Freitag.* (es ist nicht mehr Donnerstag)
yǐjīng bāyuè le
已经 八月 了。*Es ist schon August.* (es ist nicht mehr Juli)
tā jiějie èrshí suì le
他 姐姐 二十 岁 了。*Seine Schwester ist 20 Jahre alt geworden.* (sie ist nicht mehr 19)

17.2.3 P/V ohne Objekt + 了

Wenn 了 nach einem objektlosen Prädikatsverb – und damit am Satzende – steht, kann es zweierlei ausdrücken:

a) Situationsveränderung
b) abgeschlossene Handlung

wǒ dìdi gōngzuò le
我 弟弟 工作 了

a) *Mein Bruder (hat einen Job gefunden und) arbeitet jetzt.* (Situationsveränderung)
b) *Mein Bruder hat gearbeitet.* (abgeschlossene Handlung)

tā xiūxī le
他 休息 了

a) *Er (hat vorher gearbeitet und) ruht sich jetzt aus.* (Situationsveränderung)
b) *Er hat sich ausgeruht.* (abgeschlossene Handlung)

Die Frage, welche Bedeutung zutreffend ist, hängt vom Kontext ab. Wenn das Prädikatsverb ohne Objekt durch ein Komplement (Zeitdauerangabe oder Häufigkeit / Menge) modifiziert wird, kann 了, das dann nicht mehr am Satz- oder Teilsatzende steht, nur eine Bedeutung haben: Markierung einer abgeschlossenen Handlung.

wǒ dìdi gōngzuòle sān nián
我 弟弟 工作了 三 年。*Mein Bruder hat drei Jahre gearbeitet.* (abgeschlossen)
tā bìngle sān tiān
他 病了 三 天。*Er ist drei Tage lang krank gewesen.* (abgeschlossen)

zhè běn xiǎoshuō hěn yǒu yìsi wǒ kànle sān biàn
这 本 小说 很 有 意思，我 看了 三 遍。*... ich habe ihn dreimal gelesen.* (abgeschlossen)

17.2.4 P/V + einfaches Objekt + 了

Wenn ein Verb über ein einfaches Objekt – ein Objekt also, das durch kein anderes Wort modifiziert ist – verfügt, muss 了 am Satzende stehen. Es hat – wie beim Prädikatsverb ohne Objekt + 了 – zwei Bedeutungen: Situationsveränderung und abgeschlossene Handlung.

wǒ mèimei chī miànbāo le
我 妹妹 吃 面包 了

a) *Meine Schwester hat angefangen, Brot zu essen.* (Situationsveränderung)
b) *Meine Schwester hat Brot gegessen.* (abgeschlossene Handlung)

tā yě kàn diànyǐng le
他 也 看 电影 了

a) *Er fängt auch an, sich den Film anzuschauen.* (Situationsveränderung)
b) *Er hat sich den Film auch angeschaut.* (abgeschlossene Handlung)

Wenn das Objekt am Satzanfang steht, kann 了 nur die Abgeschlossenheit der Handlung markieren, keine Situationsveränderung.

miànbāo wǒ mèimei chī le
面包 我 妹妹 吃 了。*Das Brot hat meine Schwester gegessen.* (abgeschlossen)

diànyǐng tā yě kàn le
电影 他 也 看 了。*Den Film hat er auch gesehen.* (abgeschlossen)

Auch wenn das Prädikatsverb zusätzlich noch durch eine Zeitdauerangabe bestimmt wird, drückt 了 eindeutig die Abgeschlossenheit aus. In diesem Fall muss das Prädikat wiederholt werden (vgl. **Kap. 2.6.2 „Zeitnomina/Zeitdauerangaben"**).

tāmen kàn shū kànle bàn tiān
他们 看 书 看了 半 天。

liúxuéshēngmen chàng gē chàngle liǎng ge xiǎoshí
留学生们 唱 歌 唱了 两 个 小时。

17.2.5 P/V + 了 + erweitertes Objekt

Wenn aber ein Verb als Prädikat ein Objekt hat, das durch eine Nu-ZEW-Gruppe oder eine Dp-ZEW-Gruppe modifiziert ist, muss 了 an das Verb angehängt werden. Das erweiterte Objekt muss hinter 了 stehen. Die Bedeutung ist dann eindeutig: 了 markiert eine abgeschlossene Handlung.

dìdi kànle yī běn Zhōngwén shū
弟弟 看了 一 本 中文 书。*Mein Bruder hat ein chinesisches Buch gelesen.*

lǎoshī qíle yī ge xiǎoshí de zìxíngchē
老师 骑了 一个 小时 的 自行车。*Der Lehrer ist eine Stunde Fahrrad gefahren.*

Wenn das Objekt durch ein Attribut modifiziert ist, wird 了 i.d.R. an das Verb angehängt und markiert eindeutig eine abgeschlossene Handlung.

tā mǎile Zhōngwén cídiǎn
他 买了 中文 词典。*Er hat ein chinesisches Wörterbuch gekauft.*

Es kann aber auch am Satzende stehen und damit eine Situationsveränderung markieren.

tā mǎi Zhōngwén cídiǎn le
他 买 中文 词典 了。*Er hat ein chinesisches Wörterbuch gekauft.* (zum ersten Mal)

Verneinungsform 没 + P/V + (erweitertes) Objekt

dìdi méi kàn Zhōngwén shū
弟弟 没 看 中文 书。*... hat kein chinesisches Buch gelesen.*

lǎoshī méi qí zìxíngchē
老师 没 骑 自行车。*... ist nicht Fahrrad gefahren.*

tā méi mǎi Zhōngwén cídiǎn
他 没 买（ 中文 ）词典。*... hat kein (chinesisches) Wörterbuch gekauft.*

17.2.6 P/V oder P/Ev + 了 + ZDA + 了

Stehen zwei 了 in einem Satz mit Zeitdauerangabe, so markieren sie die Fortsetzung einer Handlung oder eines Zustands, wobei das Prädikat sowohl ein Verb als auch ein Eigenschaftsverb sein kann.

tā bìngle sān tiān le
他 病了 三 天 了。*Er ist schon seit drei Tagen krank.* (und wird noch länger krank sein)

dàjiā děngle bàn ge xiǎoshí le
大家 等了 半 个 小时 了。*Alle warten schon seit einer halben Stunde.* (und werden noch länger warten müssen)

Verneinungsform 没 + P / V oder P / Ev

tā bìngle sān tiān le → tā méi bìng
他 病了 三 天 了。→ 他 没 病。
dàjiā děngle bàn ge xiǎoshí le → dàjiā méi děng
大家 等了 半 个 小时 了。→ 大家 没 等。

17.2.7 a) P / V + 了 + ZDA + O + 了
b) P / V + O + P / V + 了 + ZDA + 了
c) O + P / V + 了 + ZDA + 了

In einem Satz mit zwei 了 und Zeitdauerangabe kann das Prädikat auch ein Objekt haben. Die Bedeutung der beiden 了 ist die gleiche wie im Satz ohne Objekt (P / V / Ev + 了 + ZDA + 了), es geht also um die Fortsetzung einer Handlung oder eines Zustands, dies gilt auch für andere Mengenbezeichnungen. Es gibt drei Möglichkeiten für die Platzierung des Objekts, deren Besonderheiten sich ja aus der Verwendung der ZDA ergeben. (**Vgl. Kapitel 2.6.2 „Zeitpunkt- und Zeitdauerangabe“**).

a) Die ZDA steht als Attribut vor dem Objekt, wobei 的 fakultativ ist.

wǒmen xuéle liǎng nián de Zhōngwén le
我们 学了 两 年 (的) 中文 了。*Wir haben* (schon) *zwei Jahre Chinesisch gelernt.* (und lernen weiter)
tāmen kànle sān ge xiǎoshí de diànshì le
他们 看了 三 个 小时 (的) 电视 了。*Sie haben* (schon) *drei Stunden lang ferngesehen.* (und gucken noch weiter)

b) Die ZDA steht als Komplement hinter dem wiederholten Verb (zur Wiederholung des Verbs im Satz mit ZDA **s. Kap. 2.6.2**).

bàba kàn bàozhǐ kànle liǎng ge xiǎoshí le
爸爸 看 报纸 看了 两 个 小时 了。*Papa liest* (schon) *seit zwei Stunden Zeitung.* (und das Lesen geht weiter)
tāmen yóu yǒng yóule yī ge xiǎoshí le
他们 游 泳 游了 一 个 小时 了。*Sie schwimmen* (schon) *seit einer Stunde.* (und das Schwimmen wird fortgesetzt)

c) Das Objekt wird vorangestellt und die ZDA steht als Komplement hinter dem Prädikat (zur Voranstellung des Objekts im Satz mit ZDA **s. Kap. 2.6.2**)

zhè běn xiǎoshuō tā xiěle liǎng nián le
这 本 小说 他 写了 两 年 了。*An dem Roman schreibt er* (schon) *seit zwei Jahren* (und ist mit dem Schreiben noch nicht fertig).

zhè liàng qìchē tā kāile bàn nián le
这 辆 汽车 他 开了 半 年 了。*Dieses Auto fährt er seit einem halben Jahr* (und wird weiter damit fahren).

17.2.8 太 + Ev + 了

Mit 太 + EV + 了 drückt man das Gefühl aus, dass etwas außergewöhnlich ist.

xué Zhōngwén tài nán le
学 中文 太 难 了。*Chinesisch lernen ist echt schwer.*

wǒmen jīntiān chàng gē chàng de tài gāoxìng le
我们 今天 唱 歌 唱 得 太 高兴 了。*Heute hatten wir richtig Freude beim Singen.*

Verneinungsform 不 + Ev

xué Zhōngwén bù nán
学 中文 不 难

wǒ jīntiān bù gāoxìng
我 今天 不 高兴

[Übungen zu dem voran gehenden Abschnitt **17.2** s. **17.3**]

17.3 Übungen zu 17.2

17.3.1 Wo steht 了?

wǒ dìdi xiě xìn
1. 我 弟弟 写 A 信 B。

wǒ jiějie xiě yī fēng xìn
2. 我 姐姐 写 A 一 封 信 B。

tā mǎi sān běn liànxíběn
3. 她 买 A 三 本 练习本 B。

zhuōzi gānjìng
4. 桌子 A 干净 B。

tā jīntiān xǐ zǎo
5. 她 今天 洗 A 澡 B。

wǒmen jīntiān qù shūdiàn yóujú hé shítáng
6. 我们 今天 去 A 书店 、邮局 和 食堂 B。

tā jiějie hē kāfēi
7. 他 姐姐 喝 A 咖啡 B。

Wáng xiānshēng zuò yī ge xiǎoshí huǒchē
8. 王 先生 坐 A 一 个 小时 火车 B。

wǒmen dàjiā xiūxī sānshí fēnzhōng
9. 我们 大家 休息 A 三十 分钟 B。

Lǐ lǎoshī jiāo yī nián Déguó wénxué
10. 李 老师 教 A 一 年 B 德国 文学 C。

tā dìdi xǐ zǎo xǐ èrshí
11. 他弟弟洗A澡B洗C二十
fēnzhōng
分钟 D。

liúxuéshēngmen tǎolùn zhè ge wèntí
12. 留学生们 讨论A这个问题
tǎolùn bàn tiān
B讨论C半天D。

17.3.2 Übersetzen Sie

1. Heute habe ich Bücher ausgeliehen.
2. Er hat seinem Kommilitonen geholfen.
3. Herr Zhang hat Mittag gegessen.
4. Wie viele chinesische Schriftzeichen hast du schon gelernt?
5. Heute war er nicht zum Bahnhof gegangen.
6. Meine Schwester hat die Vokabeln nicht wiederholt.
7. Gestern habe ich von der Sache erfahren.
8. Herr Wang hat unserem Plan nicht zugestimmt.

17.3.3 Verneinen Sie die folgenden Sätze mit 没

tā shūfu le
1. 她舒服了。

tā zài xuéxí shàng rènzhēn le
2. 他在学习上认真了。

wǒ dìdi huí jiā le
3. 我弟弟回家了。

Zhāng xiǎojiě xiūxi le
4. 张小姐休息了。

Lǐ lǎoshī shuì jiào le
5. 李老师睡觉了。

wǒ māma zuótiān qù Běijīng le
6. 我妈妈昨天去北京了。

Wáng jīnglǐ hēle wǔ píng píjiǔ
7. 王经理喝了五瓶啤酒。

shàngwǔ wǒmen shàngle Zhōngwén
8. 上午我们上了中文
kè hé lìshǐ kè
课和历史课。

tā de huà wǒ tīngdǒng le
9. 他的话我听懂了。

17.3.4 Formulieren Sie die Sätze nach den folgenden Mustern um

a) **S + P/V + 了 + ZDA + O + 了:**
wǒ kànle sān ge xiǎoshí de shū le
我看了三个小时的书了。

b) **S + P/V + O + P/V + 了 + ZDA + 了:**
wǒ kàn shū kànle sān ge xiǎoshí le
我看书看了三个小时了。

c) **O + S + P/V + 了 + ZDA + 了:**
shū wǒ kànle sān ge xiǎoshí le
书我看了三个小时了。

Wáng xiānshēng zuò fàn èrshí
1. 王先生做饭。(二十
fēnzhōng
分钟)

tóngxuémen fùxí yǔfǎ sān tiān
2. 同学们复习语法。(三天)

wǒmen kàn diànyǐng sān ge xiǎoshí
3. 我们看电影。(三个小时)

Lǐ lǎoshī xiě xiǎoshuō liǎng nián
4. 李老师写 小说 。(两 年)
tā mèimei dǎ diànhuà liǎng ge
5. 他 妹妹 打 电话 。(两 个
xiǎoshí
小时)
tāmen jǐ ge rén tī zúqiú yī ge
6. 他们 几 个 人 踢 足球。(一 个
xiǎoshí
小时)

wǒ gēge wán diànnǎo bā ge
7. 我 哥哥 玩 电脑 。(八 个
xiǎoshí
小时)
dàjiā tǎolùn wèntí liǎng tiān
8. 大家 讨论 问题。(两 天)

17.3.5 Verneinen Sie

wǒmen jīntiān yóule yǒng le
1. 我们 今天 游了 泳 了。
dìdi zǎoshang xǐle zǎo le
2. 弟弟 早上 洗了 澡 了。
zhè ge yuè rèle jǐ tiān le
3. 这 个 月 热了 几 天 了。
tā bāng wǒ bāngle yī nián le
4. 她 帮 我 帮了 一 年 了。
jiějie tīng yīnyuè yǐjīng tīngle sān ge
5. 姐姐 听 音乐 已经 听了 三 个
xiǎoshí le
小时 了。

Wáng lǎoshī jiāo shū jiāole èrshí nián
6. 王 老师 教 书 教了 二十 年
le
了。
wǒ xiū zìxíngchē yǐjīng xiūle sì ge
7. 我 修 自行车 已经 修了 四 个
xiǎoshí le
小时 了。
gōngsī yánjiū xīn chǎnpǐn yǐjīng
8. 公司 研究 新 产品 已经
yánjiūle wǔ nián le
研究了 五 年 了。

17.3.6 Formulieren Sie die Sätze mit 太…了 um

jīntiān tiānqì fēicháng hǎo
1. 今天 天气 非常 好。
wǒmen jīntiān fēicháng gāoxìng
2. 我们 今天 非常 高兴 。
Huā jīnglǐ zhè jǐ tiān fēicháng
3. 花 经理 这 几 天 非常
máng
忙 。
Wáng lǎoshī zhè ge xīngqī lèisǐ le
4. 王 老师 这 个 星期 累死 了。

tā gōngzuò hěn bù rènzhēn
5. 他 工作 很 不 认真 。
wǒ gēge pǎo de fēicháng kuài
6. 我 哥哥 跑 得 非常 快。
Zhāng lǎoshī jiāo de fēicháng hǎo
7. 张 老师 教 得 非常 好。
tā māma zuò cài zuò de fēicháng
8. 她 妈妈 做 菜 做 得 非常
hàochī
好吃。

18 Komplemente 补语

Ein Komplement besteht aus Wörtern oder Wortgruppen, die hinter dem Prädikatsverb oder -eigenschaftsverb stehen und dieses näher bestimmen oder ergänzen. Es gehört zu den wichtigsten Merkmalen des modernen Chinesisch.

Komplement …	Beispiel
… des Grades (KG)	jīntiān tiānqì hǎo de hěn 今天 天气 好 得 很。 tā hē chá hē de hěn duō 他 喝 茶 喝 得 很 多。
… des Resultats (KR)	wǒ kànjiàn nǐ le 我 看见 你 了。
… der Möglichkeit (KM)	zhè běn shū nǐ kàn de dǒng kàn bù dǒng 这 本 书 你 看 得 懂 看 不 懂？
… der Richtung (KRi)	tā jièlái yī běn shū 他 借来 一 本 书。
… der Zeitdauer (KZd)	wǒmen děng nǐ děngle yī ge xiǎoshí 我们 等 你 等了 一 个 小时。
… der Häufigkeit und der Menge (KH)	zhè běn xiǎoshuō tā kànle liǎng biàn 这 本 小说 他 看了 两 遍。

18.1 Das Komplement des Grades (KG) 程度补语

Das Komplement des Grades bestimmt den Grad oder das Ausmaß einer Handlung oder eines Zustandes. Es beschreibt, wie eine vollendete Handlung verlaufen ist, wie sie häufig verläuft oder wie eine Eigenschaft oder ein Zustand ist. Es kann aus einem einfachen Wort, einer Wortgruppe oder einem Satz bestehen. Das KG wird durch die Partikel 得 markiert. Die Verneinung erfolgt durch 不, das vor dem Komplement stehen muss.

18.1.1 Das KG bei Prädikaten ohne Objekt

Bei Prädikaten ohne Objekt folgt das Komplement des Grades, meist markiert durch 得, direkt auf das Verb oder Eigenschaftsverb.

a) Ev + 得很

Bei Ev beschreibt das Komplement des Grades die Intensität. 很 kann allein als KG fungieren.

jīntiān tiānqì hǎo de hěn
今天 天气 好 得 很。*Heute ist das Wetter sehr schön.*
tā zhè jǐ tiān gāoxìng de hěn
他 这 几 天 高兴 得 很。*Seit Tagen ist er sehr glücklich.*

b) Verb / Ev + 得 Ev / Vk

Als Komplement des Grades kann ein Ev, ein Verb, eine Vk oder ein Satz dienen. Es gibt feste Wendungen, die häufig als KG gebraucht werden, wie z.B. 不得了 (liǎo) mit der Bedeutung *äußerst*.

tā lái de hěn zǎo
她 来 得 很 早。*Sie kommt heute sehr früh.* (ist sehr früh gekommen)
dìdi gāoxìng de bù de liǎo
弟弟 高兴 得不得 了。*Der jüngere Bruder ist äußerst glücklich.*
māma xiūxī de hěn hǎo
妈妈 休息 得 很 好。*Die Mutter hat sich sehr gut erholt.*
tā wán de bù xiǎng shuì jiào
他 玩 得不 想 睡 觉。*Er spielte so vertieft / schön, dass er nicht schlafen wollte.*

Wenn das KG aus einem Satz besteht, wird es mit „... so, dass ...“ ins Deutsche übersetzt.

tāmen gāoxìng de tiàole yī ge xiǎoshí de wǔ
他们 高兴 得 跳了 一 个 小时 的 舞。*Sie waren so froh, dass sie eine Stunde lang tanzten.*

Fragen können folgendermaßen gebildet werden:

tā lái de zǎo ma	dìdi wán de zěnmeyàng	tā wán de hǎo bù hǎo
她 来 得 早 吗?	弟弟 玩 得 怎么样 ?	他 玩 得 好 不 好?

c) Ev + 多了 / 极了 / 死了

Auch 多了, 极了 und 死了 können als Komplement des Grades verwendet werden, wobei die Markierung durch 得 nicht erforderlich ist.

Ev / Verb + 多了 *viel mehr*

zhè jiān fángjiān dà duō le
这 间 房间 大 多 了。*Dieses Zimmer ist viel größer.*
zhè bǎ yǐzi bǐ nà bǎ shūfu duō le
这 把 椅子 比 那 把 舒服 多 了。*Dieser Stuhl ist viel bequemer als jener.*
tā chī de duō duō le
他 吃 得 多 多 了。*Er hat viel mehr gegessen.*

Ev / Verb + 极了 / 死了 *sehr, äußerst*

tā zhè jǐ tiān máng sǐ le
他 这 几 天 忙 死 了。*In den letzten Tagen war er sehr beschäftigt.*
zhè ge dìfāng měi jí le
这 个 地方 美 极 了。*Hier ist es wunderschön.*
tā kàndào zhè jiàn lǐwù xǐhuan jí le
她 看到 这 件 礼物 喜欢 极 了。*Als sie das Geschenke sah, war sie äußerst glücklich.*

18.1.2 Das KG bei Prädikaten mit Objekt

Bei Prädikaten mit Objekt gibt es drei Möglichkeiten.

a) Das Prädikat wird wiederholt (in der Form S-P-O-P-K),
b) das Objekt wird nach vorne geholt und an den Satzanfang gestellt (O-S-P-K) oder
c) das Objekt wird nach vorne geholt und hinter das Subjekt gestellt (S-O-P-K).

Das Komplement steht immer hinter dem Prädikat.

tā xué Hànyǔ xué de hěn hǎo
a) 他 学 汉语 学 得 很 好。
Hànyǔ tā xué de hěn hǎo
b) 汉语 他 学 得 很 好。
tā Hànyǔ xué de hěn hǎo
c) 他 汉语 学 得 很 好。

Um nach dem Komplement zu fragen, wird 怎么样 gebraucht.

tā xué Hànyǔ xué de zěnmeyàng
a) 他 学 汉语 学 得 怎么样 ?
Hànyǔ tā xué de zěnmeyàng
b) 汉语 他 学 得 怎么样 ?
tā Hànyǔ xué de zěnmeyàng
c) 他 汉语 学 得 怎么样 ?

Als Verneinung steht 不 vor dem Komplement.

tā xué Hànyǔ xué de bù hǎo
a) 他 学 汉语 学 得 不 好。

Hànyǔ tā xué de bù hǎo
b) 汉语 他 学 得 不 好。

tā Hànyǔ xué de bù hǎo
c) 他 汉语 学 得 不 好。

[Übungen zu dem voran gehenden Abschnitt **18.1** s. **18.7**]

18.2 Das Komplement des Resultats (KR) 结果补语

Das Komplement des Resultats gibt das Ergebnis einer Handlung an. 找到 (finden) z.B. unterscheidet sich von 找 (suchen) durch den Zusatz 到 (erreichen) mit der Bedeutung, dass das Ziel der Suche erreicht ist.
Das Komplement des Resultats wird mit Eigenschaftsverben oder Verben gebildet und direkt an das Prädikat / Verb angehängt. Es braucht keine Markierung durch 得. Die Partikeln 了 und 过 müssen dann hinter dem Komplement stehen.

tóngxuémen tīngdǒng le
同学们 听懂 了。*Die Studenten haben es (hörend) verstanden.*

qǐng nǐ bǎ fángjiān dǎsǎo gānjìng
请 你 把 房间 打扫 干净 。*Mach bitte dein Zimmer sauber.*

māma bǎ fàn zuòhǎo le
妈妈 把 饭 做好 了。*Die Mutter hat das Essen fertig zubereitet.*

tā bǎ cídiǎn názǒu le
他 把 词典 拿走 了。*Er hat das Wörterbuch mitgenommen.*

Bei Prädikaten mit Objekt steht das Objekt nach dem Komplement.

gēge xiěwán zuòyè le
哥哥 写完 作业 了。

wǒ tīng bù qīngchǔ nǐ shuō shénme
我 听 不 清楚 你 说 什么 。

18.2.1 Verneinungsformen

Die Verneinung erfolgt durch 没(有), wenn die Handlung in der Vergangenheit stattgefunden hat. 没(有) steht vor dem Prädikat oder vor der 把-Konstruktion.

tāmen méi yǒu tīngdǒng
他们 没 有 听懂 。*Sie haben nicht (hörend) verstanden.*

wǒ méi kànwán zhè běn zázhì
我 没 看完 这 本 杂志。*Ich habe diese Zeitschrift nicht ausgelesen.*

tā méi bǎ diànshìjī gǎohuài
他 没 把 电视机 搞坏 。*Er hat den Fernseher nicht kaputt gemacht.*

Eine Handlung in der Gegenwart wird mit 不要 oder 别 verneint und damit als Imperativ markiert.

bù yào bǎ zhè ge zì xiěcuò
不要把这个字写错。

qǐng nǐmen bié bǎ cídiǎn názǒu
请你们别把词典拿走。

Nur wenn der Satz mit Komplement als Bedingung verstanden werden soll, wird 不 gebraucht.

bù xiěwán zuòyè jiù bù néng kàn diànshì
不写完作业就不能看电视。*Wenn du die Hausaufgaben nicht zu Ende machst, darfst du nicht fernsehen.*

nǐ bù shuō qīngchǔ wǒmen bù ràng nǐ zǒu
你不说清楚，我们不让你走。*Wenn du es nicht erklärst, lassen wir dich nicht gehen.*

18.2.2 Frageformen

Außer der Entscheidungsfrage mit 吗 können folgende Frageformen benutzt werden:

PN-Konstruktion + K	Prädikat + K (了) 没有
tāmen tīng méi tīngdǒng 他们听没听懂？	tāmen tīngdǒng le méi yǒu 他们听懂了没有？
nǐ kàn méi kànwán nà běn zázhì 你看没看完那本杂志?	nǐ kànwán le nà běn zázhì méi yǒu 你看完了那本杂志没有？
tā bǎ diànshìjī gǎo méi gǎohuài 他把电视机搞没搞坏？	tā bǎ diànshìjī gǎohuài le méi yǒu 他把电视机搞坏了没有？

[Übungen zu dem voran gehenden Abschnitt **18.2** s. **18.8**]

18.3 Das Komplement der Möglichkeit (KM) 可能补语

Das Komplement der Möglichkeit gibt an, ob etwas möglich ist oder nicht. Es wird durch die Partikel 得 markiert. Bei der Verneinung wird 得 durch 不 ersetzt.

tā tīng de dǒng wǒ tīng bù dǒng
他听得懂，我听不懂。*Er kann es verstehen, ich nicht.*

zhème duō shū wǒ kàn bù wán
这么多书我看不完。*So viele Bücher kann ich nicht auslesen.*

nà fēng xìn wǒ zhǎo de dào
那 封 信 我 找 得 到。*Den Brief kann ich finden.*

Wenn die positive und die negative Form zusammengefügt werden, ergibt sich eine Form der Entscheidungsfrage (P 得 K + P 不 K). Daneben gibt es die Frageform mit 吗.

nǐ tīng de dǒng tīng bù dǒng nǐ tīng de
你 听 得 懂 听 不 懂？ *Kannst du das verstehen?* = 你 听 得
dǒng ma
懂 吗?

Folgt dem Prädikatsverb ein Objekt, steht es direkt hinter dem Komplement, ohne dass das Verb wiederholt wird.

wǒ zhǎo de dào tā
我 找 得 到 他。*Ich kann ihn finden.*
tā tīng bù jiàn nǐ shuō shénme
他 听 不 见 你 说 什么。*Was du sagst, kann er nicht hören.*

18.3.1 Spezielle Wörter als Komplement der Möglichkeit

Einige Wörter werden speziell als Komplement der Möglichkeit verwendet:

Komplement	Kombinationen	Beispielsätze
了 (liǎo) *vollenden, möglich sein*	chī de liǎo chī bù liǎo 吃得了吃不了 yòng de liǎo yòng bù liǎo 用 得 了 用 不 了 jiějué de liǎo jiějué bù liǎo 解决得 了 解决 不 了	fàn tài duō wǒ chī bù liǎo 饭 太 多，我 吃 不 了。 zhème duō qián tā yòng bù liǎo 这么 多 钱 他 用 不 了。 zhè ge wèntí wǒmen jiějué de liǎo 这 个 问题 我们 解决 得 了。
动 *physisch möglich*	ná de dòng ná bù dòng 拿 得 动 拿 不 动 bān de dòng bān bù dòng 搬 得 动 搬 不 动	zhème duō shū wǒ ná bù dòng 这么 多 书 我 拿 不 动。 xiāngzi tài zhòng bān bù dòng 箱子 太 重，搬 不 动。
起 *(finanziell) in der Lage sein, sich leisten können*	chī de qǐ chī bù qǐ 吃 得 起 吃 不 起	zhème guì de fàn wǒ chī bù qǐ 这么 贵 的 饭 我 吃 不 起。

	mǎi de qǐ mǎi bù qǐ 买得起 买不起	zhè liàng zìxíngchē wǔbǎi yuán wǒmen 这 辆 自行车 五百 元，我们 mǎi de qǐ 买得起。

18.3.2 Unterschiede zwischen dem Komplement der Möglichkeit und Modalverben

Die Bedeutungen des Komplementes der Möglichkeit ähneln denen der Modalverben 可以, 能 und 会. Die Unterschiede gehen aus dem folgenden Vergleich deutlich hervor.

Komplement der Möglichkeit	Modalverben
wǒ jìn bù liǎo fángjiān 我进不了 房间 。*Ich kann nicht ins Zimmer gehen* (ohne Schlüssel). zhè liàng chē lǐ zuò bù xià liù ge rén 这 辆 车里坐不下六个人。*In diesem Wagen können keine sechs Personen sitzen* (weil kein Platz ist).	wǒ bù néng jìn fángjiān 我不 能 进 房间 。*Ich kann/darf nicht ins Zimmer gehen* (ohne Erlaubnis). zhè liàng chē bù néng zuò liù ge rén 这 辆 车不 能 坐六个人。*In diesem Auto können/dürfen keine sechs Personen sitzen* (weil dafür die Zulassung fehlt).

Das Komplement der Möglichkeit drückt also aus, ob jemand aus objektiven Gründen in der Lage ist, etwas zu machen, während ein Modalverb wie 能 oder 可以 eine Erlaubnis ausdrückt (**vgl. das Kapitel „Modalverben": 9.2.4 und 9.2.5**).

[Übungen zu dem voran gehenden Abschnitt **18.3** s. **18.9**]

18.4 Das Komplement der Richtung (KRi) 趋向补语

Das Komplement der Richtung gibt die Richtung der Handlung an. Man unterscheidet zwischen dem einfachen (来, 去) und dem zusammengesetzten Komplement der Richtung (Richtungsverben + 来/去, wie 上来, 下去). Sie werden unbetont ausgesprochen.

18.4.1 Das einfache Komplement der Richtung

Das einfache Komplement der Richtung wird mit den einsilbigen Verben 来 oder 去 gebildet. Dabei bezeichnet 来 eine Bewegungsrichtung der Handlung auf den Sprecher zu und 去 vom Sprecher weg.

nǐmen dōu jìnlái ba
你们 都 进来 吧。*Kommt bitte alle **herein.***

tā gāng chūqù
他 刚 出去。*Er ist gerade **hinaus**gegangen.*

a) bei Richtungsverben

来 und 去 können bei den Richtungsverben 上, 下, 进, 出, 过 und 回 als Komplement eingesetzt werden. Bei einer vollendeten Handlung steht die Partikel 了 am Satzende.

ohne Objekt

tāmen shàngqù nǐmen xiàlái
他们 上去 , 你们 下来。

nǐ guòqù ba
你 过去 吧。

tāmen huílái le
他们 回来 了。

tóngxuémen jìnqù le
同学们 进去 了。

mit Objekt

Das Objekt muss zwischen dem Richtungsverb und dem Komplement stehen.

nǐmen dōu jìn fángjiān lái ba
你们 都 进 房间 来 吧。*Kommt bitte alle ins Zimmer herein.*

wǒ dào wǎngqiúchǎng qù
我 到 网球场 去。*Ich gehe zum Tennisplatz.*

tāmen jìn diànyǐngyuàn lái le
他们 进 电影院 来 了。*Sie sind ins Kino hereingekommen.*

Lǐ lǎoshī huí jiā qù le
李 老师 回 家 去 了。*Herr Li ist zurück nach Hause gegangen.*

b) bei anderen Verben

Außer bei Richtungsverben können 来 und 去 auch bei anderen Verben als Komplement eingesetzt werden. Das Objekt kann vor oder hinter das Komplement gestellt werden.

shū ne tā sònglái
书 呢? 他 送来 。*Und* (wo ist) *das Buch? Er bringt es her.*

jīntiān de bàozhǐ nǐ kěyǐ náqù
今天 的 报纸 你 可以 拿去。*Die Zeitung von heute kannst du mitnehmen.*

tā mǎi yī běn cídiǎn lái
他 买 一 本 词典 来。*Er hat ein Wörterbuch gekauft.*
tā jìlái yī běn xiǎoshuō
她 寄来 一 本 小说 。*Sie hat einen Roman geschickt.*

Man könnte auch anders formulieren: Wenn das Komplement am Satzende steht und dadurch der Platz direkt hinter dem Prädikat frei ist, wird 了 direkt hinter das Prädikat gesetzt. Ist der Platz direkt hinter dem Prädikat durch das Komplement besetzt, so muss 了 auf das Komplement folgen.

wǒ mǎile yī běn cídiǎn lái
我 买了 一 本 词典 来。*Ich habe ein Wörterbuch gekauft.*
tā jìlái le yī běn xiǎoshuō
她 寄来 了 一 本 小说 。*Sie hat einen Roman geschickt.*

Steht 了 an anderer Stelle, ist der Satz entweder falsch oder bekommt eine ganz andere Bedeutung. Ein Satz wie * 她寄了来一本辞典 gilt grammatisch als falsch. Die Formulierung 他买词典来了 hat eine andere Bedeutung und heißt „er ist gekommen, um Wörterbücher zu kaufen". (**zu 了 vgl. Kapitel 17 „Partikel 了"**)

c) Das einfache KRi als Komplement der Möglichkeit

Das einfache Komplement der Richtung kann auch als Komplement der Möglichkeit verwendet werden.

nǐ shàng de qù ma
你 上 得去 吗? *Kannst du nach oben gehen?*
tā qǐ bù lái le
他 起 不 来 了。*Er kann nicht mehr aufstehen.*

[Übungen zu dem voran gehenden Abschnitt **18.4.1** s. **18.10**]

18.5 Das Komplement der Zeitdauer (KZd) 时段补语

Das Komplement der Zeitdauer gibt die Dauer einer Handlung oder eines Zustandes an und wird in der Form Nu + (ZEW +) Zeiteinheit gebildet.

wǒmen xiūxile yī ge xiǎoshí
我们 休息了 一个 小时。

tā dǎ diànhuà dǎle shí fēnzhōng
她 打 电话 打了 十 分钟 。

Vgl. Kapitel 2.7 „Zeitpunkt und Zeitdauer".

18.6 Komplement der Häufigkeit und Menge (KH) 数量补语

Das Komplement der Häufigkeit und Menge kann ausdrücken, wie oft eine Handlung stattfindet. Es besteht aus einer Zahl und einem verbalen Zähleinheitswort. Die meistgebrauchten ZEW des Verbs sind 次, 回, 遍 und 下 (**vgl. Kapitel 6 „Verbale Zähleinheitswörter“**).

tā láile liǎng cì
他来了 两 次。*Er war zweimal hier.*
qǐng nǐ zài shuō yī biàn
请 你 再 说 一 遍 。*Sag das bitte noch einmal.*
wǒmen děng yīxiàr ba
我们 等 一下儿 吧。*Lass uns einen Moment warten.*

Wenn das Objekt ein Nomen ist, steht das Komplement vor dem Objekt.

tā qùle yī cì Yīngguó
她去了 一次 英国 。

wǒ tīngle yīxiàr yīnyuè
我 听了 一下儿 音乐。

Wenn das Objekt ein Pronomen ist, muss das Komplement dem Objekt nachgestellt werden.

wǒ zhǎole tā liǎng cì
我 找了 他 两 次。

Wáng xiānshēng kànle wǒ liǎng huí
王 先生 看了 我 两 回。

Es gibt ZEW-fähige Nomina (**vgl. 6.2**), die als Komplement fungieren können. Wenn das Objekt in solchen Sätzen ein Nomen mit Dp-ZEW ist, steht es am Satzanfang als Thema der Aussage. Wenn das Objekt ein Pronomen ist, kann es vor oder nach dem Komplement stehen.

zhè bēi kāfēi tā zhǐ hēle yī kǒu
这 杯 咖啡 他 只 喝了 一 口 。*Er hat nur einen Schluck von dieser Tasse Kaffee getrunken.*
wǒ kànle tā yī yǎn　　wǒ kànle yī yǎn tā
我 看了 他 一 眼。oder 我 看了 一 眼 他。*Ich habe ihm einen kurzen Blick zugeworfen.*

Auch Maß- und Mengenwörter können als Komplement verwendet werden.

tā bǐ wǒ dà liǎng suì
他 比 我 大 两 岁。*Er ist zwei Jahre älter als ich.*
wǒ bǐ tā gāo sān gōngfēn
我 比 他 高 三 公分 。*Ich bin drei Zentimeter größer als er.*
tā měi tiān zǎo lái shí fēnzhōng
她 每 天 早 来 十 分钟 。*Sie kommt jeden Tag 10 Minuten früher.*

fēijī wǎn dào bàn ge xiǎoshí
飞机 晚 到 半 个 小时。*Das Flugzeug verspätet sich um eine halbe Stunde.*

[Übungen zu dem voran gehenden Abschnitt **18.6** s. **18.11**]

18.7 Übungen zu 18.1

18.7.1 Antworten Sie zuerst mit 很 als Komplement, dann mit 极了

tā zhè jǐ tiān máng bù máng
1. 他 这 几 天 忙 不 忙？

zhè ge xīngqī lěng bù lěng
2. 这 个 星期 冷 不 冷？

zhè ge fángjiān dà ma
3. 这 个 房间 大 吗?

nà ge gōngyuán piàoliang ma
4. 那 个 公园 漂亮 吗?

tā de shēntǐ zěnmeyàng hǎo
5. 他 的 身体 怎么样？(好)

nǐ zhù de dìfāng lí dàxué yǒu duō
6. 你 住 的 地方 离 大学 有 多
yuǎn jìn
远？(近)

Běijīngrén shuō huà zěnmeyàng yǒu
7. 北京人 说 话 怎么样？(有
yìsi
意思)

Shànghǎi de Nánjīnglù zěnmeyàng
8. 上海 的 南京路 怎么样？
rènao
(热闹)

18.7.2 Antworten Sie mit dem Komplement des Grades

zhè zhāng huà hǎokàn ma bù de liǎo
1. 这 张 画 好看 吗? (不 得 了)

mèimei gāoxìng ma bù xiǎng huí jiā
2. 妹妹 高兴 吗? (不 想 回 家)

tāmen shēnghuó de zěnmeyàng yī tiān bǐ yī tiān hǎo
3. 他们 生活 得 怎么样？(一 天 比 一 天 好)

tā xǐ zǎo xǐ de zěnmeyàng dì shàng dōu shì shuǐ
4. 他 洗 澡 洗 得 怎么样？(地 上 都 是 水)

zhè bù diànyǐng jǐnzhāng ma ràng rén hàipà
5. 这 部 电影 紧张 吗? (让 人 害怕)

tā zěnmeyàng xǐhuan gǒu ràng gǒu zài chuáng shàng shuì jiào
6. 她 怎么样 喜欢 狗? (让 狗 在 床 上 睡 觉)

tāmen liǎ liáo tiān liáo de zěnmeyàng kè dōu méi shàng
7. 他们 俩 聊 天 聊 得 怎么样？(课 都 没 上)

Qián xiānshēng zhèng qián zhèng de zěnmeyàng bù zhīdào zìjǐ xìng shénme le
8. 钱 先生 挣 钱 挣 得 怎么样？(不 知道 自己 姓 什么 了)

18.7.3 Bilden Sie Sätze nach den folgenden Beispielen

tā xué Hànyǔ xué de hěn hǎo
a) 他 学 汉语 学 得 很 好。

Hànyǔ tā xué de hěn hǎo
b) 汉语 他 学 得 很 好。

tā Hànyǔ xué de hěn hǎo
c) 他 汉语 学 得 很 好。

mèimei qí zìxíngchē hěn màn
1. 妹妹，骑，自行车，很 慢

māma zuò miàntiáo hàochī jí le
2. 妈妈，做， 面条 ，好吃 极 了

Wáng xiānshēng dǎ tàijíquán hěn rènzhēn
3. 王 先生 ，打，太极拳，很 认真

Xiè lǎoshī jièshào túshūguǎn fēicháng zǐxì
4. 谢 老师， 介绍 ， 图书馆 ， 非常 仔细

18.7.4 Verneinen Sie

dìdi zǒu de hěn màn
1. 弟弟 走 得 很 慢。

mèimei chī de hěn kuài
2. 妹妹 吃 得 很 快。

tāmen xiūxi de hěn duō
3. 他们 休息 得 很 多。

tā xué Hànyǔ xué de hěn qīngsōng
4. 他 学 汉语 学 得 很 轻松 。

Xiǎo Wáng zuò shì zuò de hěn mǎhu
5. 小 王 做 事 做 得 很 马虎。

Mǎ xiānshēng kàn jīngjù kàn de hěn shǎo
6. 马 先生 看 京剧 看 得 很 少。

wǒ péngyǒu zuò fēijī zuò de hěn duō
7. 我 朋友 坐 飞机 坐 得 很 多。

tā chū chāi chū de hěn shǎo
8. 她 出 差 出 得 很 少。

18.8 Übungen zu 18.2

18.8.1 Welches Komplement passt?

dào dǒng guāng hǎo jiàn qīngchǔ wán zháo zhù zǒu
到，懂， 光 ，好，见， 清楚 ，完，着，住，走

nǚ'ér de huà tā tīng le
1. 女儿 的 话 她 听 ______ 了。

zhèlǐ zǎoshang néng tīng gǒujiào
2. 这里 早上 能 听 ______ 狗叫 。

zěnme qù diànyǐngyuàn wǒ yǐjīng wèn le
3. 怎么 去 电影院 ，我 已经 问 ______ 了。

Wáng lǎoshī de yǎnjìng zhǎo méi yǒu
4. 王 老师的 眼镜 找______没 有？
yǐjīng shíyī diǎn le érzi hái méi shuì
5. 已经 十一 点 了，儿子 还 没 睡______。
gěi shìzhǎng de xìn xiě le ma
6. 给 市长 的信 写______了 吗？
tā zhōngyú xiě le tā de bìyè lùnwén
7. 他 终于 写______了 他 的 毕业 论文 。
nàme duō kělè nǐ dōu hē le
8. 那么 多 可乐 你 都 喝______了？
qǐng nǐ jì yīnyuè tīng duō le yě bù hǎo
9. 请 你 记______，音乐 听 多 了 也 不 好。
tāmen dài le duì Běijīng de měihǎo yìnxiàng
10. 他们 带______了 对 北京 的 美好 印象 。

18.8.2 Stellen Sie Fragen mit „PN-Konstruktion + K“ und „P + K (了) 没有“. Beispiele:

nǐ chī méi chīwán fàn
a) 你 吃 没 吃完 饭？

nǐ chīwán fàn le méi yǒu
b) 你 吃完 饭 了 没 有？

zǎofàn zuòhǎo le
1. 早饭 做好 了。
jīntiān tiānqì biànlěng le
2. 今天 天气 变冷 了。
zhè bù diànyǐng wǒ kàndǒng le
3. 这 部 电影 我 看懂 了。

nǐ yào de dìtú mǎidào le
4. 你 要 的 地图 买到 了。
dìdi bǎ xīn zìxíngchē qíhuài le
5. 弟弟 把 新 自行车 骑坏 了。
zhè ge zì tā xiěcuò le
6. 这 个 字 他 写错 了。

18.8.3 Verneinen Sie die Sätze der Übung 2

18.8.4 Setzen Sie das passende Komplement ein

chū qǐ shàng xià
出，起，上，下

tā yī shàng chē huǒchēmén jiù guān le
1. 他 一 上 车， 火车门 就 关 _____了。
māma yī dào jiā jiù máng le huāyuán lǐ de huór
2. 妈妈 一 到 家 就 忙 _____了 花园 里 的 活儿。
qǐng nǐ bǎ yǎnjìng ná lái ràng wǒ jiǎnchá yīxià
3. 请 你 把 眼镜 拿_____来，让 我 检查 一下。
nǐ mèimei zài kàn shū qǐng nǐ bǎ diànshìjī guān
4. 你 妹妹 在 看 书，请 你 把 电视机 关 _____。

bù yào wàngjì xiě nǐ de diànhuà hàomǎ
5. 不要 忘记 写____你的 电话 号码。

shuō zài Déguó liú xué de rìzi tāmen zǒngshi fēicháng gāoxìng
6. 说 ____在 德国 留 学 的 日子，他们 总是 非常 高兴 。

wǒ xīwàng jīntiān néng chī yī dùn zhēnzhèng de xīcān
7. 我 希望 今天 能 吃____一 顿 真正 的 西餐。

zhè tào fángzi zhù de wǔ ge rén
8. 这 套 房子 住 得____五 个 人。

zài guò bàn nián wǒmen jiù néng zhù xīn fángzi le
9. 再 过 半 年 我们 就 能 住____新 房子 了。

fēijī tèbié dà zuò de ge rén
10. A380 飞机 特别 大，坐 得____500 个 人。

dìdi shuō le gēge xiǎng shuō de huà
11. 弟弟 说 ____了 哥哥 想 说 的 话。

18.9 Übungen zu 18.3

18.9.1 Setzen Sie zusammen mit 得 oder 不 das passende Komplement ein

dòng gānjìng jiàn liǎo liǎo qǐ wán zhù
动，干净，见，了，了，起，完，住

nǐ shuō de tài qīng wǒ tīng
1. 你 说 得 太 轻，我 听
__________。

yīfu tài zāng xǐ
2. 衣服 太 脏，洗__________。

xiāngzi zhème zhòng nǐ ná
3. 箱子 这么 重，你 拿
ma
________吗？

shū zhème duō nǐ ná
4. 书 这么 多，你 拿________
ma
吗？

zhè tào fángzi tài guì wǒ mǎi
5. 这 套 房子 太 贵，我 买
________。

nǐ kàn zhème hòu de shū
6. 你 看 __________这么 厚 的 书
ma
吗？

zhème duō shēngcí nǐ jì
7. 这么 多 生词 你 记
ma
__________吗？

wǒ jiějué zhè jǐ ge
8. 我 解决__________这 几 个
wèntí
问题。

18.9.2 Stellen Sie mit „P 得 K + P 不 K“ Fragen zu den markierten Teilen. Beispiel:

wǒ chī de wán → nǐ chī de wán chī bù wán
我吃得完。→ 你吃得完吃不完？

1. tā shuō de qīngchǔ
他说得清楚。
2. wǒ jīntiān kǎo de wán
我今天考得完。
3. jiějie jiè de dào nà běn xiǎoshuō
姐姐借得到那本小说。
4. nà liàng hóng qìchē wǒ kàn de jiàn
那辆红汽车我看得见。
5. zhème duō niúnǎi tā hē de xià
这么多牛奶他喝得下。
6. zhè jǐ ge gùshi lǎoshī jiǎng de wán
这几个故事老师讲得完。
7. diànnǎo wǒ mǎi de qǐ
电脑我买得起。
8. zhè zhāng shāfā tā bān de dòng
这张沙发他搬得动。

18.9.3 Verneinen Sie die Sätze der Übung 18.9.2

18.10 Übungen zu 18.4.1

18.10.1 Übersetzen Sie mit einfachem KRi

1. Komm bitte herein.
2. Kommt doch bitte alle nach oben.
3. Geht doch bitte alle zurück.
4. Sie sind alle hinausgegangen.
5. Komm bitte ins Zimmer.
6. Kommen Sie bitte die Treppe hoch.
7. Du kannst nach Hause gehen.
8. Er möchte zur Post gehen.

18.10.2 Setzen Sie das Objekt an der richtigen Stelle ein

1. tā jì lái yī fēng xìn
她寄A来B。(一封信)
2. māma mǎi lái yī pén huā
妈妈买A来B。(一盆花)
3. wǒ xiǎng dào qù huādiàn
我想到A去B。(花店)
4. Wáng xiānshēng huí qù le gōngsī
王先生回A去B了。(公司)
5. bàba dǎ lái le diànhuà
爸爸打A来B了。(电话)
6. tā jìn qù fàndiàn
她进A去B。(饭店)
7. xiǎo gǒu jìn lái le gōngyuán
小狗进A来B了。(公园)
8. tóngxuémen dōu huí lái le sùshè
同学们都回A来B了。(宿舍)

18.11 Übungen zu 18.6

18.11.1 Antworten Sie

tā jīntiān xiūxile ma liǎng cì
1. 他 今天 休息了 吗? (两 次)

zhè ge yuè nǐ huí jiā le ma sān
2. 这 个 月 你 回 家 了 吗? (三
tàng
趟)

zhè bù diànyǐng tāmen kànle ma wǔ
3. 这 部 电影 他们 看了 吗? (五
biàn
遍)

tā bìng le nǐ qù kànguo tā ma
4. 她 病 了, 你 去 看过 她 吗?
sān cì
(三 次)

zhè shǒu gē nǐ tīngguo ma liǎng
5. 这 首 歌 你 听过 吗? (两
biàn
遍)

nǐ jīnnián fēiguo Běijīng ma liù
6. 你 今年 飞过 北京 吗? (六
tàng
趟)

tā qǐng nǐ chīguo fàn ma yī huí
7. 他 请 你 吃过 饭 吗? (一 回)

tā zuò de miàntiáo nǐ chī le ma
8. 她 做 的 面条 你 吃 了 吗?
yī kǒu
(一 口)

18.11.2 Was passt?

jǐshí ge rén liǎng ge píngfāngmǐ sān gōngfēn sān nián sì suì yī ge xuéqī
几十 个 人, 两 个 平方米 , 三 公分 , 三 年 , 四 岁, 一 个 学期

gēge bǐ dìdi dà
1. 哥哥 比 弟弟 大________。

jiějie bǐ mèimei gāo
2. 姐姐 比 妹妹 高________。

tā lái gōngsī bǐ wǒ zǎo
3. 他 来 公司 比 我 早________。

wǒ de fángjiān bǐ dìdi de dà
4. 我 的 房间 比 弟弟 的 大
________。

tāmen bǐ wǒ wǎn bìyè
5. 他们 比 我 晚 毕业________。

jīntiān lái de rén bǐ zuótiān duō
6. 今天 来 的 人 比 昨天 多
________。

19 Besondere Konstruktionen

Die hier behandelten Konstruktionen werden nicht nur sehr häufig angewendet, sondern erweisen sich wegen ihrer Unterschiede zum Deutschen oft als schwierig.

19.1 Die 是…的-Konstruktion 是…的-结构

Die 是…的-Konstruktion dient zur Hervorhebung eines Satzgliedes. 是 steht vor dem Satzglied, das betont werden soll, und 的 am Satzende. 了 oder 过 im ursprünglichen Satz entfallen.

Xiǎo Míng zuótiān gēn bàba yīqǐ lái le shì Xiǎo Míng zuótiān gēn
小 明 昨天 跟 爸爸 一起 来 了。→ 是 小 明 昨天 跟
bàba yīqǐ lái de
爸爸 一起 来 的。

Xiǎo Míng shì zuótiān gēn bàba yīqǐ lái de Xiǎo Míng zuótiān
→ 小 明 是 昨天 跟 爸爸 一起 来 的。→ 小 明 昨天
shì gēn bàba yīqǐ lái de
是 跟 爸爸 一起 来 的。

Dementsprechend können auch Fragen gestellt werden.

shì shuí zuótiān gēn bàba yīqǐ lái de
是 谁 昨天 跟 爸爸 一起 来 的?
Xiǎo Míng shì shénme shíhou gēn bàba yīqǐ lái de
小 明 是 什么 时候 跟 爸爸 一起 来 的?
Xiǎo Míng zuótiān shì gēn shéi yīqǐ lái de
小 明 昨天 是 跟 谁 一起 来 的?

Die Verneinung der 是…的-Konstruktion erfolgt durch 不, das direkt vor 是 gestellt wird.

bù shì Xiǎo Míng zuótiān gēn bàba yīqǐ lái de
不 是 小 明 昨天 跟 爸爸 一起 来 的。
Xiǎo Míng bù shì zuótiān gēn bàba yīqǐ lái de
小 明 不 是 昨天 跟 爸爸 一起 来 的。
Xiǎo Míng zuótiān bù shì gēn bàba yīqǐ lái de
小 明 昨天 不 是 跟 爸爸 一起 来 的。

Hat das Prädikat ein Objekt, kann 的 entweder wie oben an das Satzende oder direkt hinter das Prädikat gestellt werden.

am Satzende:

shì māma hé nǚ'ér yīqǐ qù gōngyuán de
是 妈妈 和 女儿 一起 去 公园 的。
māma shì hé nǚ'ér yīqǐ qù gōngyuán de
妈妈 是 和 女儿 一起 去 公园 的。

hinter dem Prädikat:

shì māma hé nǚ'ér yīqǐ qù de gōngyuán
是 妈妈 和 女儿 一起 去 的 公园 。
māma shì hé nǚ'ér yīqǐ qù de gōngyuán
妈妈 是 和 女儿 一起 去 的 公园 。

Um das Prädikat zusammen mit dem Objekt hervorzuheben, steht 的 am Satzende.

māma hé nǚ'ér yīqǐ shì qù gōngyuán de
妈妈 和 女儿 一起 是 去 公园 的。
tāmen zài túshūguǎnshì zuò liànxí de
他们 在 图书馆 是 做 练习 的。
Zhāng xiānshēng qù shāngdiàn shì mǎi zhàoxiàngjī de
张 先生 去 商店 是 买 照相机 的。

Zur Hervorhebung des Objektes steht 是 direkt vor dem Objekt, 的 muss hinter das Prädikat gestellt werden und steht so vor dem 是.

māma hé nǚ'ér yīqǐ qù de shì gōngyuán
妈妈 和 女儿 一起 去 的 是 公园 。
tāmen jīntiān shàng de shì déyǔkè
他们 今天 上 的 是 德语课。
Wáng xiānshēng hē de shì lǜchá
王 先生 喝 的 是 绿茶。

[Übungen zu dem voran gehenden Abschnitt **19.1** s. **19.5**]

19.2 Konstruktionen für Vergleiche 比较结构

Im Deutschen stehen zum Ausdruck des Vergleichs Komparativ und Superlativ (gut – besser – am besten) zur Verfügung, die es im Chinesischen in dieser Form nicht gibt. Um einen Vergleich auszudrücken, werden bestimmte Präpositional-Konstruktionen verwendet, die wegen ihrer hohen Fehlerquote beim Gebrauch besondere Beachtung verdienen.

19.2.1 A 比 B W: A ist im Vergleich zu B *wie*

a) A 比 B W

A und B werden hinsichtlich einer Eigenschaft verglichen. 比…*W* bedeutet „mehr W als", positiv wie negativ. *W* kann ein Eigenschaftsverb oder ein Verb bzw. eine Verbalkonstruktion sein.

wǒ bǐ tā gāo
我 比 他 高 。*Ich bin größer als er.*

tā bǐ wǒ máng
他 比 我 忙 。*Er ist beschäftigter als ich / Er hat mehr zu tun als ich.*

Xiǎo Míng bǐ Xiǎo Huā xǐhuan yóu yǒng
小 明 比 小 花 喜欢 游 泳 。*Xiao Ming schwimmt lieber als Xiao Hua.*

Wáng xiānshēng bǐ wǒ liǎojiě Zhōngguó
王 先生 比 我 了解 中国 。*Herr Wang ist besser über China informiert als ich.*

b) A 比 B W + Komplement

Um auszudrücken, um was oder um wie viel sich zwei Dinge voneinander unterscheiden, kann ein Komplement der Menge oder des Grades hinzugefügt werden.

wǒ bǐ tā gāo sān gōngfēn
我 比 他 高 三 公分 。*Ich bin drei Zentimeter größer als er.*

zhè běn shū bǐ nà běn shū guì wǔ yuán
这 本 书 比 那 本 书 贵 五 元 。*Dieses Buch ist fünf Yuan teurer als jenes.*

zhè zuò lóu bǐ nà zuò lóu duō liǎng céng
这 座 楼 比 那 座 楼 多 两 层 。*Dieses Gebäude hat zwei Stockwerke mehr als jenes.*

tā bǐ wǒ máng de duō
他 比 我 忙 得 多 。*Er ist viel beschäftigter als ich / Er hat viel mehr zu tun als ich.*

tā bǐ tā máng de duō de duō
她 比 他 忙 得 多 得 多 。*Sie hat sehr viel mehr zu tun als er.*

Werden A und B hinsichtlich des Komplements des Grades verglichen, gibt es dafür zwei Möglichkeiten:

A 比 B + Verb +得 Komplement

dìdi bǐ gēge wán de duō
弟弟 比 哥哥 玩 得 多。*Der jüngere Bruder spielt mehr als der ältere.*
wǒ bǐ dìdi chī de kuài
我 比 弟弟 吃 得 快。*Ich esse schneller als der jüngere Bruder.*

A + Verb 得 + 比 B + Komplement

dìdi wán de bǐ gēge duō
弟弟 玩 得 比 哥哥 多。*Der jüngere Bruder spielt mehr als der ältere.*
mèimei chī de bǐ dìdi shǎo
妹妹 吃 得 比 弟弟 少。*Die jüngere Schwester isst weniger als der jüngere Bruder.*

Hat das Verb dazu noch ein Objekt, ergeben sich folgende Möglichkeiten:

A 比 B + Verb – Objekt – Verb + 得 Komplement

Wáng xiǎojiě bǐ wǒ dǎ diànhuà dǎ de duō
王 小姐 比 我 打 电话 打 得 多。*Fräulein Wang telefoniert mehr als ich.*
jiějie bǐ wǒ xué Yīngyǔ xué de zǎo
姐姐 比 我 学 英语 学 得 早。*Meine ältere Schwester lernte Englisch früher als ich.*

A + Verb – Objekt + 比 B + Verb + 得 Komplement

Wáng xiǎojiě dǎ diànhuà bǐ wǒ dǎ de duō
王 小姐 打 电话 比 我 打 得 多。
jiějie xué Yīngyǔ bǐ wǒ xué de zǎo
姐姐 学 英语 比 我 学 得 早。

A + Verb – Objekt – Verb + 得 + 比 B + Komplement

Wáng xiǎojiě dǎ diànhuà dǎ de bǐ wǒ duō
王 小姐 打 电话 打 得 比 我 多。
jiějie xué Yīngyǔ xué de bǐ wǒ zǎo
姐姐 学 英语 学 得 比 我 早。

Verneinungsform

Zur Verneinung wird 没有 verwendet, das immer 比 ersetzt. Das bedeutet, dass 比 bei der Verneinung entfallen muss. Es bedeutet „nicht heranreichen an", also kein mehr, sondern ein minder, ein weniger.

A 没有 B W

tā bǐ wǒ máng wǒ méi yǒu tā máng
他比我忙。→ 我没有他忙。
Ich habe nicht so viel zu tun wie er.
Wáng xiānshēng bǐ wǒ liǎojiě Zhōngguó wǒ méi yǒu Wáng xiānshēng
王先生比我了解中国。→ 我没有王先生
liǎojiě Zhōngguó
了解中国。
Ich bin nicht so gut informiert wie …
dìdi bǐ gēge wán de duō gēge méi yǒu dìdi wán de duō
弟弟比哥哥玩得多。→ 哥哥没有弟弟玩得多。
Der ältere Bruder spielt weniger als der jüngere.
wǒ chī de bǐ dìdi kuài dìdi chī de méi yǒu wǒ kuài
我吃得比弟弟快。→ 弟弟吃得没有我快。
Der jüngere Bruder isst nicht so schnell wie ich.
Wáng xiǎojiě bǐ wǒ dǎ diànhuà dǎ de duō wǒ méi yǒu Wáng xiǎojiě
王小姐比我打电话打得多。→ 我没有王小姐
dǎ diànhuà dǎ de duō
打电话打得多。
Ich telefoniere nicht so viel wie Fräulein Wang.
jiějie xué Yīngyǔ bǐ wǒ xué de zǎo wǒ xué Yīngyǔ méi yǒu jiějie xué
姐姐学英语比我学得早。→ 我学英语没有姐姐学
de zǎo
得早。
Ich lernte Englisch nicht so früh wie meine ältere Schwester.
wǒ hē chá hē de bǐ Wáng xiānshēng duō Wáng xiānshēnghē chá hē
我喝茶喝得比王先生多。→ 王先生喝茶喝
de méi yǒu wǒ duō
得没有我多。
Herr Wang trinkt nicht so viel Tee wie ich.

没有 kann i.d.R. durch 不如 ersetzt werden.

wǒ méi yǒu tā máng wǒ bù rú tā máng
我没有他忙。= 我不如他忙。
wǒ méi yǒu Wáng xiānshēng liǎojiě Zhōngguó wǒ bù rú Wáng
我没有王先生了解中国。= 我不如王
xiānshēng liǎojiě Zhōngguó
先生了解中国。

gēge méi yǒu dìdi wán de duō   gēge bù rú dìdi wán de duō
哥哥 没 有 弟弟 玩 得 多。= 哥哥不如弟弟 玩 得 多。

[Übungen zu dem voran gehenden Abschnitt **19.2.1** s. **19.6**]

19.2.2 A 跟 B 一样 W: A und B sind in gleicher Weise *wie*

Um auszudrücken, dass A genau so ist wie B, werden folgende Konstruktionen verwendet:

a) A 跟 B 一样 W

wǒ gēn tā yīyàng dà
我 跟 他 一样 大。*Ich bin genauso alt wie er.*

b) A 跟 B + Verb 得 + 一样 + Komplement

dìdi gēn gēge zǒu de yīyàng kuài
弟弟 跟 哥哥 走 得 一样 快。*Der jüngere Bruder geht genauso schnell wie der ältere.*

wǒ gēn tā chàng de yīyàng hǎo
我 跟 她 唱 得 一样 好。*Ich singe genauso gut wie sie.*

c) A + Verb 得 + 跟 B 一样 + Komplement

dìdi zǒu de gēn gēge yīyàng kuài
弟弟 走 得 跟 哥哥 一样 快。*Der jüngere Bruder geht genauso schnell wie der ältere.*

wǒ chàng de gēn tā yīyàng hǎo
我 唱 得 跟 她 一样 好。*Ich singe genauso gut wie sie.*

Hat das Verb dazu auch noch ein Objekt, ergeben sich dann die folgenden Möglichkeiten:

d) A + Verb – Objekt + 跟 B + Verb 得 + 一样 + Komplement

Wáng xiǎojiě kàn shū gēn wǒ kàn de yīyàng duō
王 小姐 看 书 跟 我 看 得 一样 多。*Fräulein Wang liest genauso viel wie ich.*

Xiǎo Zhāng xué Déyǔ gēn Xiǎo Mǎ xué de yīyàng hǎo
小 张 学 德语 跟 小 马 学 得 一样 好。*Xiao Zhang lernt genauso gut Deutsch wie Xiao Ma.*

e) A + Verb – Objekt – Verb 得 + 跟 B 一样 + Komplement

Wáng xiǎojiě kàn shū kàn de gēn wǒ yīyàng duō
王 小姐 看 书 看 得 跟 我 一样 多。*Fräulein Wang liest genauso viel wie ich.*

Xiǎo Zhāng xué Déyǔ xué de gēn Xiǎo Mǎ yīyàng hǎo
小 张 学 德语 学 得 跟 小 马 一样 好。*Xiao Zhang lernt genauso gut Deutsch wie Xiao Ma.*

一样 kann durch das Adverb 差不多 modifiziert werden mit der Bedeutung, dass A und B fast gleich sind.

wǒ gēn tā chà bù duō yīyàng dà
我 跟 他 差 不 多 一样 大。*Ich bin fast so alt wie er.*

dìdi gēn gēge zǒu de chà bù duō yīyàng kuài
弟弟 跟 哥哥 走 得 差 不 多 一样 快。*Der jüngere Bruder geht fast so schnell wie der ältere.*

Verneinungsformen

Mit der Form „**A 跟 B 不一样 *W***" wird ausgedrückt, dass A und B hinsichtlich *W* nicht gleich sind.

wǒ gēn tā yīyàng dà → wǒ gēn tā bù yīyàng dà
我 跟 他 一样 大。→ 我 跟 他 不 一样 大。
Ich bin nicht genauso alt wie er.

dìdi gēn gēge zǒu de yīyàng kuài → dìdi gēn gēge zǒu de bù yīyàng kuài
弟弟 跟 哥哥 走 得 一样 快。→ 弟弟 跟 哥哥 走 得 不 一样 快
Der jüngere und der ältere Bruder gehen nicht gleich schnell.

Die Form „**A 没有 B *W***" bedeutet, dass A weniger *W* ist oder tut als B.

Déguó shū gēn Zhōngguó shū yīyàng guì → Zhōngguó shū méi yǒu Déguó shū guì
德国 书 跟 中国 书 一样 贵。→ 中国 书 没 有 德国 书 贵
Chinesische Bücher sind nicht so teuer wie deutsche.

tā kàn xiǎoshuō kàn de gēn wǒ yīyàng duō → tā kàn xiǎoshuō kàn de méi yǒu wǒ duō
他 看 小说 看 得 跟 我 一样 多。→ 他 看 小说 看 得 没 有 我 多
Er liest nicht so viele Romane wie ich.

[Übungen zu dem voran gehenden Abschnitt **19.2.2** s. **19.7**]

19.3 Die PN-Konstruktion 正反结构

Entscheidungsfragesätze (Ja-Nein-Fragen) können nicht nur mit der Fragesatzpartikel 吗 (**vgl. Kap. 16.4**) gebildet werden, sondern auch in Form der Positiv-Negativ-Konstruktion (PN-Konstruktion), worin die bejahte und verneinte Form des Verbs oder Eigenschaftsverbs nebeneinander gestellt werden. Die Negationsadverbien 不 oder 没 werden unbetont ausgesprochen (**zum Gebrauch von Negationsadverbien vgl. Kap. 11.2**).

nǐ jīntiān máng bù máng
你 今天 忙 不 忙？ (Ev)
Wáng xiānshēng shì bù shì yīshēng
王 先生 是不是 医生？ (Kopulaverb)
zuótiān wǎnshang nǐ kàn méi kàn diànshì
昨天 晚上 你看 没 看 电视？ (Verb)
nǐmen xiǎng bù xiǎng qù Běijīng liú xué
你们 想 不 想 去 北京 留 学？ (Modalverb)

Bei der Verwendung der PN-Konstruktion gibt es allerdings eine Einschränkung, was bei dem Fragesatz mit 吗 nicht der Fall ist: Der Gebrauch von Adverbien ist nicht möglich.

tāmen dōu shì xuéshēng → tāmen dōu shì xuéshēng ma → tāmen dōu shì bù shì xuéshēng
他们 都 是 学生。→ 他们 都 是 学生 吗？ → *他们 都 是不是 学生？

tā hěn xiǎng jiā → tā hěn xiǎng jiā ma → tā hěn xiǎng bù xiǎng jiā
她 很 想 家。→ 她 很 想 家 吗？ → *她 很 想 不 想 家？

Die PN-Konstruktion fungiert hauptsächlich als Prädikat, wie in den Beispielen oben, kann aber auch als Komplement verwendet werden.

tā de zì xiě de hǎo bù hǎo
他 的 字 写 得 好 不 好？
nǐ kàn xiǎoshuō kàn de duō bù duō
你 看 小说 看 得 多 不 多？

Wird ein zweisilbiges Verb oder Eigenschaftsverb in der PN-Konstruktion verwendet, so kann die erste Silbe allein oder beide Silben zusammen in der positiven Form stehen: „A 不 / 没 AB" oder „AB 不 / 没 AB".

A 不 AB		AB 不 AB	
nǐ jiějie gāo bù gāoxìng		nǐ jiějie gāoxìng bù gāoxìng	
你 姐姐 高 不 高兴？	=	你 姐姐 高兴 不 高兴？	(Ev)

tā xiū bù xiūxī　　　　tā xiūxī bù xiūxī
她休不休息？　＝　她休息不休息？　(Verb ohne Objekt)

tā jiè méi jièshào tā zìjǐ　　　　tā jièshào méi jièshào tā zìjǐ
他介没介绍他自己？　＝　他介绍没介绍他自己？(Vk)

Bilden das Kopulaverb 是 oder Verbalkonstruktionen das Prädikat, so kann das Prädikatsnomen oder das Objekt in folgenden Positionen auftreten:

a) direkt hinter dem Prädikat (in Form der PN-Konstruktion)

nǐ shì bù shì xuéshēng　　　　tā hē bù hē chá
你是不是学生？　　　　他喝不喝茶？

b) zwischen der positiven und der negativen Form

wǒ shì nǐ de péngyou bù shì　　　　nǐ xiě xìn bù xiě
我是你的朋友不是？　　　　你写信不写？

c) einmal hinter der positiven und einmal hinter der negativen Form

zhè běn shū shì xiǎoshuō bù shì xiǎoshuō
这本书是小说不是小说？

wǒmen jīntiān shàng kè bù shàng kè
我们今天上课不上课？

Ein Komplement der Möglichkeit nimmt als PN-Konstruktion die Form „V 得 K – V 不 K" an (**vgl. 18.3**).

tā de huà nǐ tīng de dǒng tīng bù dǒng
他的话你听得懂听不懂？

zhè běn shū nǐ kàn de wán kàn bù wán
这本书你看得完看不完？

Anstelle von „V 不 V" kann auch die Konstruktion 是不是 eine Entscheidungsfrage markieren, wobei sie in unterschiedlichen Stellungen auftreten und sogar als „angehängte Frage" fungieren kann.

nǐ xiǎng bù xiǎng jiā　　　　nǐ shì bù shì xiǎng jiā
你想不想家？　＝　你是不是想家？

Wáng xiānshēng míngtiān lái bù lái　　　　shì bù shì Wáng xiānshēng míngtiān lái
王先生明天来不来？　＝　是不是王先生明天来？

nǐ xǐhuan yóu yǒng shì bù shì
你 喜欢 游 泳 ，是 不 是？ *Du schwimmst gerne,* stimmt's?

[Übungen zu dem voran gehenden Abschnitten **19.3** s. **19.8**]

19.4 Passiv-Konstruktionen 被动结构

Im Chinesischen unterscheidet man zwischen dem markierten und dem nicht markierten Passiv.

19.4.1 Markiertes Passiv

syntaktisches S + 被 (Agens) + P/V + Ergänzung			
diànnǎo 电脑	bèi dìdi 被 (弟弟)	ná 拿	zǒu le 走 了。

Wenn das Passiv markiert ist, dann meistens durch die Präposition 被, aber auch 叫, 让 oder 给 (**vgl. 12.6**) können das Passiv markieren. 被 führt den Urheber (Agens) oder das Mittel als Präpositionalobjekt ein und bildet zusammen mit diesem die 被-Konstruktion.

gēge qízǒu le zìxíngchē
Aktiv 哥哥 骑走 了 自行车。
zìxíngchē bèi gēge qízǒu le
Passiv 自行车 被 哥哥 骑走 了。
xǐyījī bǎ máoyī xǐhuài le
Aktiv 洗衣机 把 毛衣 洗坏 了。
máoyī bèi xǐyījī xǐhuài le
Passiv 毛衣 被 洗衣机 洗坏 了。

Wenn der Urheber oder das Mittel nicht genannt werden, können 被 und 给 auch ohne Agens das Passiv markieren, was bei 叫 oder 让 nicht möglich ist (**vgl. 12.5**). In diesem Fall steht 被 direkt vor dem Prädikatsverb.

zìxíngchē bèi gěi gēge qízǒu le
自行车 被/给 哥哥 骑走 了。→ zìxíngchē bèi gěi qízǒu le
自行车 被/给 骑走 了。
nà běn cídiǎn jiào ràng rén jièzǒu le
那 本 词典 叫/让 人 借走 了。→ nà běn cídiǎn jiào ràng jièzǒu le
*那 本 词典 叫/让 借走 了。

Wichtig: In Passivsätzen muss das Prädikat i.d.R. erweitert sein, um auszudrücken, was mit dem syntaktischen Subjekt geschehen ist.

xìn bèi wǒ jìzǒu le
信 被 我 寄走了。

qiǎokèlì bèi tā chīwán le
巧克力 被 他 吃完 了。

tā bèi rén tīle yī jiǎo
他 被 人 踢了 一 脚。

zhè běn xiǎoshuō bèi fānyì chéng Yīngwén hé Déwén le
这 本 小说 被 翻译 成 英文 和 德文 了。

Zur Verneinung wird i.d.R. 没 verwendet, das vor 被 steht muss.

zìxíngchē méi bèi gēge qízǒu
自行车 没 被 哥哥 骑走。

máoyī méi bèi xǐhuài
毛衣 没 被 洗坏。

zhè běn xiǎoshuō méi bèi fānyì chéng Yīngwén hé Déwén
这 本 小说 没 被 翻译 成 英文 和 德文。

Zur Bildung der 被-Konstruktion können nur Verben verwendet werden, die ein oder zwei Objekte fordern (transitive Verben im Deutschen). Auch von diesen Verben können einige, wie 当, 得 (dé), 像, 有 und 在 nicht in Passivsätzen verwendet werden.

19.4.2 Nicht markiertes Passiv

Im Chinesischen sind Sätze, die passivische Bedeutung ausdrücken, aber von der Struktur her nicht als Passiv gekennzeichnet sind, sehr häufig.

liànxí zuòwán le zì yě xiěhǎo le
练习 做完 了，字 也 写好 了。

fángjiān shōushi gānjìng le
房间 收拾 干净 了。

nà běn xiǎoshuō fānyì wán le
那 本 小说 翻译 完 了。

Solche Sätze, in denen Sachen oder Tätigkeiten als Subjekt fungieren, sind von der Bedeutung her eindeutig und können nicht zu Missverständnissen führen. Wenn aber eine Person als Subjekt vorkommt, ist der Satz ohne Kontext zweideutig. So kann 女儿送来了 heißen:

nǚ'ér sònglái le nǐ bù yòng qù jiē le
女儿 送来 了，你 不 用 去 接 了。 *Die Tochter wurde hierher gebracht, du brauchst sie nicht mehr abzuholen.*

aber auch

wǒ yào de shū ne nǚ'ér sònglái le
我 要 的 书 呢？女儿 送来 了。 *Und wo ist das Buch, das ich brauche? Die Tochter hat es schon gebracht.*

[Übungen zu dem voran gehenden Abschnitt **19.4** s. **19.9**]

19.5 Übungen zu 19.1

19.5.1 Heben Sie die markierten Satzglieder mithilfe der 是…的-Konstruktion hervor, bei mehreren Markierungen in entsprechend vielen Sätzen

tā zài Shànghǎi gōngzuòguo
1. 他 在 上海 工作过 。

tā qīzi zuótiān xiūxī
2. 他 妻子 昨天 休息。

Xiǎo Zhāng mǎile liǎng běn cídiǎn
3. 小 张 买了 两 本 词典。

wǒ jiějie shōushile wǒ de fángjiān
4. 我 姐姐 收拾了 我 的 房间 。

Wáng xiānshēng hé tā péngyǒu yīqǐ zuò fēijī qùle Déguó
5. 王 先生 和 他 朋友 一起 坐 飞机 去了 德国 。

19.5.2 Stellen Sie mit der 是…的-Konstruktion Fragen zu den markierten Satzgliedern der Übung 19.5.1

19.6 Übungen zu 19.2.1

19.6.1 Vergleichen Sie die beiden Brüder

a) mit „A 比 B …" oder „B 比 A …"

b) mit „A 没有 B …" oder „B 没有 A …"

	gēge 哥哥	dìdi 弟弟		gēge 哥哥	dìdi 弟弟
niánlíng 年龄	suì 16 岁	suì 15 岁	shū 书	běn 90 本	běn 70 本
tǐzhòng 体重	gōngjīn 50 公斤	gōngjīn 48 公斤	huà huàr 画 画儿	hěn hǎo 很 好	bù hǎo 不 好
shēngāo 身高	gōngfēn 168 公分	gōngfēn 170 公分	tī zúqiú 踢 足球	hǎo 好	hěn hǎo 很 好
fángjiān 房间	15 píngfāngmǐ 平方米	píngfāngmǐ 12 平方米	wán 玩 diànnǎo 电脑	hěn hǎo 很 好	hǎo 好

19.7 Übungen zu 19.2.2

19.7.1 Vergleichen Sie mit „A 跟 B 一样 W“ oder „A 跟 B 差不多一样 W“

	jiějie 姐姐	mèimei 妹妹		jiějie 姐姐	mèimei 妹妹
niánlíng 年龄	suì 15 岁	suì 14 岁	shū 书	běn 90 本	běn 90 本
tǐzhòng 体重	gōngjīn 40 公斤	gōngjīn 39 公斤	huà huàr 画 画儿	hǎo 好	hǎo 好
shēngāo 身高	gōngfēn 158 公分	gōngfēn 157 公分	tī zúqiú 踢 足球	bù xǐhuan 不 喜欢	bù xǐhuan 不 喜欢
fángjiān 房间	12 píngfāngmǐ 平方米	píngfāngmǐ 12 平方米			

19.7.2 Vergleichen Sie mit „A 跟 B 不一样 W“

	Hànbǎo 汉堡	Mùníhēi 慕尼黑
rénkǒu 人口	wàn 170 万	wàn 130 万
wàiguórén 外国人	10%	20%
miànjī 面积	píngfāng gōnglǐ 755 平方 公里	píngfāng gōnglǐ 310 平方 公里
dìtiě 地铁	tiáo 9 条	tiáo 8 条
wàiguó lǐngshìguǎn 外国 领事馆	103	74

zúqiúduì tī zúqiú 足球队 踢 足球	bù cuò 不 错	hěn hǎo 很 好

19.7.3 Vergleichen Sie mit „A 比 B W" oder „A 不比 B W"

	Xiǎo Míng 小 明	XiǎoYǔ 小 雨		Xiǎo Míng 小 明	Xiǎo Yǔ 小 雨
niánlíng 年龄	suì 14 岁	suì 14 岁	shū 书	běn 89 本	běn 90 本
tǐzhòng 体重	gōngjīn 38 公斤	gōngjīn 39 公斤	huà huàr 画 画儿	hǎo 好	hǎo 好
shēngāo 身高	gōngfēn 148 公分	gōngfēn 149 公分	tī zúqiú 踢 足球	hěn hǎo 很 好	hǎo 好
fángjiān 房间	píngfāngmǐ 13 平方米	píngfāngmǐ 13 平方米			

19.8 Übungen zu 19.3

19.8.1 Formulieren Sie die Sätze unter Verwendung der PN-Konstruktion um

jīntiān lěng ma
1. 今天 冷 吗?

tāmen zhè jǐ tiān máng ma
2. 他们 这 几 天 忙 吗?

nǐ dìdi míngtiān dǎ gōng ma
3. 你 弟弟 明天 打 工 吗?

Wáng xiānshēng zuótiān sàn bù le ma
4. 王 先生 昨天 散 步 了 吗?

nǐmen mǎi dōngxi le ma
5. 你们 买 东西 了 吗?

Lǐ xiǎojiě míngtiān guò shēngrì ma
6. 李 小姐 明天 过 生日 吗?

tāmen qù Fǎguó liú xué ma
7. 他们 去 法国 留 学 吗?

gōngsī xiǎng qù Zhōngguó tóuzī ma
8. 公司 想 去 中国 投资 吗?

19.8.2 Stellen Sie mit der PN-Konstruktion Fragen. Schöpfen Sie alle Möglichkeiten bei der Wortstellung des Objektes und der Form des zweisilbigen Verbs aus

míngtiān xià yǔ
1. 明天 下 雨。

tā huídá zhè ge wèntí
2. 他 回答 这 个 问题。

3. Qián xiānshēng fānyìle zhè běn
钱 先生 翻译了 这 本
shū
书。

4. wǒmen míngtiān cānguān bówùguǎn
我们 明天 参观 博物馆。

19.9 Übungen zu 19.4

19.9.1 Formulieren Sie die Sätze unter Verwendung der 被-Konstruktion um

1. tā gǎibiànle jìhuà
他 改变了 计划。

2. dàjiā méi yǒu wàngjì tā
大家 没 有 忘记 他。

3. tóngxuémen jiějuéle yī ge hěn nán
同学们 解决了 一个 很 难
de wèntí
的 问题。

4. Xiǎo Wáng qí zìxíngchē dào gōngsī
小 王 骑 自行车 到 公司
qù
去。

5. tā zǒubiàn le Běijīng
他 走遍 了 北京。

6. lǎoshī pīpíngle Xiǎo Tiān
老师 批评了 小 天。

7. tā yī tiān jiù huāle yuán
他 一 天 就 花了 1000 元。

8. tā jiē tā érzi huí jiā le
他 接 他 儿子 回 家 了。

19.9.2 Formulieren Sie die Sätze unter Verwendung der 被-Konstruktion um

1. māma bǎ fàn zuòhǎo le
妈妈 把 饭 做好 了。

2. tā bǎ chē kāizǒu le
他 把 车 开走 了。

3. wǒ bǎ fángjiān sǎole yòu sǎo
我 把 房间 扫了 又 扫。

4. Xiǎo Mǎ bǎ xìn jiāogěi Wáng
小 马 把 信 交给 王
xiānshēng le
先生 了。

5. bàba bǎ nà fú huà guàdào le qiáng
爸爸 把 那 幅 画 挂到 了 墙
shàng
上。

6. jiějie bǎ yīfu dōu xǐ le
姐姐 把 衣服 都 洗 了。

tā bǎ nà běn Dé-Hàn cídiǎn sònggěi
7. 他 把 那 本 德汉 词典 送给
le bié rén
了 别 人。

wǒ dìdi bǎ lǎohǔ huàchéng le
8. 我 弟弟 把 老虎 画成 了
māo
猫 。

19.9.3 In welchen Sätzen kann 被 durch 叫 oder 让 ersetzt werden?

nà běn zázhì bèi názǒu le
1. 那 本 杂志 被 拿走 了。
zúqiú bèi dìdi zhǎodào le
2. 足球 被 弟弟 找到 了。
nà píng píjiǔ bèi wǒ hē le
3. 那 瓶 啤酒 被 我 喝 了。
wǒmen de dōngxi bèi wàngzài chē lǐ
4. 我们 的 东西 被 忘在 车 里
le
了。

zhàoxiàngjī bèi gēge fàng zài shūjià
5. 照相机 被 哥哥 放 在 书架
shàng le
上 了。
dàjiā dōu bèi nòng de húlǐhútu
6. 大家 都 被 弄 得 糊里糊涂
de
的。

20 Satzgliedfolge

Auf der syntaktischen Ebene entspricht der Haupttyp der Satzgliedfolge im Chinesischen **S-V-O** der des deutschen Hauptsatzes. Verglichen mit dem Deutschen ist die Satzgliedfolge im Chinesischen jedoch weniger flexibel, da eine Markierung der Satzglieder durch Kasus nicht möglich ist. Satzglieder im Chinesischen sind, je nach deren Art, unterschiedlich flexibel. Ein nominales Objekt ist besonders flexibel, da es sowohl vor als auch hinter dem Prädikat stehen kann, während die Adverbalbestimmungen nur vor dem Prädikat ihren Platz einnehmen können.
Auf der funktionalen Ebene wird die Reihfolge der Satzglieder nach deren Informationswert geregelt: Satzglieder, die aus dem Kontext bekannt sind und daher einen niedrigeren Informationswert haben – oft markiert durch 这 oder 那 – (auch als *Thema* bezeichnet) stehen vor denen, die nicht oder weniger bekannt sind und daher einen höheren Informationswert haben (auch als *Rhema* bezeichnet). Das ist vergleichbar mit dem Deutschen.

Es gilt also in der Regel:
a) Im Satz stehen die Satzglieder mit bekannten Informationen vor dem Prädikat und die mit neuen Informationen nach dem Prädikat.
b) Bei mehrfachen Satzgliedern vor dem Prädikat steht die alte/ältere Information vor der neuen/neueren.

20.1 Wortstellung des Subjektes

Das Subjekt steht in der Regel vor dem Prädikat.

mèimei shuì jiào le
妹妹 睡 觉 了。
tāmen zài Běijīng xué Zhōngwén
他们 在 北京 学 中文 。
túshūguǎn zài jiàoshì de hòubian
图书馆 在 教室 的 后边 。
tā de nǚ péngyou zhù zài xuéshēng sùshè
他 的 女 朋友 住 在 学生 宿舍。

Hinter dem Prädikat kann das Subjekt stehen, wenn es sich beim Prädikat um ein Zustandsverb (**vgl. 8.2.5**) handelt und eine lokale Adverbialbestimmung als Thema vor das Prädikat platziert ist. Das als Prädikat fungierende Zustandsverb muss durch Partikel wie 着, 了 oder 过 modifiziert werden. Das Subjekt ist meistens als neue Information durch ZW+ZEW als Rhema markiert.

shūjià shàng fàngzhe xǔduō shū
书架 上 放着 许多 书。
zhè jiān wū lǐ zhùguo liǎng ge wàiguórén
这 间 屋 里 住过 两 个 外国人 。
jiàoshì lǐ yǐjīng zuòle bù shǎo xuéshēng
教室 里 已经 坐了 不 少 学生 。

20.2 Wortstellung der Objekte

Objekte sind notwendige spezifische Ergänzungen (**vgl. 8.2**) und stehen in der Regel hinter dem Prädikat. Es gibt aber auch Objekte, die sowohl vor als auch hinter das Prädikat oder nur davor platziert werden können.

20.2.1 Nominale Objekte

Die Grundstellung nominaler Objekte ist hinter dem Prädikat. Je nach Informationswert des Objektes und der Kommunikationsabsicht können sie auch vor Subjekt und Prädikat oder zwischen dem Subjekt und dem Prädikat stehen.

a) S-V-O

Ein nominales Objekt (einschließlich Ortsobjekt) steht normalerweise hinter dem Prädikat.

nǐmen hē shénme wǒmen hē chá
你们 喝 什么? 我们 喝 茶。
gēge mǎile jǐ běn shū gēge mǎile liù běn shū
哥哥 买了 几 本 书? 哥哥 买了 六 本 书。
Wáng lǎoshī qù nǎr Wáng lǎoshī qù Fǎguó
王 老师 去 哪儿? 王 老师 去 法国。
nǐmen qù tā nàr háishì lái wǒ zhèr wǒmen qù tā nàr
你们 去 他 那儿 还是 来 我 这儿? 我们 去 他 那儿。

Bei zwei nominalen Objekten steht die Person vor der Sache.

Zhāng xiǎojiě gěi shéi yī běn zázhì Zhāng xiǎojiě gěi tā yī běn zázhì
张 小姐 给 谁 一 本 杂志? 张 小姐 给 她 一 本 杂志。

b) O-S-V

Ein nominales Objekt kann auch vor Subjekt und Prädikat platziert werden, wenn es als Thema mit bekannter Information (oft markiert durch 这 oder 那) vorkommt. Das Prädikat wird in diesem Fall durch eine nichtspezifische Ergänzung –

Adverbien 不/没, Partikel 了/过 oder ein Komplement (**vgl. 8.2**) – modifiziert, um auszusagen, was mit dem Thema/Objekt passiert ist (neue Information/Rhema).

chá wǒmen méi hē
茶 我们 没 喝。
zhè liù běn shū gēge dōu mǎi le
这 六 本 书 哥哥 都 买 了。
Fǎguó Wáng lǎoshī qùguo
法国 王 老师 去过。
tā nàr wǒmen bù qù
他 那儿 我们 不 去。
nà běn zázhì Zhāng xiǎojiě gěile tā
那 本 杂志 张 小姐 给了 她。
nà bēi píjiǔ tā hēle yī ge xiǎoshí
那 杯 啤酒 他 喝了 一 个 小时。

c) S-O-V

Wenn es einen Parallelsatz dazu gibt, kann ein nominales Objekt auch zwischen dem Subjekt und dem Prädikat stehen.

wǒmen chá méi hē kāfēi hēle
我们 茶 没 喝，咖啡 喝了。
Wáng lǎoshī Fǎguó qùguo Měiguó yě qùguo
王 老师 法国 去过，美国 也 去过。
wǒmen tā nàr bù qù nǐ nàr yě bù qù
我们 他 那儿 不 去，你 那儿 也 不 去。
Zhāng xiǎojiě nà běn zázhì gěile tā méi gěi nǐ
张 小姐 那 本 杂志 给了 她，没 给 你。

d) Nominales Objekt im Satz mit KG und KZd

In einem Satz mit Komplement des Grades oder der Zeitdauer ist die Platzierung des nominalen Objektes flexibel.

S-V-O-V-K: Das Objekt steht i.d.R. hinter dem Prädikat, wobei das Prädikat wiederholt werden muss.

tā xué Hànyǔ xué de hěn hǎo
他 学 汉语 学 得 很 好。
wǒ kàn zhè běn shū kànle yī ge yuè
我 看 这 本 书 看了 一 个 月。

Die Wiederholung ist nicht mehr notwendig, wenn das Objekt vor das Prädikat gestellt wird. In diesem Fall gibt es wiederum zwei Möglichkeiten.

O-S-V-K

Hànyǔ tā xué de hěn hǎo
汉语 他 学 得 很 好。
zhè běn shū wǒ kànle yī ge yuè
这 本 书 我 看了一 个 月。

S-O-V-K

tā Hànyǔ xué de hěn hǎo
他 汉语 学 得 很 好。
wǒ zhè běn shū kànle yī ge yuè
我 这 本 书 看了一 个 月。

Wann das Objekt vor oder hinter das Prädikat gestellt wird, hängt von der Kommunikationsabsicht und dem Kontext ab.

20.2.2 Präpositionalobjekte

Präpositionalobjekte können je nach ihrer Art vor oder hinter das Prädikat gestellt werden.

a) S-$_{\text{Präp}}$O-V

Als spezifische Ergänzung steht ein Präpositionalobjekt hinter dem Subjekt und vor dem Prädikat.

Qián lǎoshī duì Déguó wénxué gǎn xìngqù
钱 老师 对 德国 文学 感 兴趣。
wǒ gēn Wáng xiānshēng hézuòguo
我 跟 王 先生 合作过。

Die 把-Konstruktion (**vgl. 12.5.3**) und die Passiv-Markierung mit 被, 叫 und 让 (**vgl. 12.5.1**) stehen zwischen dem Subjekt und dem Prädikat.

dìdi bǎ zìxíngchē mài le
弟弟 把 自行车 卖 了。
jiějie bǎ cídiǎn fàng zài shūjià shàng
姐姐 把 词典 放 在 书架 上。

nà běn xiǎoshuō bèi jiào ràng Zhāng lǎoshī jièzǒu le
那 本 小说 被 (叫 / 让) 张 老师 借走 了。

fángjiān bèi jiào ràng bàba zhěnglǐ hǎo le
房间 被(叫/让)爸爸 整理 好 了。

Bei einem aus Modal- und Vollverb zusammengesetzten Prädikat muss die 把-Konstruktion zwischen den beiden Teilen stehen.

dìdi yào bǎ zìxíngchē mài le
弟弟 要 把 自行车 卖 了。
jiějie xiǎng bǎ cídiǎn fàng zài shūjià shàng
姐姐 想 把 词典 放 在 书架 上。

b) S-$_{\text{Präp}}$O-V und S-V-$_{\text{Präp}}$O

Bei Zustandsverben oder Bewegungsverben (**vgl. 8.2.5**) kann die Präpositionalgruppe vor oder hinter dem Prädikat stehen.

jiějie zuò zài nǎr jiějie zuò zài shāfā shàng
姐姐 坐 在 哪儿? 姐姐 坐 在 沙发 上。
gēge zài nǎr zuò gēge zài yǐzi shàng zuò
哥哥 在 哪儿 坐? 哥哥 在 椅子 上 坐。

Wenn das Prädikat durch Partikel wie 了, 着 oder 过 modifiziert wird (**vgl. 8.2.5**), kann das Präpositionalobjekt nur vor das Prädikat gestellt werden.

mèimei zài nǎr tǎngguo mèimei zài dì shàng tǎngguo
妹妹 在 哪儿 躺过? 妹妹 在 地 上 躺过。

Ansonsten gilt es grammatisch als falsch.

jiějie zuòzhe zài shāfā shàng mèimei tǎngguo zài dì shàng
*姐姐 坐着 在 沙发 上。 *妹妹 躺过 在 地 上

20.3 Wortstellung nicht spezifischer Ergänzungen

Nicht spezifische Ergänzungen (**vgl. 8.2**) haben je nach ihrer Art eine feste Stellung: Adverbialbestimmungen stehen vor und Komplemente hinter dem Prädikat.

20.3.1 Adverbialbestimmungen

Adverbialbestimmungen stehen immer vor dem Prädikat. Je nach ihrer Art können sie wiederum vor oder hinter dem Subjekt platziert werden. Unter Adverbialbestimmungen ist die Stellung der temporalen Adverbialbestimmung variabler als die der anderen.

a) Temporale Adverbialbestimmung

Sie kann sowohl vor als auch hinter dem Subjekt stehen. Die genaue Platzierung ist abhängig von der Kommunikationsabsicht und dem Kontext.

jīntiān tāmen qù Shànghǎi　tāmen jīntiān qù Shànghǎi
今天 他们 去 上海 。他们 今天 去 上海 。
shàng ge xīngqī māma mǎile yī běn shū　māma shàng ge xīngqī mǎile yī
上 个 星期 妈妈 买了 一 本 书。妈妈 上 个 星期 买了 一
běn shū
本 书。
fēnzhōng yǐqián wǒ gāng hēle yī bēi chá　wǒ fēnzhōng yǐqián gāng
5 分钟 以前 我 刚 喝了 一 杯 茶。我 5 分钟 以前 刚
hēle yī bēi chá
喝了 一 杯 茶。

Bei mehrfachen temporalen Adverbialbestimmungen gilt: die größere Einheit steht vor der kleineren.

qùnián liùyuè Wáng lǎoshī qùle Fǎguó
去年 六月 王 老师 去了 法国。
míngtiān xiàwǔ diǎn wǒmen qù kàn diànyǐng
明天 下午 3 点 我们 去 看 电影 。

Wáng lǎoshī qùnián liùyuè qùle Fǎguó
王 老师 去年 六月 去了 法国。
wǒmen míngtiān xiàwǔ diǎn qù kàn diànyǐng
我们 明天 下午 3 点 去 看 电影 。

b) Lokale Adverbialbestimmung

Sie steht in der Regel hinter dem Subjekt.

jiějie zài Nánjīng xué Yīngyǔ
姐姐 在 南京 学 英语 。
wǒmen zài jiā lǐ kàn diànshì
我们 在 家 里 看 电视 。
tóngxuémen zài Déguó wánle yī ge xīngqī
同学们 在 德国 玩了 一 个 星期。

Vor dem Subjekt kann sie stehen, wenn sie im Kontext schon bekannt ist.

jiějie míngtiān qù Nánjīng　zài nàr tā xué Yīngyǔ
(姐姐 明天 去 南京 。) 在 那儿 她 学 英语 。
wǒmen xiànzài huí jiā　zài jiā lǐ wǒmen kàn diànshì
(我们 现在 回 家。) 在 家 里 我们 看 电视 。
qùnián tāmen qùguo Déguó　zài nàr tāmen wánle yī ge xīngqī
(去年 他们 去过 德国 。) 在 那儿 他们 玩了 一个 星期。

c) Modale Adverbialbestimmung

Die Stellung der modalen Adverbialbestimmung ist relativ fest. Sie hat ihren Platz i.d.R. hinter dem Subjekt.

dìdi yòng zuǒshǒu xiě zì
弟弟 用 左手 写 字。
tóngxuémen gāoxìng de chàngzhe gē
同学们 高兴 地 唱着 歌。
wǒmen yào rènzhēn xuéxí
我们 要 认真 学习。

d) Reihenfolge von Adverbialbestimmungen

Wenn in einem Satz mehrfache Adverbialbestimmungen vorkommen, gilt die Reihenfolge temporal–lokal–modal, wobei die temporale i.d.R. vor dem Subjekt platziert wird, da sie eher als Thema fungieren kann.

sān nián qián Zhāng jīnglǐ zài Shànghǎi rènshile tā de nǚ péngyou
三 年 前 张 经理 在 上海 认识了 他 的 女 朋友 。
(temporal–S–lokal–V–O)
míngtiān xiàwǔ Wáng lǎoshī gēn wǒ yīqǐ qù yóujú
明天 下午 王 老师 跟 我 一起 去 邮局。
(temporal–S–modal–V–O)
qùnián wǒmen zài Déguó gāogāoxìngxìng de wánle jǐ ge xīngqī
去年 我们 在 德国 高高兴兴 地 玩了 几 个 星期。
(temporal–S–lokal–modal–V–KZd)

Die temporale Adverbialbestimmung kann auch zusammen mit anderen Adverbialbestimmungen hinter das Subjekt gestellt werden, wenn das Subjekt als Thema fungiert.

wǒmen qùnián zài Déguó gāogāoxìngxìng de wánle jǐ ge xīngqī
我们 去年 在 德国 高高兴兴 地 玩了 几 个 星期。
(S–temporal–lokal–modal–V–KZd)

20.3.2 Komplemente

Komplemente stehen immer hinter dem Prädikat. Dazu vgl. Kapitel 18.

[Übungen zu den vorangehenden Abschnitten **20.1-20.3 s. 20.4**]

20.4 Übungen zu 20.1-20.3

20.4.1 Setzen Sie den Ausdruck in Klammern an die richtige Stelle.

xuéxí Hànyǔ hěn duō rén
1. ______学习______汉语。(很 多 人)

sùshè lǐ zuòzhe jǐ ge rén
2. 宿舍里______坐着______。(几 个 人)

zuótiān mǎile yī liàng zìxíngchē Wáng lǎoshī
3. 昨天______买了______一 辆 自行车。(王 老师)

túshūguǎn qiánbian tíngle yī liàng qìchē
4. 图书馆 前边______停了______。(一 辆 汽车)

20.4.2 Stellen Sie das Objekt um (S-V-O → O-S-V)

tāmen xiě Hànzì le
1. 他们 写 汉字 了。

Zhāng xiānshēng qù Rìběn le
2. 张 先生 去 日本 了。

tā yě qíguo zhè liàng xīn zìxíngchē
3. 他 也 骑过 这 辆 新 自行车。

Wáng xiǎojiě méi láiguo Běijīng
4. 王 小姐 没 来过 北京。

gēge kànle yī bù diànyǐng
5. 哥哥 看了 一 部 电影。(mit zhè 这)

Zhāng jīnglǐ gěile tā yī bǎ huā
6. 张 经理 给了 她 一 把 花。(mit zhè 这)

20.4.3 Stellen Sie das Objekt nach Möglichkeiten um (S-V-O-V-K → O-S-V-K; S-O-V-K).

māma zuò fàn zuò de hěn hǎo
1. 妈妈 做 饭 做 得 很 好。

Wáng lǎoshī shàng kè shàng de hěn rènzhēn
2. 王 老师 上 课 上 得 很 认真。

jiějie wán diànnǎo wánle sān ge xiǎoshí
3. 姐姐 玩 电脑 玩了 三 个 小时。

wǒmen kàn zúqiú kànle yī tiān
4. 我们 看 足球 看了 一 天。

20.4.4 Formulieren Sie die Sätze ins Passiv um

jiějie kànwán le zhè běn xiǎoshuō
1. 姐姐 看完 了 这 本 小说。

tā shōushi fángjiān shōushi de hěn
2. 他 收拾 房间 收拾 得 很
gānjìng
干净。

Lǐ lǎoshī gāng fānyìle zhè fēng
3. 李 老师 刚 翻译了 这 封
xìn
信。

dìdi kāi nà liàng chē huí jiā le
4. 弟弟 开 那 辆 车 回 家 了。

20.4.5 Formulieren Sie die Sätze von 20.4.4 unter Verwendung der 把-Konstruktion um.

20.4.6 Wo können die Adverbialbestimmungen stehen?

Wáng xiānshēng hái zài Déguó zuótiān
1. 王 先生 还 在 德国。(昨天)

jǐ ge xuéshēng kàn shū xiànzài zài jiàoshì lǐ
2. 几 个 学生 看 书。(现在，在 教室 里)

wǒ děng wǒ de hǎopéngyou shàngwǔ míngtiān zài wǒ jiā
3. 我 等 我 的 好朋友 。(上午 ， 明天 ，在 我 家)

tāmen tīle sān ge xiǎoshí zúqiú xiàwǔ gāogāoxìngxìng de
4. 他们 踢了 三 个 小时 足球。(下午， 高高兴兴 地)

zhèxiē xuéshēng xuéxí Déyǔ zài zhèlǐ qùnián yīqǐ
5. 这些 学生 学习 德语。(在 这里，去年，一起)

Mǎ jīnglǐ rènshile Zhāng jīnglǐ sān nián qián zài Shànghǎi tōngguò Lǐ
6. 马 经理 认识了 张 经理。(三 年 前，在 上海 ， 通过 李
xiǎojiě
小姐)

21 Lösungen

1 Nomina

1.3.1

lǎoshīmen dōu zǒu le
1. 老师们 都 走 了。Richtig

wǒ gēn sān gè rénmen liáo tiān
2. 我 跟 三 个 人们 聊 天。
Falsch. Wenn die Mehrzahl durch eine Nu-ZEW-Gruppe ausgedrückt wird, wird 们 nicht verwendet.

yī xiē jīnglǐmen cái èrshíjǐ suì
3. 一 些 经理们 才 二十几 岁。
Falsch. Wenn die Mehrzahl durch 一些 ausgedrückt wird, wird 们 nicht verwendet.

tā kànjiàn tóngxuémen zài xuéxí
4. 她 看见 同学们 在 学习。
Richtig

tā jiā lǐ yǒu sān zhī xiǎo gǒumen
5. 他 家 里 有 三 只 小 狗们 。
Falsch. 1. wird 们 nicht zusammen mit einer Nu-ZEW-Gruppe verwendet, 2. wird 们 i.d.R. nur für Menschen verwendet.

sān ge xuéshēng bù xiǎng shàng kè
6. 三 个 学生 不 想 上 课。
Richtig

1.3.2

háizimen zài wán wánjù
1. 孩子们 在 玩 玩具。

liǎng ge yīshēng cóng Zhōngguó huílái le
2. 两 个 医生 从 中国 回来 了。

xuéshēngmen dōu tóngyì míngtiān qù kàn diànyǐng
3. 学生们 都 同意 明天 去 看 电影 。

wǒ gěi lǎoshīmen dōu dǎ diànhuà le
4. 我 给 老师们 都 打 电话 了。

wǒ yǒu hěn duō péngyou tāmen jīntiān dōu lái le
5. 我 有 很 多 朋友 。他们 今天 都 来 了。

tóngxuémen dōu hěn lèi xiǎng shuì jiào
6. 同学们 都 很 累， 想 睡 觉 。

2 Nomina der Zeit

2.7 Übungen zu 2.1–2.6

2.7.1

yī jiǔ liù líng nián jiǔyuè yī jiǔ liù nián jiǔyuè
1. 一 九 六 零 年 九月 oder 一 九 六 0 年 九月

èrshí shìjì wǔshí niándài
2. 二十 世纪 五十 年代

qùnián sānyuè
3. 去年 三月

yī jiǔ qī bā nián sìyuè yī hào rì
4. 一 九 七 八 年 四月 一 号 / 日

yī nián yǒu shí'èr ge yuè
5. 一 年 有 十二 个 月。

bāyuè yǒu sānshíyī tiān

6. 八月 有 三十一 天。

tā tiāntiān qù gōngzuò

7. 他 天天 去 工作 。

zhè ge xīngqī méi xià yǔ

8. 这 个 星期 没 下 雨。

shàng ge xīngqī tā bù zài zhèr

9. 上 个 星期 他 不 在 这儿。

2.7.2

wǔ diǎn shí fēn

1. 五 点 十 分

liù diǎn èrshí fēn

2. 六 点 二十 分

qī diǎn bàn qī diǎn sānshí fēn

3. 七 点 半 / 七 点 三十 分

bā diǎn wǔshí fēn chà shí fēn jiǔ diǎn

4. 八 点 五十 分 / 差 十 分 九 点

jiǔ diǎn líng liù fēn

5. 九 点 零 六 分

shí diǎn shíwǔ fēn shí diǎn yī kè

6. 十 点 十五 分 / 十 点 一刻

shíyī diǎn sānshí fēn shíyī diǎn bàn

7. 十一 点 三十 分 / 十一 点 半

shí'èr diǎn sìshíwǔ fēn shí'èr diǎn sān kè chà yī kè shísān diǎn chà yī kè xiàwǔ yī diǎn

8. 十二 点 四十五 分 / 十二 点 三 刻 / 差 一刻 十三 点 / 差 一 刻 (下午) 一 点

shísān diǎn wǔshí fēn chà shí fēn shísì diǎn chà shí fēn xiàwǔ liǎng diǎn

9. 十三 点 五十 分 / 差 十 分 十四 点 / 差 十 分 (下午) 两 点

2.7.3

wǒ zǎoshang qī diǎn bàn qǐ chuáng

1. 我 早上 七 点 半 起 床 。

bā diǎnzhōng wǒ chī zǎofàn

2. 八 点钟 我 吃 早饭。

bā diǎn bàn wǒ qù shàng bān

3. 八 点 半 我 去 上 班。

zhōngwǔ shí'èr diǎn bàn wǒ chī zhōngfàn

4. 中午 十二 点 半 我 吃 中饭 。

xiàwǔ sān diǎn sānshí wǒ hē kāfēi

5. 下午 三 点 三十 我 喝 咖啡。

xiàwǔ wǔ diǎn bàn wǒ huí jiā

6. 下午 五 点 半 我 回 家。

wǎnshang shíbā diǎn bàn wǒ zuò wǎnfàn

7. 晚上 十八 点 半 我 做 晚饭 。

wǎnshang bā diǎn wǒ kàn diànshì

8. 晚上 八 点 我 看 电视 。

yèlǐ yī diǎn wǒ shuì jiào

9. 夜里 一 点 我 睡 觉。

2.7.4

qùnián jīnnián

1. 去年 今年

míngtiān hòutiān

2. 明天 后天

xià ge xīngqī xiàxià ge xīngqī

3. 下 个 星期 下下 个 星期

shàng ge yuè zhè ge yuè

4. 上 个 月 这 个 月

zuótiān jīntiān

5. 昨天 今天

xià ge yuè xiàxià ge yuè

6. 下 个 月 下下 个 月

míngnián hòunián

7. 明年 后年

shàng ge xīngqī zhè ge xīngqī

8. 上 个 星期 这 个 星期

shàngshàng ge xīngqī shàng ge xīngqī
9. 上上 个 星期 上 个 星期

2.7.5

jīntiān xiàwǔ liǎng diǎn wǒmen shàng
1. 今天 下午 两 点 我们 上
kè
课。

xià ge xīngqīliù xiàwǔ wǒmen qù yóu
2. 下 个 星期六 下午 我们 去 游
yǒng
泳 。

wǒ shíyīyuè èrshísān rì wǎnshang huí
3. 我 十一月 二十三 日 晚上 回
jiā
家。

míngnián jiǔyuè yī rì tā qù Běijīng
4. 明年 九月 一日他去 北京
gōngzuò
工作 。

tā hòutiān shàngwǔ shí diǎn zuò fēijī
5. 他 后天 上午 十 点 坐飞机
qù Bólín
去 柏林。

sānshí niándài Zhāng lǎoshī zài Déguó
6. 三十 年代 张 老师 在 德国
liú xué
留 学 。

2.7.6

yīyuè wǒ hái zài Déguó
1a. 一月 我 还 在 德国 。

wǒ huāle yī ge yuè shíjiān xué yóu
2a. 我 花了 一个 月 时间 学 游
yǒng
泳 。

Wáng xiānshēng xiūxile shí
3a. 王 先生 休息了 十
fēnzhōng
分钟 。

wǒmen shàngle sān ge xīngqī de
4a. 我们 上了 三 个 星期 的
Zhōngwén kè
中文 课。

wǒmen shàngle sān xīngqī de
4b. 我们 上了 三 星期 的
Zhōngwén kè
中文 课。

2.7.7

wǒ máng le yī tiān
1. 我 忙 了一 天。

tā zuótiān shàng bān le
2. 他 昨天 上 班 了。

qùnián tāmen bù zài Déguó
3. 去年 他们 不 在 德国 。 oder
tāmen qùnián bù zài Déguó
他们 去年 不 在 德国 。

wǒ dǎle sān fēnzhōng de diànhuà
4. 我 打了 三 分钟 (的) 电话 。
wǒ dǎ diànhuà dǎle sān
oder 我 打 电话 打了 三
fēnzhōng
分钟 。

shàng ge xīngqī wǒ qù yóu yǒng le
5. 上 个 星期 我 去 游 泳 了。

wǒ kànle yī ge xiǎoshí de diànshì
6. 我 看了 一个 小时 (的) 电视 。
wǒ kàn diànshì kànle yī ge
oder 我 看 电视 看了 一个
xiǎoshí
小时 。

yī nián qián tā hái bù rènshi wǒ
7. 一 年 前 她 还 不 认识 我。

xiàxià ge yuè wǒ xué yī ge xīngqī de
8. 下下 个 月 我 学 一个 星期 (的)
Yīngyǔ xiàxià ge yuè wǒ xué
英语 。 oder 下下 个 月 我 学
Yīngyǔ xué yī ge xīngqī
英语 学 一个 星期。

2.7.8

wǒ xǐle yī ge xiǎoshí de zǎo
1. 我 洗了 一 个 小时 的 澡。
wǒ shàngwǔ shàngle sān ge xiǎoshí de
2. 我 上午 上了 三 个 小时 的
kè
课。
tāmen qùnián zài Déguó xué Déyǔ
3. 他们 去年 在 德国 学 德语
xuéle wǔ ge yuè
学了 五 个 月。
wǒmen jǐ ge yuè méi shuō Hànyǔ
4. 我们 几 个 月 没 说 汉语。
zuótiān tā yī tiān méi kàn diànshì
5. 昨天 他 一 天 没 看 电视。
shàng ge yuè tā yī ge yuè bù zài jiā
6. 上 个 月 他 一 个 月 不 在 家。

3 Lage- und Richtungswörter (LRW)

3.4 Übungen zu 3.1

3.4.1

shàng ge xīngqī shàng zhōu
1. 上 个 星期 / 上 周
xià ge yuè
2. 下 个 月
wǔ tiān qián
3. 五 天 前
sān nián hòu
4. 三 年 后
shū zhōng shū lǐ
5. 书 中 / 书 里
dì xià
6. 地 下
chéng nán
7. 城 南
chéng běi
8. 城 北

3.4.2

gōngsī lǐ méi yǒu rén
1. 公司 里 没 有 人。
shítáng mén wài zhànzhe hěn duō
2. 食堂 门 外 站着 很 多
rén
人。
wǔ nián qián wǒ hái zài Nánjīng
3. 五 年 前 我 还 在 南京。
yī nián hòu tāmen yào qù Rìběn
4. 一 年 后 他们 要 去 日本。
shàng ge xīngqī wǒ méi lái
5. 上 个 星期 我 没 来。
xià ge yuè wǒ bù lái
6. 下 个 月 我 不 来。
wǒmen wàng zuǒ yòu zǒu
7. 我们 往 左 / 右 走。
tāmen xiàng zuǒ yòu kàn
8. 他们 向 左 / 右 看。

3.4.3

lóu shàng lóu xià lóu qián lóu hòu
1. 楼 上，楼 下，楼 前，楼 后
chéng dōng chéng nán chéng xī
2. 城 东，城 南，城 西，
chéng běi
城 北
wū lǐ wū wài wū qián wū hòu
3. 屋 里，屋 外，屋 前，屋 后
qiánnián hòunián
4. 前年，后年，
nián qián nián hòu
5. 年 前，年 后

zuǒ shǒu　yòu shǒu
6. 左 手，右 手
zhuō shàng　zhuō xià
7. 桌 上，桌 下
dì shàng　dì xià
8. 地 上，地 下
mén lǐ　mén wài　mén qián　mén
9. 门 里，门 外，门 前，门
hòu
后
wàng shàng　wàng xià　wàng zuǒ
10. 往 上，往 下，往 左，
wàng yòu　wàng dōng　wàng nán
往 右，往 东，往 南，
wàng xī　wàng běi
往 西，往 北

3.5 Übungen zu 3.2

3.5.1

qiánmian shì Déguó zuì dà de
1. 前面 是 德国 最 大 的
huǒchēzhàn
火车站 。
fēijīchǎng zài dōngbian　huǒchēzhàn
2. 飞机场 在 东边，火车站
zài xībian
在 西边。
wǒ shuì shàngmian　nǐ shuì
3. 我 睡 上面，你 睡
xiàmian
下面 。
qiánmian de sùshè shì gōngsī de
4. 前面 的 宿舍 是 公司 的，
hòumian de sùshè shì dàxué de
后面 的 宿舍 是 大学 的。
shàngmian de bàozhǐ shì Zhōngwén
5. 上面 的 报纸 是 中文
de　xiàmian de shì Déwén de
的，下面 的 是 德文 的。
wūzi zhōngjiān de shāfā shàng tǎngzhe
6. 屋子 中间 的 沙发 上 躺着
yī zhī māo
一 只 猫 。

3.5.2

qìchē shàngmian
1a. 汽车 上面 auf dem Auto
shàngmian de qìchē
1b. 上面 的 汽车 das obere Auto
lǐmian de fángjiān
2a. 里面 的 房间 das Zimmer drinnen
fángjiān lǐmian
2b. 房间 里面 im Zimmer
túshūguǎn qiánmian
3a. 图书馆 前面 vor der Bibliothek
qiánmian de túshūguǎn
3b. 前面 的 图书馆 die vordere Bibliothek
zuǒbian de yóujú
4a. 左边 的 邮局 das Postamt auf der linken Seite
yóujú zuǒbian
4b. 邮局 左边 links vom Postamt
diànnǎo lǐmian
5a. 电脑 里面 im Computer
lǐmian de diànnǎo
5b. 里面 的 电脑 der Computer drinnen
gōngyuán duìmian de dàlóu
6a. 公园 对面 的 大楼 das Gebäude gegenüber dem Park
duìmian gōngyuán de dàlóu
6b. 对面 公园 的 大楼 das Gebäude im Park gegenüber

3.5.3

zhuōzi shàng　shàngmian
1. 桌子 上 / 上面

zhuōzi shàng shàngmian de diànshì
2. 桌子 上 / 上面 的 电视
túshūguǎn qián qiánmian
3. 图书馆 前 / 前面
túshūguǎn qián qiánmian de xuéshēng
4. 图书馆 前 / 前面 的 学生
jiàoshì lǐ lǐmian
5. 教室 里 / 里面
jiàoshì lǐ lǐmian de māo
6. 教室 里 / 里面 的 猫
cídiǎn shàng shàngmian
7. 词典 上 / 上面
shàngmian de cídiǎn
8. 上面 的 词典
qiánmian de bàngōngshì
9. 前面 的 办公室
bàngōngshì qián qiánmian
10. 办公室 前 / 前面

3.5.4

tāmen hé wǒmen zhījiān méi yǒu
1. 他们 和 我们 之间 没 有
wèntí
问题。
wǒmen zhījiān guānxì bù cuò
2. 我们 之间 关系 不 错。
xuéshēng zhōngjiān yǒu yī ge rén
3. 学生 中间 有 一 个 人
qùguo Měiguó
去过 美国 。
zhōngjiān de nà liàng zìxíngchē shì tā
4. 中间 的 那 辆 自行车 是 他
de
的。
zhè jiā gōngsī yǔ nà jiā gōngsī zhījiān
5. 这 家 公司 与 那 家 公司 之间
liánxì hěn duō
联系 很 多。

shūdiàn zài shítáng hé túshūguǎn de
6. 书店 在 食堂 和 图书馆 的
zhōngjiān
中间 。

3.6 Übungen zu 3.3

3.6.1

shāngdiàn zài gōngyuán de zuǒbian
1. 商店 在 公园 的 左边 ,
yóujú zài gōngyuán de yòubian
2. 邮局 在 公园 的 右边 ,
gōngyuán de qiánbian shì cháguǎn
3. 公园 的 前边 是 茶馆 ,
gōngyuán de hòubian shì
4. 公园 的 后边 是
diànyǐngyuàn
电影院 。
gōngyuán zài diànyǐngyuàn hé cháguǎn
5. 公园 在 电影院 和 茶馆
zhījiān
之间 ,
shāngdiàn diànyǐngyuàn yóujú hé
6. 商店 、 电影院 、邮局 和
cháguǎn de zhōngjiān shì gōngyuán
茶馆 的 中间 是 公园 。

3.6.2

zài shēnghuó zhōng měi tiān dōu yǒu
1. 在 生活 中 每 天 都 有
hěn duō yǒu yìsi de shìqing
很 多 有 意思 的 事情 。
tā chī fàn qián yìzhí zài gōngzuò
2. 她 吃 饭 前 一直 在 工作 。
jiéwán hūn hòu tāmen qù Fǎguó
3. 结完 婚 后 他们 去 法国
lǚxíng
旅行 。
tā zài yīyuàn lǐ gěi wǒ hěn duō
4. 她 在 医院 里 给 我 很 多
bāngzhù
帮助 。

zài diànyǐngyuàn lǐmiàn de rén xiǎng
5. 在 电影院 里面 的 人 想
chūlái
出来。
tāmen zhù zài Běijīng chéng lǐ
6. 他们 住 在 北京 城 里。

3.6.3

píjiǔ zài tā de fànzhuō shàng
1. 啤酒 在 他 的 饭桌 上。
wǒmen zài Běijīng xuéxí Hànyǔ
2. 我们 在 北京 学习 汉语。
Běihǎi gōngyuán de dōngbian shì yī
3. 北海 公园 的 东边 是 一
zuò shān
座 山。
shéi zhàn zài yīyuàn dàmén qián
4. 谁 站 在 医院 大门 前？
shāfā shàng tǎngzhe yī ge bìngrén
5. 沙发 上 躺着 一个 病人。
qiáng shàng de dēng shì hóng de
6. 墙 上 的 灯 是 红 的。
tā zài Déguó tīle yī nián zúqiú
7. 他 在 德国 踢了 一 年 足球。
qián zài zhuōzi shàng de bāo lǐ
8. 钱 在 桌子 上 的 包 里。

4 Zahlwörter

4.8.1

yībǎi líng bā yībǎi yīshí yībǎi yīshíwǔ
1. 一百 零 八, 一百 一十, 一百 一十五,
yībǎi sānshísān
一百 三十三
yīqiān líng yī yīqiān líng yīshí yīqiān
2. 一千 零 一, 一千 零 一十, 一千
yībǎi liùshíliù yīqiān jiǔbǎi líng bā
一百 六十六, 一千 九百 零 八
yīwàn yīwàn èrqiān wǔbǎi èrshíbā
3. 一万, 一万 二千 五百 二十八,
sānwàn sìqiān líng wǔshí wǔwàn
三万 四千 零 五十, 五万
sānqiān sìbǎi wǔshíliù
三千 四百 五十六
liùwàn liùshíwàn liùbǎiwàn liùqiān
4. 六万, 六十 万, 六百 万, 六千
wàn
万

4.8.2

1. 101, 220, 392
2. 6 565, 3 305, 4 084
3. 35 000, 65 400, 89 222
4. 423 250, 1 705 000, 3 000 000
5. 153 000 000, 1 300 000 000

4.8.3

yī bā qī yī nián
1. 一八七一 年
yī jiǔ yī sì nián
2. 一九一四 年
yī jiǔ bā jiǔ nián
3. 一九八九 年
èr líng líng liù nián
4. 二零零六 年
gōngyuán qián sì sì qī nián
5. 公元 前 四四七 年
gōngyuán qián èrbǎi líng liù nián
6. 公元 前 二百 零 六 年

4.8.4

èr fēn zhī yī yī bàn sān fēn zhī
1. 二 分 之 一 oder 一 半, 三 分 之
èr bā fēn zhī qī
二, 八 分 之 七

bǎifēn zhī wǔ bǎifēn zhī èrshí bǎifēn
2. 百分 之 五, 百分 之 二十, 百分
zhī bǎi
之 百
yī diǎn jiǔ jiǔ sān diǎn líng wǔ yībǎi
3. 一 点 九 九, 三 点 零 五, 一百
èrshí'èr diǎn èr èr
二十二 点 二 二

4.8.5

sānshí chà bù duō
1. (x) 三十; 差 不 多
wǔshí zuǒyòu
2. 五十 (x); 左右
shí'èr yǐshàng
3. 十二 (x); 以上
yībǎi shàngxià
4. 一百 (x); 上下
liùshíwǔ yuē
5. (x) 六十五; 约
yīqiān bùdào
6. (x) 一千; 不到

4.8.6

èr shí bēi shí èr píng èr liǎng
1. (二)十 杯, 十(二) 瓶, (二/ 两)
bǎi èr shí èr zhǒng
百 (二)十(二) 种
èr liǎng qiān rén èr liǎng wàn ge
2. (二/ 两)千 人, (二/ 两)万 个
xuéshēng èr liǎng yì wǔqiān wàn
学生 , (二/ 两)亿 五千 万
liǎng ge shūjià èr shí wàn ge liùshí
3. (两)个 书架, (二)十 万 个, 六十
èr zhī māo
(二) 只 猫
liǎng shuāng xié liǎng bèi shí èr
4. (两) 双 鞋; (两)倍, 十(二)
jiàn chènshān
件 衬衫

5 Nominale Zähleinheitswörter

5.9 Übungen zu 5.1–5.6

5.9.1

yī chǎng bù diànyǐng yī zhī bǐ
1. 一(场 /部) 电影 , 一(枝) 笔
sì zhī tiáo gǒu zhè tái diànnǎo
2. 四(只/ 条) 狗, 这 (台) 电脑
shí tiáo qúnzi zhè ge wèi lǎoshī
3. 十(条) 裙子, 这 (个/ 位) 老师
sān zhāng chuáng wǔ bǎ yǐzi
4. 三(张) 床 , 五 (把) 椅子
zhè fēng xìn yī chǎng bǐsài
5. 这 (封) 信, 一(场) 比赛
wǔ bēi píng píjiǔ nà jiān fángzi
6. 五(杯/ 瓶) 啤酒, 那 (间) 房子
yī duǒ huā yī jù huà
7. 一(朵) 花, 一(句) 话
yī ge gōngzuò yī gēn huángguā
8. 一(个) 工作 , 一(根) 黄瓜
yī zhī yǎnjīng yī ge fāngfǎ
9. 一(只) 眼睛 , 一(个) 方法

5.9.2

yī duì huāpíng
1. 一(对) 花瓶
yī dǎ máobǐ
2. 一(打) 毛笔
yī dài bāo kāfēi
3. 一(袋/ 包)咖啡
yī dài bāo píngguǒ
4. 一(袋/ 包) 苹果

5.9.3

ge wèi
1. 个，位
zhāng běn
2. 张，本
bēi píng
3. 杯，瓶
ge jiā
4. 个，家
jiàn
5. 件
ge jiā
6. 个，家
kuài bāo
7. 块，包
jiān
8. 间

5.9.4

shuǐ píjiǔ chá
1. 水，啤酒，茶
shuǐ píjiǔ báijiǔ
2. 水，啤酒，白酒
zhǐ zhuōzi chuáng piào
3. 纸，桌子，床，票
shū cídiǎn dìtú
4. 书，词典，地图
tóufà huángguā
5. 头发，黄瓜
hé gǒu lù
6. 河，狗，路
māo gǒu yǎnjīng
7. 猫，狗，眼睛
chènshān yīfu shìqing
8. 衬衫，衣服，事情
bǐ xiāngyān huā
9. 笔，香烟，花
dàlóu qiáo shān
10. 大楼，桥，山
xiǎoshuō wénzhāng kèwén
11. 小说，文章，课文
rén chá cǎo shù
12. 人，茶，草，树

5.10 Übungen zu 5.7

5.10.1

yī gōngjīn yǒu kè
1. 一公斤有 1 000 克。
gōngjīn shì yī dūn
2. 1 000 公斤是一吨。
yī gōngchǐ yǒu gōngfēn
3. 一公尺有 100 公分。
gōngchǐ shì yī gōnglǐ
4. 1 000 公尺是一公里。
yī píngfāng gōnglǐ yǒu
5. 一平方公里有 1 000 000
píngfāng gōngchǐ
平方公尺。

5.10.2

tā de fángjiān yǒu píngfāng
1. 他的房间有 20 平方
gōngchǐ
公尺。
Běijīng dào Nánjīng de jùlí shì
2. 北京到南京的距离是 1 100
gōnglǐ
公里。
zhè fēng xìn bù dào kè
3. 这封信不到 20 克。
tā dìdi suì le gèzi yǒu mǐ
4. 她弟弟 10 岁了，个子有 1米 60。
tā de tǐzhòng zhǐ yǒu gōngjīn
5. 他的体重只有 62 公斤。
Zhōngguó de miànjī shì wàn
6. 中国的面积是 960 万
píngfāng gōnglǐ
平方公里。

5.11 Übungen zu 5.8

5.11.1

Zhāng xiǎojiě jīntiān yǒu yīdiǎnr lèi
1. 张 小姐 今天 有 一点儿累。

Wáng xiānshēng yīdiǎnr yě bù
2. 王 先生 一点儿也不
gāoxìng
高兴 。

wǒ zuótiān mǎile yīdiǎnr lǜ chá
3. 我 昨天 买了 一点儿绿 茶。

Lǐ lǎoshī yīdiǎnr jiǔ yě bù hē
4. 李 老师 一点儿酒 也不喝。

tā dìdi yǒu yīdiǎnr xiǎng huí jiā le
5. 他弟弟 有 一点儿 想 回 家 了。

tā gēge yīdiǎnr niúnǎi yě bù hē
6. 她哥哥 一点儿 牛奶 也不喝。

diànshì wǒ jīntiān yīdiǎnr yě méi
7. 电视 我 今天 一点儿也 没
kàn
看。

yóu yǒng yǐhòu wǒ juéde shūfule
8. 游 泳 以后 我 觉得 舒服了
yīdiǎnr
一点儿。

tā yīdiǎnr yě bù zhīdào jīntiān xuéxiào
9. 她 一点儿 也不 知道 今天 学校
bà kè
罢课。

5.11.2

wǒ zhǐ hēle yīdiǎnr kāfēi
1. 我 只 喝了 一点儿 咖啡。

tā rènshi yīxiē Fǎguó xuéshēng
2. 她 认识 一些 法国 学生 。

yīxiē xuéshēng huí jiā le
3. 一些 学生 回 家 了。

dìdi xuéle yīdiǎnr yīxiē Hànzì
4. 弟弟 学了 一点儿/一些 汉字。

wǒ duì tā yīdiǎnr yě bù liǎojiě
5. 我 对 他 一点儿 也 不 了解。

Wáng lǎoshī zài Déguó cānguānle yīxiē
6. 王 老师 在 德国 参观了 一些
bówùguǎn
博物馆 。

tā yīdiǎnr Zhōngwén yě bù huì
7. 他 一点儿 中文 也不会
shuō
说。

diànnǎo wǒ zhǐ dǒng yīdiǎnr
8. 电脑 我 只 懂 一点儿。

tā de fángjiān bǐ wǒ de fángjiān zhǐ
9. 她的 房间 比我的 房间 只
dà yīdiǎnr
大 一点儿。

Zhāng jīnglǐ bǐ wǒ xiǎng de duō yīxiē
10. 张 经理 比我 想 得 多 一些
yīdiǎnr
/一点儿。

6 Verbale Zähleinheitswörter

6.4.1

Nánjīng hěn piàoliang wǒ qùguo
1. 南京 很 漂亮 ，我 去过
yī cì yī huí
一次/一 回。

Shànghǎi tā qùguo sān cì tā
2. 上海 他 去过 三 次。/他
qùguo sān cì Shànghǎi
去过 三 次 上海 。

zhè bù xīn diànyǐng wǒ yǐjīng
3. 这 部 新 电影 我 已经
kànguo liǎng cì le
看过 两 次了。

qǐng děng yīxià
4. 请 等 一下。
zhè běn xiǎoshuō tā kànle yī biàn
5. 这 本 小说 他 看了 一 遍 。
wǒ qí yīxià nǐ de zìxíngchē hǎo
6. 我 骑 一下 你 的 自行车 好
ma
吗?
tā chángcháng huí jiā zhè cì tā
7. 她 常常 回 家。这 次 她
zuò huǒchē
坐 火车 。
jīnglǐ jiàole tā sān shēng cì
8. 经理 叫了 他 三 声 /次。
tā de nǚ péngyou kànle tā yī yǎn
9. 他 的 女 朋友 看了 他 一 眼 /
xià
下。
zhè ge gùshi wǒ tīngguo sì biàn
10. 这 个 故事 我 听过 四 遍
le
了。

6.4.2

tā bàba jiàole tā sān shēng cì
1. 他 爸爸 叫了 他 三 声 /次。
wǒ qù zhǎole tā liǎng huí cì
2. 我 去 找了 他 两 回/次。
Wáng jīnglǐ kànle tā yī yǎn
3. 王 经理 看了 他 一 眼。
zhè bù diànyǐng wǒ yǐjīng kànle wǔ
4. 这 部 电影 我 已经 看了 五
biàn le
遍 了。
wǒ yǒu ge xiǎo wèntí qǐng nǐ lái
5. 我 有 个 小 问题, 请 你 来
bāng wǒ yīxià hǎo ma
帮 我 一下, 好 吗?
zhè jù huà wǒ tīngle sān biàn yě
6. 这 句 话 我 听了 三 遍 也
méi tīngdǒng
没 听懂 。
tīngdào zhè ge xiāoxī tā xiǎngle
7. 听到 这 个 消息, 他 想了
yīxià mǎshàng dǎle ge diànhuà
一下, 马上 打了 个 电话 。
tā zuò huǒchē qùle liǎng huí cì
8. 她 坐 火车 去了 两 回/次
Mùníhēi
慕尼黑。

6.4.3

wǒ jīnnián huíguo yī cì tàng jiā
1. 我 今年 回过 一 次/趟 家。
zhè bù diànyǐng wǒ kànle yī biàn
2. 这 部 电影 我 看了 一 遍 。
Bólín wǒ qùguo yī tàng
3. 柏林 我 去过 一 趟 。
tā gāngcái xiūxīle yīxià
4. 她 刚才 休息了 一下。
Wáng jīnglǐ zuótiān shuōle wǒ yī
5. 王 经理 昨天 说了 我 一
dùn
顿 。
tā jīntiān jiàole wǒ yī shēng
6. 他 今天 叫了 我 一 声 。
wǒ dìdi hēle yī kǒu báijiǔ
7. 我 弟弟 喝了 一 口 白酒。
zhè jiàn yīfu tā kànle yī yǎn
8. 这 件 衣服 他 看了 一 眼。

7 Pronomina

7.5 Übungen zu 7.1–7.2

7.5.1

kànle nín de xìn wǒmen dōu hěn
1. 看了 您 的 信， 我们 都 很
gāoxìng
高兴 。

jīntiān xiàwǔ zánmen yīqǐ qù yóu
2. 今天 下午 咱们 一起 去 游
yǒng hǎo ma
泳 ， 好 吗?

nǐ bù qù Shànghǎi wǒmen yě bù
3. 你 不 去 上海 ， 我们 也 不
qù
去。

zánmen shénme shíhou qù kàn
4. 咱们 什么 时候 去 看
diànyǐng
电影 ？

nǐ shuō zánmen gāi bù gāi qù kàn tā
5. 你 说 咱们 该 不 该 去 看 他?

tā bù xiǎng qù zánmen qù ba
6. 她 不 想 去， 咱们 去 吧。

7.5.2

wǒmen jiā zài Běijīng tāmen jiā zài
1. 我们 家 在 北京 ， 他们 家 在
Nánjīng
南京 。

tāmen jiā de gǒu hěn dà
2. 他们 家 的 狗 很 大。

wǒmen de diànnǎo huài le
3. 我们 的 电脑 坏 了。

Wáng lǎoshī shuō tāmen lǎoshī hái yào
4. 王 老师 说 他们 老师 还 要
kāi huì
开 会。

tóngxuémen duì tāmen de lǎoshī hěn
5. 同学们 对 他们 的 老师 很
mǎnyì
满意 。

zánmen de xiǎngfǎ dōu chà bù duō
6. 咱们 的 想法 都 差 不 多。

tā de shūjià shàng yǒu hěn duō shū
7. 他 的 书架 上 有 很 多 书。

tāmen gōngsī de jīnglǐ dōu hěn
8. 他们 公司 的 经理 都 很
niánqīng
年轻 。

7.6 Übungen zu 7.3

7.6.1

zhèxiē shū dōu shì Zhōngwén de
1. 这些 书 都 是 中文 的。

zhèdiǎn píjiǔ wǒ hē le
2. 这点 啤酒 我 喝 了。

zhè tái diànshìjī shì Rìběn de
3. 这 台 电视机 是 日本 的。

nà jiàn shìqing wǒ bù huì wàngjì
4. 那 件 事情 我 不 会 忘记 。

nà sān ge wèntí nǐ néng huídá ma
5. 那 三 个 问题 你 能 回答 吗?

zhè jǐ zhāng Zhōngguó huà hěn
6. 这 几 张 中国 画 很
yǒumíng
有名 。

7.6.2

zhèdiǎnr zuòyè wǒ fēnzhōng jiù
1. 这点儿 作业 我 10 分钟 就
néng zuòwán
能 做完 。

zhè wèi shì xīnlái de Wáng jīnglǐ
2. 这 位 是 新来 的 王 经理。

zhèxiē shū wǒ dōu kànguo le
3. 这些 书 我 都 看过 了。

zhè cì wǒmen yīdìng yào qù Xī'ān
4. 这 次 我们 一定 要 去 西安。

qǐng nǐ gàosù wǒ zhè shì shéi de
5. 请 你 告诉 我，这 是 谁 的
diànnǎo
电脑 。
sān nián qián de nà cì lǚyóu tài yǒu
6. 三 年 前 的那 次 旅游 太 有
yìsi le
意思 了。
lǎoshī shuō zhè cì kǎoshì bù nán
7. 老师 说 这 次 考试 不 难。
nàxiē sùshè lí zhèr tài yuǎn le
8. 那些 宿舍 离 这儿 太 远 了。

7.6.3

míngnián tā xiǎng qù Déguó
1. 明年 她 想 去 德国 。
wǒ cóng Hànbǎo qù Běijīng
2. 我 从 汉堡 去 北京 。
tā zài wǒ zhèr kàn zúqiú bǐsài
3. 他 在 我 这儿 看 足球 比赛。
wǒmen xiǎng qù péngyou nàr liáo
4. 我们 想 去 朋友 那儿 聊
tiān
天 。
Zhāng xiānshēng zài Fǎguó péngyou
5. 张 先生 在 法国 朋友
nàr hēle Fǎguó pútáojiǔ
那儿 喝了 法国 葡萄酒 。
wǒ de Hàn-Dé cídiǎn zài bù zài nǐ
6. 我 的 汉德 词典 在 不 在 你
nàr
那儿?
Wáng jīnglǐ xiǎng dào tā gēge nàr
7. 王 经理 想 到 她 哥哥 那儿
qù
去。
Lǐ xiǎojiě xiǎng dào Zhōngguó gōngsī
8. 李 小姐 想 到 中国 公司
qù gōngzuò
去 工作 。

7.6.4

zhèyàng de xiǎoshuō wǒ méi kànguo
1. 这样 的 小说 我 没 看过 。
nǐ tīngshuōguo zhèyàng de xuéxí jìhuà
2. 你 听说过 这样 的 学习 计划
ma
吗?
zhè jù huà bù néng zhèyàng fānyì
3. 这 句 话 不 能 这样 翻译。
zhèyàng de fāngfǎ shì zuì hǎo de
4. 这样 的 方法 是 最 好 的
fāngfǎ
方法 。
xiàng tā zhèyàng de yùndòngyuán bù
5. 像 她 这样 的 运动员 不
duō
多 。
wǒ cónglái méi yǒu cānguānguo
6. 我 从来 没 有 参观过
zhèyàng de bówùguǎn
这样 的 博物馆 。

7.7 Übungen zu 7.4

7.7.1

shéi mǎile sān ge wánjù
1. 谁 买了 三 个 玩具?
tā mǎile shénme
2. 他 买了 什么 ?
tā mǎile jǐ ge wánjù
3. 他 买了 几 个 玩具?
tā gěi shéi mǎile sān ge wánjù
4. 他 给 谁 买了 三 个 玩具?
tā zài nǎr zài shénme dìfāng gěi
5. 他 在 哪儿/在 什么 地方 给
dìdi mǎile sān ge wánjù
弟弟 买了 三 个 玩具?
tā shénme shíhou zài chéng lǐ gěi
6. 他 什么 时候 在 城 里 给
dìdi mǎile sān ge wánjù
弟弟 买了 三 个 玩具?

tā shénme shíhou zài shénme dìfāng
7. 他 什么 时候 在 什么 地方
gěi dìdi mǎile sān ge wánjù
给 弟弟 买了 三 个 玩具？
shéi zuótiān zài chéng lǐ gěi shéi mǎile
8. 谁 昨天 在 城 里 给 谁 买了
jǐ ge wánjù
几 个 玩具？

7.7.2

shéi zài Běijīng xué Zhōngwén
1. 谁 在 北京 学 中文 /
Hànyǔ
汉语？
nǐ zài Déguó xué shénme
2. 你 在 德国 学 什么？
nín zài shénme nǎ ge dàxué
3. 您 在 什么 /哪 个 大学
gōngzuò
工作？
zhè shì shéi de yīfu
4. 这 是 谁 的 衣服？
nín cóng shénme dìfāng lái nín shì
5. 您 从 什么 地方 来？/ 您 是
cóng shénme dìfāng lái de
从 什么 地方 来 的？
tāmen shénme shíhou zài shénme
6. 他们 什么 时候 在 什么
dìfāng xué Déyǔ
地方 学 德语？
nǎ zhǒng shénme lǜchá zuì hǎohē
7. 哪 种 / 什么 绿茶 最 好喝？
tā zěnme qù Bólín
8. 他 怎么 去 柏林？
qù sàn bù zěnmeyàng
9. 去 散 步 怎么样 ？
tā de Éyǔ zěnmeyàng
10. 她 的 俄语 怎么样 ？

7.7.3

nǐ jǐ yuè jǐ hào guò shēngrì
1. 你 几 月 几 号 过 生日？
nǐ yǒu jǐ ge gēge
2. 你 有 几 个 哥哥？
nǐ zhè liǎng tiān kànle jǐ chǎng
3. 你 这 两 天 看了 几 场
zúqiú
足球？
dà jiàoshì lǐ néng zuò duōshǎo ge
4. 大 教室 里 能 坐 多少 个
xuéshēng
学生 ？
Zhōngwénxì yǒu jǐ ge lǎoshī
5. 中文系 有 几 个 老师？
qìchē lǐ néng zuò jǐ ge duōshǎo rén
6. 汽车 里 能 坐 几 个/ 多少 人？
nǐ gěile tā jǐbǎi kuài qián
7. 你 给了 他 几百 块 钱？
Zhōngguó yǒu duōshǎo yì rén
8. 中国 有 多少 亿 人？

7.7.4

nǎ běn shū shì nǐ de nà běn xīnshū
1. 哪 本 书 是 你 的？那 本 新书
shì wǒ de
是 我 的。
nǐ kàn de shì shénme shū wǒ kàn de
2. 你 看 的 是 什么 书？我 看 的
shì Zhōngwén shū
是 中文 书。
tā hē de shì shénme chá tā hē de shì
3. 她 喝 的 是 什么 茶？她 喝 的 是
lǜchá
绿茶。
zhè shì nǎ jiā de māo zhè shì tā jiā
4. 这 是 哪 家 的 猫？这 是 他 家
de māo
的 猫。

nǎ duǒ huā shì nǐ sòng de zhè duǒ
5. 哪 朵 花 是 你 送 的? 这 朵
huā shì wǒ sòng de
花 是 我 送 的。

nǐ yào de shì shénme dìtú wǒ yào
6. 你 要 的 是 什么 地图? 我 要
de shì Déguó dìtú
的 是 德国 地图。

Wáng xiǎojiě mǎi de shì shénme
7. 王 小姐 买 的 是 什么
shuǐguǒ Wáng xiǎojiě mǎi de shì
水果 ? 王 小姐 买 的 是
píngguǒ
苹果 。

nǎ liàng zìxíngchē shì gāng xiūhǎo
8. 哪 辆 自行车 是 刚 修好
de zuǒbian de zìxíngchē shì gāng
的? 左边 的 自行车 是 刚
xiūhǎo de
修好 的。

7.7.5

nǐ wèishénme bù shuō huà
1. 你 为什么 不 说 话?

zhè ge zì zěnme xiě
2. 这 个 字 怎么 写?

zhè ge cài zěnme zuò
3. 这 个 菜 怎么 做?

tā wèishénme méi lái shàng kè
4. 他 为什么 没 来 上 课?

nǐmen wèishénme méi zuò fēijī qù
5. 你们 为什么 没 坐 飞机 去
Bólín
柏林?

qǐngwèn qù huǒchēzhàn zěnme
6. 请问 , 去 火车站 怎么
zǒu
走?

tāmen wèishénme bù gāoxìng
7. 他们 为什么 不 高兴 ?

nǐmen zěnme zhǔnbèi míngtiān de
8. 你们 怎么 准备 明天 的
kǎoshì
考试?

7.7.6

nǎr yǒu yóujú
1. 哪儿 有 邮局?

dàxué túshūguǎn zài nǎr
2. 大学 图书馆 在 哪儿?

nǎr shì xuéshēng sùshè
3. 哪儿 是 学生 宿舍?

nǎr yǒu hěn duō jīngjì fādá de
4. 哪儿 有 很 多 经济 发达 的
chéngshì
城市 ?

Zhōngguó de shǎoshù mínzú zhǔyào
5. 中国 的 少数 民族 主要
zài nǎr
在 哪儿?

nǎr shì Zhōngguó zuì fādá de
6. 哪儿 是 中国 最 发达 的
dìqū
地区?

7.7.7

nǐ de bàngōngshì zài nǎr
1. 你 的 办公室 在 哪儿?

nǎr shì zuì piàoliang de jiàotáng
2. 哪儿 是 最 漂亮 的 教堂 ?

nǎr yǒu diànyǐngyuàn
3. 哪儿 有 电影院 ?

huǒchēzhàn zài shì zhōngxīn
4. 火车站 在 市 中心 。

zhíwùyuán lǐ yǒu hěn duō rèdài
5. 植物园 里 有 很 多 热带
zhíwù
植物 。

gǎngkǒu de nánmian hé xīmian shì
6. 港口 的 南面 和 西面 是
dàhǎi
大海。
Déguó zuì dà de fēijīchǎng zài nǎr
7. 德国 最 大的 飞机场 在 哪儿?

Chángjiāng yǐnán yǒu jǐ ge fādá de
8. 长江 以南 有 几 个 发达 的
chéngshì
城市 。

8 Verben

8.5 Übungen zu 8.1

8.5.1

bāng máng bān jiā
1. 帮 A 忙，搬 A 家
bà kè cānjiā
2. 罢 A 课, 参加 B
chī fàn chū chāi
3. 吃 A 饭, 出 A 差
dǎ gōng fùxí
4. 打 A 工，复习 B
huānyíng huí jiā
5. 欢迎 B, 回 A 家
jièshào tǎolùn
6. 介绍 B, 讨论 B
kāi chē kāishǐ
7. 开 A 车, 开始 B
liú xué qǐ chuáng
8. 留 A 学，起 A 床
qǐng kè shàng kè
9. 请 A 客, 上 A 课
shōushi shuō huà
10. 收拾 B, 说 A 话

8.6 Übungen zu 8.2.1–8.2.2

8.6.1

Wáng xiǎojiě hái méi xǐng
1. 王 小姐 还 没 醒。
tāmen nǔlì de hěn
2. 他们 努力 得 很。
Lǐ xiānshēng gōngzuò sān nián le
3. 李 先生 工作 三 年 了。
nǐmen xiūxi ma
4. 你们 休息 吗?
tāmen shēnghuó de hěn shūfu
5. 他们 生活 得 很 舒服。
xiǎo māohái huózhe
6. 小 猫 还 活着 。
wǒmen lǚyóu ba
7. 我们 旅游 吧。
gōngsī fāzhǎn le
8. 公司 发展 了。

8.6.2

gēge bāng mèimei de máng
1. 哥哥 帮 妹妹 的 忙 。
tā jīnnián chūle wǔ tàng chāi
2. 她 今年 出了 五 趟 差 。
tāmen dǎle sì ge xīngqī de gōng
3. 他们 打了 四个 星期 的 工 。
Wáng xiānshēng zài Déguó liúle liǎng
4. 王 先生 在 德国 留了 两
nián xué
年 学。
qù gōngyuán wǒ fùle wǔshí yuán
5. 去 公园 我 付了 五十 元
qián
钱 。
wǒ mèimei jīntiān shàng zǎobān
6. 我 妹妹 今天 上 早班 。
tā xǐle shíwǔ fēnzhōng de zǎo
7. 他 洗了 十五 分钟 的 澡。

zhè ge xīngqī wǒmen yóule sì cì
8. 这个星期我们游了四次
yǒng
泳。

8.6.3

tā shǔjià dǎle liǎng ge yuè de gōng
1. 他暑假打了两个月的工。
Lǐ xiānshēng xià ge yuè yào chū liǎng
2. 李先生下个月要出两
tàng chāi
趟差。
Mǎ xiǎojiě zài Rìběn liúle liǎng nián
3. 马小姐在日本留了两年
xué
学。
wǒ shuìle yī ge hǎo jiào
4. 我睡了一个好觉。
māma míngtiān shàng zǎobān
5. 妈妈明天上早班。
wǒmen wǎnshang shàng Zhōngwén
6. 我们晚上上中文
kè
课。
dìdi xǐle wǔ fēnzhōng de zǎo
7. 弟弟洗了五分钟的澡。
gēge lǐle yī ge duǎnfà
8. 哥哥理了一个短发。

8.7 Übungen zu 8.2.3–8.2.5

8.7.1

tā zài děng tā de lǎopéngyou
1. 他在等他的老朋友。
zhè jiā gōngsī shēngchǎn cǎisè
2. 这家公司生产彩色
diànshìjī
电视机。
wǒmen zuótiān tǎolùnle míngtiān kāi
3. 我们昨天讨论了明天开
huì de shìqing
会的事情。
Guǎngzhōu shǔyú Guǎngdōng shěng
4. 广州属于广东省。
Wáng lǎoshī gěi wǒmen jiěshìle zhè ge
5. 王老师给我们解释了这个
zì de yìsi
字的意思。
wǒ pà míngtiān de kǎoshì
6. 我怕明天的考试。
tāmen xíguànle dàxué de shēnghuó
7. 他们习惯了大学的生活。
Lǐ xiānshēng wàngle gōngsī de
8. 李先生忘了公司的
diànhuà hàomǎ
电话号码。

8.7.2

tāmen xiǎng huí Běijīng
1. 他们想回北京。
Wáng xiānshēng zhù tā māma nàr
2. 王先生住他妈妈那儿。
dìdi míngtiān xiǎng qù gēge nàr
3. 弟弟明天想去哥哥那儿。
wǒmen xiànzài zhù xuéshēng sùshè
4. 我们现在住学生宿舍。
tā xiànzài zài shéi nàr
5. 她现在在谁那儿?
Qián xiānshēng qù yínháng
6. 钱先生去银行。

8.7.3

lǎoshīmen dōu zhànzhe
1a. 老师们都站着。
dìdi shuìzài chuáng shàng
2a. 弟弟睡在床上。
gōnggòng qìchē tíngzài yínháng
3b. 公共汽车停在银行
qiánmian
前面。

tā zhù Běijīng
4a. 他 住 北京 。
tā zhù zài Běijīng
4b. 他 住 在 北京 。

8.8 Übungen zu 8.2.6–8.2.8

8.8.1

gōngsī duì Wáng jīnglǐ de gōngzuò hěn
1. 公司 对 王 经理 的 工作 很
mǎnyì
满意 。
Zhāng xiānshēng bù xiǎng gēn Lǐ
2. 张 先生 不 想 跟 李
xiānshēng hézuò le
先生 合作 了。
wǒ duì zhè zhǒng qìchē bù tài liǎojiě
3. 我 对 这 种 汽车 不 太 了解 。
Déguó yóu ge zhōu zǔchéng
4. 德国 由 16 个 州 组成 。
tā zài gōngzuò zhōng děi gēn bùtóng
5. 他 在 工作 中 得 跟 不同
de rén jiāowǎng
的 人 交往 。
zhèxiē háizi duì huà huàr dōu hěn gǎn
6. 这些 孩子 对 画 画儿 都 很 感
xìngqù
兴趣 。

8.8.2

tā dìdi kāishǐ xué shuō huà
1. 他弟弟 开始 学 说 话。
wǒ jiějie xǐhuan kàn diànyǐng
2. 我 姐姐 喜欢 看 电影 。
qǐng nǐ jìxù jiǎng gùshi
3. 请 你 继续 讲 故事。
tāmen dǎsuan zài nǎr shíxí
4. 他们 打算 在 哪儿 实习?
zhè jiā gōngsī kǎolǜ qù Zhōngguó
5. 这 家 公司 考虑 去 中国
tóuzī
投资。

yèlǐ tā bù gǎn yī ge rén huí jiā
6. 夜里 她 不 敢 一 个 人 回 家。

8.8.3 (Lösungsbeispiele)

wǒ rènwéi tā zuò de bù hǎo
1. 我 认为 他 做 得 不 好。
tā xīwàng Mǎ xiānshēng lái bāng
2. 他 希望 马 先生 来 帮
máng
忙 。
wǒ hái jìde tāmen zài zhèlǐ
3. 我 还 记得 他们 在 这里
gōngzuòguò
工作过 。
Zhāng xiǎojiě zhèngmíng nǐmen dōu
4. 张 小姐 证明 你们 都
hěn nǔlì
很 努力。
tā gūjì nǐ míngtiān néng dào
5. 她 估计 你 明天 能 到。
zhèyàng zuò kěyǐ bǎozhèng měi ge rén
6. 这样 做 可以 保证 每 个 人
dōu qù shíxí
都 去 实习。

8.9 Übungen zu 8.2.9–8.2.13

8.9.1

gēge sòng tā yī ge wánjù
1. 哥哥 送 他 一 个 玩具。
Qián lǎoshī jiāo wǒmen Zhōngguó
2. 钱 老师 教 我们 中国
dìlǐ
地理。
tā mèimei gàosù tā míngtiān bù shàng
3. 他 妹妹 告诉 他 明天 不 上
kè
课。
wǒ māma tíxǐng wǒ zǎo diǎn shuì
4. 我 妈妈 提醒 我 早 点 睡
jiào
觉 。

gōngsī pài wǒ qù kāi huì
5. 公司 派 我 去 开 会。
túshūguǎn ràng tā huán cídiǎn
6. 图书馆 让 他 还 词典。
Lǐ jīnglǐ yào wǒ chū chāi
7. 李 经理 要 我 出 差。
yínháng ānpái Qián jīnglǐ qù Běijīng
8. 银行 安排 钱 经理去 北京
gōngzuò
工作 。

8.9.2
Běijīng dàxué gēn Nánjīng dàxué bǐsài
1. 北京 大学 跟 南京 大学 比赛
páiqiú
排球。
Wáng xiǎojiě gěi tā de xuéshēng
2. 王 小姐 给 她 的 学生
jiǎngle yī ge gùshi
讲了 一 个 故事。
Qián xiānshēng jiègěi gōngsī shíwàn
3. 钱 先生 借给 公司 十万
ōuyuán
欧元 。
tāmen jié hūn shí wǒ sònggěi tāmen yī
4. 他们 结 婚 时 我 送给 他们 一
zhāng shāfā
张 沙发。
tā gěi tā bàba tíle yī ge hěn yǒu
5. 他 给 他 爸爸 提了 一 个 很 有
yìsi de wèntí
意思 的 问题。
Zhāng xiānshēng gěi tā érzi mǎile yī
6. 张 先生 给 他 儿子 买了 一
tái diànnǎo
台 电脑 。
dàjiā dōu xuǎn tā dāng bānzhǎng
7. 大家 都 选 他 当 班长 。

dàfēng dàyǔ gěi zhèlǐ de rén
8. 大风 大雨 给 这里 的 人
zàochéngle hěn duō kùnnan
造成了 很 多 困难 。

8.9.3
gēge yào dìdi mǎshàng huí jiā
1. 哥哥 要 弟弟 马上 回 家。
gōngsī ānpái Mǎ xiǎojiě qù Nánjīng
2. 公司 安排 马 小姐 去 南京
gōngzuò
工作 。
dàjiā dōu quàn tā zuò fēijī qù
3. 大家 都 劝 他 坐 飞机 去。
Běijīng de péngyou huānyíng wǒ xià
4. 北京 的 朋友 欢迎 我 下
xīngqī qù Běijīng
星期 去 北京 。
tóngxuémen zhù Zhāng lǎoshī shēngrì
5. 同学们 祝 张 老师 生日
kuàilè
快乐。
tā dǎ diànhuà tíxǐng wǒ wǎnshang kàn
6. 他 打 电话 提醒 我 晚上 看
diànyǐng
电影 。
dàxué yāoqiú liúxuéshēng zhù zài
7. 大学 要求 留学生 住 在
liúxuéshēng sùshè
留学生 宿舍。
zhèlǐ de fēngjǐng shǐ wǒ xiǎngqǐle wǒ
8. 这里 的 风景 使 我 想起了 我
de jiāxiāng
的 家乡 。

8.10 Übungen zu 8.4
8.10.1
bāngbāng máng bānbān jiā
1. 帮帮 忙，搬搬 家
bàbà kè cānjiā cānjiā
2. 罢罢 课，参加 参加

chīchī fàn chūchū chāi
3. 吃吃 饭，出出 差
dǎdǎ gōng fùxí fùxí
4. 打打 工，复习 复习
huānyíng huānyíng huíhuí jiā
5. 欢迎 欢迎，回回 家
jièshào jièshào hēhē chá
6. 介绍 介绍，喝喝 茶
kāikāi chē kāikāi mén
7. 开开 车，开开 门
liúliú xué qǐqǐ chuáng
8. 留留 学，起起 床
qǐngqǐng kè shàngshàng kè
9. 请请 客，上上 课
shōushi shōushi shuōshuō huà
10. 收拾 收拾，说说 话
tǎolùn tǎolùn tiàotiào wǔ
11. 讨论 讨论，跳跳 舞
xiūlǐ xiūlǐ xiūxī xiūxī
12. 修理 修理，休息 休息
xuéxí xuéxí yóuyóu yǒng
13. 学习 学习，游游 泳
zhǔnbèi zhǔnbèi zuòzuò fàn
14. 准备 准备，做做 饭

8.10.2

wǒ xiǎng xiūxī xiūxī
1. 我 想 休息休息。
jīntiān wǎnshang wǒ xiǎng tiàotiào
2. 今天 晚上 我 想 跳跳
wǔ liáoliáo tiān
舞，聊聊 天。
qǐng nǐ rènzhēn shōushi shōushi nǐ de
3. 请 你 认真 收拾 收拾 你 的
fángjiān
房间。
zhè ge yuè wǒ xiǎng dǎdǎ gōng fùxí
4. 这 个 月 我 想 打打 工，复习
fùxí Déyǔ yǔfǎ
复习 德语 语法。
wǒmen xiǎng qǐng tā gěi nǐmen
5. 我们 想 请 他 给 你们
shàngshàng kè
上上 课。
qǐng nǐ hǎohǎo de zhǔnbèi zhǔnbèi qù
6. 请 你 好好 地 准备 准备 去
Zhōngguó de lǚxíng
中国 的 旅行。
qǐng nǐmen tǎolùn tǎolùn zhè ge
7. 请 你们 讨论 讨论 这 个
wèntí
问题。
tāmen kànkan shū liáoliáo tiān
8. 他们 看看 书，聊聊 天，
tiàotiào wǔ
跳跳 舞。

9 Modalverben

9.4 Übungen zu 9.2–9.3

9.4.1

lǎoshī xiàwǔ néng lái ma lǎoshī
1. 老师 下午 能 来 吗？老师
xiàwǔ méi shì néng lái
下午 没 事，能 来。
jīntiān de gōngzuò wǒ zuòwán le
2. 今天 的 工作 我 做完 了，
kěyǐ huí jiā le ma nǐ kěyǐ huí jiā
可以 回 家 了 吗？你 可以 回 家
le
了。
lái Déguó shàng dàxué bìxū xuéhǎo
3. 来 德国 上 大学 必须 学好
Déyǔ
德语。

xuéshēng sùshè néng zhù duōshǎo
4. 学生 宿舍 能 住 多少
rén néng zhù rén
人？ 能 住 300 人。
shíjiān bù duō le wǒmen děi zǒu le
5. 时间 不 多 了， 我们 得 走 了。
wǒ xiǎng qǐng tā jiāo wǒ dǎ
6. 我 想 请 他 教 我 打
tàijíquán bù zhīdào tā yuànyì bù
太极拳， 不 知道 他 愿意 不
yuànyì
愿意？
qù Déguó lǚyóu yīnggāi kànkan
7. 去 德国 旅游， 应该 看看
Bólín Mùníhēi hé Hànbǎo
柏林、慕尼黑 和 汉堡 。
háizimen wèishénme xǐhuan diànnǎo
8. 孩子们 为什么 喜欢 电脑 ？
yīnwèi diànnǎo yào tīng rén de
因为 电脑 要 听 人 的
mìnglìng
命令 。
xuéshēng bù yīnggāi zhěngtiān zuòzài
9. 学生 不 应该 整天 坐在
diànshìjī qián
电视机 前 。
tā xiǎng chōu yān dàn bù zhīdào
10. 他 想 抽 烟， 但 不 知道
kěyǐ bù kěyǐ
可以 不 可以。

9.4.2

wǒ bìxū qù Zhōngguó xué Hànyǔ
1. 我 必须 去 中国 学 汉语。
wǒ xiǎng bǎ shū jìdào Nánjīng
2. 我 想 把 书 寄到 南京 。
tā xiǎng qí zìxíngchē huí jiā
3. 她 想 骑 自行车 回 家。oder:
tā xiǎng huí jiā qí zìxíngchē
她 想 回家骑 自行车 。
wǒ děi bǎ zhè jiàn shì gàosù wǒ de
4. 我 得 把 这 件 事 告诉 我 的
péngyou
朋友 。
zhè jiàn shìqing bù néng bèi tā
5. 这 件 事情 不 能 被 他
zhīdào
知道 。
nǐ yīnggāi bǎ cídiǎn fàngzài zhuōzi
6. 你 应该 把 词典 放在 桌子
shàng
上 。
wǒ hé tā dōu xiǎng wǎnshang qù tiào
7. 我 和 他 都 想 晚上 去 跳
wǔ
舞。
nǐmen yīnggāi mǎshàng qù huǒchēzhàn
8. 你们 应该 马上 去 火车站
zhǎo tā
找 他。

9.4.3

jīntiān wǎnshang wǒ bù yòng qù
1. 今天 晚上 我 不 用 去
yīyuàn kàn Xiǎo Wáng
医院 看 小 王 。
yǒu qián le wǒ bù yòng dǎ gōng
2. 有 钱 了， 我 不 用 打 工
le
了。
tāmen bù xiǎng cānjiā bǐsài
3. 他们 不 想 参加 比赛。
wǒ bù yòng xuéhuì dǎ zì
4. 我 不 用 学会 打 字。
diànyǐngyuàn lǐ bù néng chōu yān
5. 电影院 里 不 能 抽 烟。
huǒchēpiào méi mǎidào wǒmen bù
6. 火车票 没 买到， 我们 不
néng zǒu
能 走。

zhè běn xiǎoshuō bù yòng kàn
7. 这 本 小说 不 用 看。
tāmen dōu bù yuànyì qù tóuzī
8. 他们 都 不 愿意 去 投资。
tiān liàng le Xiǎo Wáng bù xiǎng
9. 天 亮 了, 小 王 不 想
shuì jiào
睡 觉。
zhèxiē háizi bù yòng xué gāngqín
10. 这些 孩子 不 用 学 钢琴。

9.4.4

tā xiǎng zuò huǒchē qù Kūnmíng
1. 他 想 坐 火车 去 昆 明,
yīnwèi néng duō kànkan
因为 能 多 看看。
hěn duō Zhōngguó háizi wǎngwǎng zhǐ
2. 很 多 中国 孩子 往往 只
néng xīngqīliù kàn yī ge xiǎoshí de
能 星期六 看 一 个 小时 的
diànshì
电视。

hěn duō Zhōngguó háizi bìxū chī hěn
3. 很 多 中国 孩子 必须 吃 很
duō tāmen bù xiǎng chī de dōngxi
多 他们 不 想 吃 的 东西。
hěn duō niánqīng fūfù bù xiǎng shēng
4. 很 多 年轻 夫妇 不 想 生
háizi yīnwèi tāmen tài máng le
孩子, 因为 他们 太 忙 了。
nín néng bù néng jièshào yīxià nín de
5. 您 能 不 能 介绍 一下 您 的
shū
书?
hěn duō Shànghǎirén bù yuànyì qù
6. 很 多 上海人 不 愿意 去
qítā dìfāng gōngzuò
其他 地方 工作。
tā bù zhīdào bàngōngshì lǐ bù néng
7. 他 不 知道 办公室 里 不 能 /
kěyǐ chōu yān
可以 抽 烟。
rúguǒ tā yǒu kùnnan wǒmen yīnggāi
8. 如果 他 有 困难, 我们 应该
bāngzhù tā
帮助 他。

10 Eigenschaftsverben

10.5 Übungen zu 10.1.1

10.5.1

zhè jǐ tiān hěn rè zhè jǐ tiān rè
1. 这 几 天 很 热。/ 这 几 天 热
le
了。
tā de xìn hěn duǎn tā de xìn duǎn
2. 他 的 信 很 短。/ 他 的 信 短
le
了。

zhè jiàn yīfu hěn jiù zhè jiàn yīfu
3. 这 件 衣服 很 旧。/ 这 件 衣服
jiù le
旧 了。
zhè tái diànnǎo hěn qīng
4. 这 台 电脑 很 轻。
tā de gèzi hěn gāo tā de gèzi gāo
5. 他 的 个子 很 高。/ 他 的 个子 高
le
了。
zhè tiáo hé hěn shēn
6. 这 条 河 很 深。

Qián lǎoshī jiā de shū hěn duō Qián
7. 钱 老师 家 的 书 很 多。/ 钱
lǎoshī jiā de shū duō le
老师 家 的 书 多 了。
zhè bēi kāfēi hěn kǔ
8. 这 杯 咖啡 很 苦。

10.5.2

zhè shì yī jiān hěn liàng de fángjiān
1. 这 是 一 间 很 亮 的 房间 。
fángjiān lǐ yǒu liǎng ge jiù shūjià
2. 房间 里 有 两 个 旧 书架。
shūjià shàng fàngzhe hǎo jǐ běn
3. 书架 上 放着 好 几 本
hòuhòu de shū
厚厚 的 书。
shūjià pángbiān shì yī zhāng xīn
4. 书架 旁边 是 一 张 新
shūzhuō
书桌 。
shūzhuō shàng yǒu yī tái hěn xīn de
5. 书桌 上 有 一 台 很 新 的
diànnǎo
电脑 ,
hái yǒu jǐ zhī hēi qiānbǐ
6. 还 有 几 枝 黑 铅笔。
shūzhuō pángbiān yǒu yī zhāng xiǎo
7. 书桌 旁边 有 一 张 小
de bái shāfā
的 白 沙发。
shāfā shàng fàngzhe yī zhī dà lǎohǔ
8. 沙发 上 放着 一 只 大 老虎。

10.5.3

yīshēng ràng tā shǎo chī yīdiǎn
1. 医生 让 他 少 吃 一点。
zuótiān tāmen duō hēle jǐ píng
2. 昨天 他们 多 喝了 几 瓶
píjiǔ
啤酒。
Xiǎo Wáng zǎoshang xǐhuan màn
3. 小 王 早上 喜欢 慢
pǎo
跑。
gēge ràng dìdi kuài gàosù tā
4. 哥哥 让 弟弟 快 告诉 他。
tāmen qīngqīng de dúle yī biàn
5. 他们 轻轻 地 读了 一 遍
shēngcí
生词 。
Mǎ xiānshēng zhòngzhòng de qiāole
6. 马 先生 重重 地 敲了
jǐ xià mén
几 下 门 。
qǐng nǐ hǎohǎo de xué tiào wǔ
7. 请 你 好好 地 学 跳 舞。
zhè ge Lǐ xiǎojiě duō zhèngle yībǎi
8. 这 个 李 小姐 多 挣了 一百
yuán
元 。

10.5.4

dìdi chī de hěn bǎo
1. 弟弟 吃 得 很 饱。
Wáng lǎoshī shuō de duì
2. 王 老师 说 得 对。
zhè kē shù zhǎng de hěn kuài
3. 这 棵 树 长 得 很 快 。
jiějie xiǎng de hěn duō
4. 姐姐 想 得 很 多 。
gēge chuān de shǎo
5. 哥哥 穿 得 少 。
zhè běn shū wǒ kàn de hěn màn
6. 这 本 书 我 看 得 很 慢 。
zhè jiā gōngsī fāzhǎn de fēicháng
7. 这 家 公司 发展 得 非常
kuài
快 。

10.6 Übungen zu 10.1.2–10.1.4

10.6.1

hěn dà de fángzi hěn duō xuéshēng
很 大 的 房子, 很 多 学生
hěn rènzhēn de lǎoshī hěn hǎo de diànyǐng
很 认真 的 老师, 很 好 的 电影
hěn bái de qiáng hóng yīfu
很 白 的 墙 , 红 衣服
hěn piàoliang de gōngyuán hěn gānjìng de jiàoshì
很 漂亮 的 公园 , 很 干净 的 教室
xuěbái de huāpíng bīngliáng de shǒu
雪白 的 花瓶 , 冰凉 的 手

10.6.2

hóng de shāfā hěn gāo de shūjià
红 (的) 沙发, 很 高 的 书架
yuǎn lù zuì jìn de xīnwén
远 路, 最 近 的 新闻
gānjìng de fángjiān hěn ānjìng de dìfang
干净 (的) 房间 , 很 安静 的 地方
róngyì de wèntí jiànkāng de gōngrén
容易 的 问题, 健康 的 工人

10.6.3

tā de tóufà huābái
1b. 他 的 头发 花白 。
dìdi de yīfu fēicháng gānjìng
2b. 弟弟 的 衣服 非常 干净 。
zhè jiàn shì shífēn fùzá
3b. 这 件 事 十分 复杂。
tā de shǒu bīngliáng
4a. 他 的 手 冰凉 。

10.6.4

dàjiā zǎo lái le
1. 大家 早 来 了。
tāmen dōu hěn rènzhēn de xuéxí Yīngyǔ
2. 他们 都 很 认真 地 学习 英语 。
wǒmen qīngqīng-sōngsōng de liáoliáo tiān
3. 我们 轻轻松松 地 聊聊 天 。
yīshēng ānjìng de zuòzài nàr
4. 医生 安静 地 坐在 那儿。
Huā jīnglǐ gāoxìng de hēle yī bēi jiǔ
5. 花 经理 高兴 地 喝了 一 杯 酒。
lǎoshīmen rènzhēn tǎolùn zhè ge wèntí
6. 老师们 认真 讨论 这 个 问题。

10.7 Übungen zu 10.2

10.7.1

dàxíng qǐyè
1. 大型 企业
cǎisè diànshìjī
2. 彩色 电视机
gōnggòng qìchē
3. 公共 汽车
xīnshì diànnǎo
4. 新式 电脑
rìcháng shēnghuó
5. 日常 生活
chángqī nǔlì
6. 长期 努力
gǔdiǎn yīnyuè
7. 古典 音乐
hēibái lǎo zhàopiàn
8. 黑白 老 照片

10.7.2

xiǎoxíng qìchē
1. 小型 汽车

lǎoshì fángzi

2. 老式 房子

kùnnan de rènwu

3. 困难 的 任务

yǒnggǎn de háizi

4. 勇敢 的 孩子

yánzhòng de qíngkuàng

5. 严重 的 情况

kuàilè de rén

6. 快乐 的 人

nánrén

7. 男人

piàoliang de qìchē

8. 漂亮 的 汽车

10.8

10.8.1

piàoliang piàopiào-liàngliàng

1. 漂亮 → 漂漂亮亮

gānjìng gāngān-jìngjìng

2. 干净 → 干干净净

ānjìng ān'ān-jìngjìng

3. 安静 → 安安静静

hóngtōngtōng

4. 红通通

gānbābā

5. 干巴巴

jīnhuáng jīnhuáng jīnhuáng

6. 金黄 → 金黄 金黄

bǐzhí bǐzhí bǐzhí

7. 笔直 → 笔直 笔直

qīngchǔ qīngqīng-chǔchǔ

8. 清楚 → 清清楚楚

qīhēi qīhēi qīhēi

9. 漆黑 → 漆黑 漆黑

wánquán wánwán-quánquán

10. 完全 → 完完全全

rènzhēn rènrèn-zhēnzhēn

11. 认真 → 认认真真

zhěngqí zhěngzhěng-qíqí

12. 整齐 → 整整齐齐

mǎhu mǎmǎ-hūhū

13. 马虎 → 马马虎虎

xuěbái xuěbái xuěbái

14. 雪白 → 雪白 雪白

bīnglěng bīnglěng bīnglěng

15. 冰冷 → 冰冷 冰冷

màntūntūn

16. 慢吞吞

10.8.2

zhè ge wèntí jiǎnjiǎn-dāndān de

1. 这个问题 简简单单 的。

zhè ge gōngsī pǔpǔ-tōngtōng de

2. 这个公司 普普通通 的。

tā de liǎn xuěbái xuěbái

3. 她的脸 雪白 雪白。

mèimei de shǒu bīngliáng bīngliáng

4. 妹妹 的 手 冰凉 冰凉。

Xiǎo Qián qīngqīng-sōngsōng de

5. 小钱 轻轻松松 地

wánchéngle rènwu

完成了 任务。

háizimen ān'ān-jìngjìng de zài kàn

6. 孩子们 安安静静 地在看

diànshì

电视。

fángjiān dǎsǎo de gāngān-jìngjìng de

7. 房间 打扫得 干干净净 的。

tā dìdi wán diànnǎo wán de

8. 他弟弟 玩 电脑 玩得

gāogāo-xìngxìng de

高高兴兴 的。

10.9

10.9.1

tā qùguò hěn duō dìfang

1. 她去过 很 多 地方。

wǒ yǐjīng xuéle bù shǎo shēngcí le

2. 我已经学了不少 生词 了。

tāmen de Déyǔ shuǐpíng tígāole hěn
3. 他们 的 德语 水平 提高了 很
duō
多。
Měiguó diànyǐng Wáng xiǎojiě kànle
4. 美国 电影 王 小姐 看了
bù shǎo
不 少。
zhīdào zhè jiàn shì de rén hěn duō hěn
5. 知道 这 件 事的 人 很 多/很
shǎo
少。
tāmen jiā de Zhōngwén shū bù shǎo
6. 他们 家的 中文 书 不 少/
bù duō
不 多。
tā dìdi hěn shǎo wán diànnǎo
7. 他弟弟 很 少 玩 电脑 。
qiǎokèlì tā jiějiě hěn shǎo chī
8. 巧克力 他姐姐 很 少 吃。

10.9.2

wǒmen mǎile bù shǎo hěn duō
1. 我们 买了 不 少/很 多
cídiǎn
词典。
bù shǎo rén bù zhīdào zhè ge zì zěnme
2. 不 少 人不 知道 这个字 怎么
xiě
写。
tā hēle bù shǎo hěn duō píjiǔ
3. 他喝了不 少/很 多 啤酒
yǐhòu shuōle hěn duō huà
以后, 说了 很 多 话。
nǐmen děi duō xiǎngxiǎng zěnme
4. 你们 得 多 想想 , 怎么
jiějué zhè ge wèntí
解决 这 个 问题。
tā suīrán shuō de bù duō què hěn
5. 他 虽然 说 得不 多, 却 很
kèqi
客气。
wǒ bù xūyào hěn duō péngyou dàn
6. 我不 需要 很 多 朋友 , 但
xūyào zhēnzhèng de péngyou
需要 真正 的 朋友 。

11 Adverbien

11.16 Übungen zu 11.2

11.16.1

zhè bù shì túshūguǎn de shū
1. 这不是 图书馆 的书。
Mǎ lǎoshī jīntiān bù shàng kè
2. 马 老师 今天 不 上 课。
Zhāng xiānshēng bù qí zìxíngchē
3. 张 先生 不骑 自行车 。
zhè zhǒng gōngzuò bù hěn shūfu
4. 这 种 工作 不(很)舒服。
tā zài xuéxí shàng bù hěn rènzhēn
5. 她在 学习 上 不(很) 认真 。
tā jiějie bù xiǎng sàn bù
6. 他姐姐不 想 散 步。

11.16.2

wǒ méi xué kāi chē
1. 我 没 学 开 车。
tā méi kàn diànshì
2. 他 没 看 电视 。
tāmen méi qùguo Bólín
3. 他们 没 去过 柏林。
wǒmen méi hēguo báijiǔ
4. 我们 没 喝过 白酒。

wǒ méi xuéguo Zhōngwén

5. 我 没 学过 中文 。

Mǎ xiǎojiě méi bìng

6. 马 小姐 没 病 。

11.16.3

wǒ bù zuò fēijī qù

1. 我 不 坐 飞机 去。

wǒ méi yǒu Zhōngguó dìtú

2. 我 没 有 中国 地图。

wǒ méi dǎ diànhuà

3. 我 没 打 电话 。

wǒ bù zhīdào zhè ge zì zěnme xiě

4. 我 不 知道 这 个 字 怎么 写。

wǒ zuótiān méi mǎi diànnǎo

5. 我 昨天 没 买 电脑 。

wǒ bù shì cóng Zhōngguó lái de

6. 我 不 是 从 中国 来 的。

wǒ méi zài Shànghǎi zhùguo

7. 我 没 在 上海 住过 。

wǒ méi zài Déguó gōngzuòguo

8. 我 没 在 德国 工作过 。

11.16.4

wǒ bù xìng Zhāng wǒ xìng Huā

1. 我 不 姓 张 ，我 姓 花 。

wǒ bù méi xiǎng kàn diànshì

2. 我 不/没 想 看 电视 。

tā xiànzài bù máng

3. 他 现在 不 忙 。

méi yǒu diànnǎo wǒ zěnme gōngzuò

4. 没 有 电脑 我 怎么 工作 ?

tāmen zhīdào bù zhīdào jīntiān bà kè

5. 他们 知道 不 知道 今天 罢 课?

nǐ xiǎng méi xiǎngguo zhè ge wèntí

6. 你 想 没 想过 这 个 问题?

zhè ge xīngqī wǒ nǎr dōu bù qù

7. 这 个 星期 我 哪儿 都 不 去，

xiǎng zài jiā lǐ xiūxī xiūxī

想 在 家 里 休息 休息。

wǒ méi tīngshuōguo zhè jiàn shì nǐ

8. 我 没 听说过 这 件 事，你

néng bù néng gàosù wǒ

能 不 能 告诉 我?

11.16.5

nǐ huí bù huí jiā

1. 你 回 不 回 家?

nǐ hē bù hē lǜchá

2. 你 喝 不 喝 绿茶?

nǐ qù méi qùguo Xī'ān

3. 你 去 没 去过 西安?

nǐ kàn méi kànguo zhè bù diànyǐng

4. 你 看 没 看过 这 部 电影 ?

nǐ xiǎng bù xiǎng xué Éyǔ

5. 你 想 不 想 学 俄语?

nǐ néng bù néng bāng wǒ máng

6. 你 能 不 能 帮 我 忙 ?

gōngsī mǎi méi mǎi qìchē

7. 公司 买 没 买 汽车?

gōngsī qù méi qù Zhōngguó tóu zī

8. 公司 去 没 去 中国 投资?

11.16.6

bié tīng shōuyīnjī le

1. 别 听 收音机 了。

bié shuō huà le

2. 别 说 话 了。

zhè jiàn shì bié gàosù tā

3. 这 件 事 别 告诉 他。

zìxíngchē bié jiègěi tā

4. 自行车 别 借给 他。

bié bǎ qián huāwán

5. 别 把 钱 花完 。

bié bǎ zhè jiàn shì wàng le

6. 别 把 这 件 事 忘 了。

11.17 Übungen zu 11.3

11.17.1

zuótiān hěn lěng jīntiān gèng lěng

1. 昨天 很 冷，今天 更 冷 。

zhè liàng chē guì nà liàng chē gèng
2. 这 辆 车 贵，那 辆 车 更
guì
贵。

tā bǐjiào xǐhuan hé gēn wǒ dǎ
3. 他 比较 喜欢 和/跟 我 打
pīngpāngqiú
乒乓球 。

Wáng xiānshēng duì ōuzhōu bǐjiào
4. 王 先生 对 欧洲 比较
liǎojiě
了解。

Měiguó gōngsī duì nǐ zuì héshì
5. 美国 公司 对 你 最 合适。

tā zuì xǐhuan zài chuáng shàng kàn
6. 他 最 喜欢 在 床 上 看
diànshì
电视 。

tā bàba zuì xǐhuan qù Zhōngguó
7. 他 爸爸 最 喜欢 去 中国
lǚyóu
旅游。

tīngdào zhè ge xiāoxī tā gāoxìng jí
8. 听到 这 个 消息，他 高兴 极
le
了。

jǐ nián lái dōngxi yuèláiyuè guì le
9. 几 年 来 东西 越来越 贵 了。

11.17.2

zhè běn shū hěn hòu
1. C: 这 本 书 很 厚。

wǒ mǎile yī tái hěn guì de
2. C: 我 买了 一 台 很 贵 的
diànnǎo
电脑 。

tāmen duì zhè ge gōngzuò hěn
3. B: 他们 对 这 个 工作 很
mǎnyì
满意。

dìdi měi tiān dōu máng de hěn
4. C: 弟弟 每 天 都 忙 得 很。

Xiǎo Míng hěn xǐhuan tī zúqiú
5. A: 小 明 很 喜欢 踢 足球。

dàjiā dōu hěn gāoxìng de zài liáo
6. B: 大家 都 很 高兴 地 在 聊
tiān
天。

11.17.3

wǒmen sān ge rén zhōng tā zuì gāo
1b. 我们 三 个 人 中 他 最 高。

zhè bù diànyǐng tài yǒu yìsi le
2b. 这 部 电影 太 有 意思 了。

wǒmen dōu hěn xǐhuan dǎ wǎngqiú
3b. 我们 都 很 喜欢 打 网球 。

tāmen zuìjìn máng de hěn
4a. 他们 最近 忙 得 很。

Mùníhēirén duō Hànbǎorén gèng
5b. 慕尼黑人 多， 汉堡人 更
duō Bólínrén zuì duō
多， 柏林人 最 多 。

wǒ hěn yuànyì qù Běijīng
6b. 我 很 愿意 去 北京 。

11.17.4

jīntiān bǐ zuótiān gèng lěng
1. 今天 比 昨天 更 冷 。

tā yǒu sān ge shǒujī zuì guì de
2. 他 有 三 个 手机，最 贵 的 500
ōuyuán zuì piányi de ōuyuán
欧元 ，最 便宜 的 100 欧元 。

tā de Rìwénshuō de bù cuò dàn
3. 他 的 日文 说 得不 错，但
Zhōngwén shuō de gèng hǎo
中文 说 得 更 好。

wǒ zuì bù xǐhuan zǎoshang bā diǎn
4. 我 最不 喜欢 早上 八 点
shàng kè
上 课。

zhè jiàn yīfu piàoliang jí le
5. 这件衣服 漂亮 极了。
zhǎodào le hǎo gōngzuò tā duōme
6. 找到 了 好 工作，她 多么
gāoxìng ā
高兴 啊。
nà bù diànyǐng méi yìsi zhè bù hái
7. 那部 电影 没 意思，这 部 还
suàn bǐjiào yǒu yìsi
算 比较 有 意思。
wǒ hěn yuànyì bāngzhù nǐ kěshì nǐ
8. 我 很 愿意 帮助 你，可是 你
zìjǐ yě děi nǔlì ā
自己 也 得 努力 啊。
zhèlǐ de rén tài duō le
9. 这里 的 人 太 多 了!

11.17.5

yǔ yuèláiyuè dà
1. 雨 越来越 大。
xiànzài de gōngzuò yuèláiyuè yǒu
2. 现在 的 工作 越来越 有
yìsi
意思。
Mǎ jīnglǐ yuèláiyuè xǐhuan tiào wǔ
3. 马 经理 越来越 喜欢 跳 舞。
tā yuèláiyuè bù xiāngxìn
4. 她 越来越 不 相信
zhèngzhìjiā
政治家。
Qián xiānshēng jiǎng de yuè duō
5. 钱 先生 讲 得 越 多，
Zhāng xiānshēng yuè hàipà
张 先生 越 害怕。
tā de shūfǎ xiě de yuèláiyuè
6. 她 的 书法 写 得 越来越
piàoliang tā de shūfǎ yuè xiě
漂亮。oder 她 的 书法 越 写
yuè piàoliang
越 漂亮。

11.18 Übungen zu 11.4

11.18.1

wǒ zhèng xiǎng qù dǎ gōng diànhuà
1. 我 正 想 去 打 工，电话
xiǎngle
响了。
tā zài zhǔnbèi míngtiān de kǎoshì
2. 他 在 准备 明天 的 考试。
nǐ zài nǎr wǒmen zhèng dàochù
3. 你 在 哪儿? 我们 正 到处
zhǎo nǐ ne
找 你 呢!
Wáng lǎoshī yīzhí zài xiǎng zhè ge
4. 王 老师 一直 在 想，这 个
wèntí zěnme jiějué
问题 怎么 解决。
tā zhèngzài kàn diànshì bù xiǎng chī
5. 他 正在 看 电视，不 想 吃
fàn
饭。
wǒmen zhèng yào xià kè tā zǒujìnle
6. 我们 正 要 下 课，他 走进了
jiàoshì
教室。
tā zhèng zài gōngsī gōngzuò bù néng
7. 他 正 在 公司 工作，不 能
huí jiā
回 家。
wǒmen zhèngzài dú yī běn Déguó
8. 我们 正在 读 一 本 德国
xiǎoshuō
小说。

11.18.2

tā zài kàn bào
1. 他 在 看 报。
wǒ gěi wǒ jiějie dǎ diànhuà de
2. 我 给 我 姐姐 打 电话 的
shíhou tā zhèngzài zuò fàn
时候，她 正在 做 饭。

yī ge xīngqī yǐlái tā yīzhí zài xiě tā
3. 一个 星期 以来 他 一直 在 写 他
de zuòyè
的 作业。

wǒ zài túshūguǎn shí tā zài shōushi
4. 我 在 图书馆 时，他 在 收拾
fángjiān
房间。

xià yǔ shí wǒmen zhèngzài sàn bù
5. 下 雨 时，我们 正在 散 步。

tā zài dānxīn tā de xīn qìchē
6. 她 在 担心 她 的 新 汽车。

11.19 Übungen zu 11.5

11.19.1

wǒ yǐjīng zhīdào zhè jiàn shì le
1. 我 已经 知道 这 件 事 了。

wǒ céngjīng zài Wáng lǎoshī nàr
2. 我 曾经 在 王 老师 那儿
xuéguo shūfǎ
学过 书法。

Xī'ān céngjīng shì shìjiè shàng zuì dà
3. 西安 曾经 是 世界 上 最 大
de chéngshì
的 城市。

xiànzài bù huì yòng diànnǎo de rén
4. 现在，不 会 用 电脑 的 人
yǐjīng hěn shǎo le
已经 很 少 了。

nǐ bìyè de shíhou wǒ yǐjīng gōngzuò
5. 你 毕业 的 时候，我 已经 工作
le
了。

tāmen liǎ céngjīng shì hǎo péngyou
6. 他们 俩 曾经 是 好 朋友。

tā yǐjīng bù shì shíjǐ suì de háizi le
7. 他 已经 不 是 十几 岁 的 孩子 了。

tā céngjīng xuéguo fǎlǜ xiànzài
8. 他 曾经 学过 法律，现在
yǐjīng bù xué le
已经 不 学 了。

11.19.2

qǐng nǐ qīng yīdiǎn mèimei gāng
1. 请 你 轻 一点，妹妹 刚
shuì
睡。

wǒ gāng dào jiā nǐ jiù lái le
2. 我 刚 到 家，你 就 来 了。

nà fēng xìn yǐjīng jìzǒu le
3. 那 封 信 已经 寄走 了。

cóng nánfāng lái de tóngxué yǐjīng
4. 从 南方 来 的 同学 已经
xíguàn běifāng de shēnghuó le
习惯 北方 的 生活 了。

Wáng xiānshēng chū chāi gāng huí
5. 王 先生 出 差 刚 回
lái
来。

lǚyóu de shì dàjiā yǐjīng tǎolùn le
6. 旅游 的 事 大家 已经 讨论 了。

11.19.3

gāngcái wǒ zài túshūguǎn kànjiàn tā
1. 刚才 我 在 图书馆 看见 她
le
了。

Qián lǎoshī gāng cóng túshūguǎn
2. 钱 老师 刚 从 图书馆
huílái
回来。

gāngcái xià xuě le
3. 刚才 下 雪 了。

Xiǎo Lǐ gāng xiǎng qù yóu yǒng
4. 小 李 刚 想 去 游 泳，
wàimiàn xià dàyǔ le
外面 下 大雨 了。

tāmen gāngcái bāngzhù Xiǎo Míng
5. 他们 刚才 帮助 小 明
fùxí shēngcí le
复习 生词 了。

wǒ gāng rènshi tā hái bù tài liǎojiě
6. 我 刚 认识 他，还 不 太 了解
tā
他。

11.20 Übungen zu 11.6–1.7

11.20.1

zǎoshang tā zǒngshi xiān kàn bào
1. 早上 他 总是 先 看 报。
yìshùjiā de tóufà wǎngwǎng hěn
2. 艺术家 的 头发 往往 很
cháng
长 。
tāmen bù cháng qù duànliàn shēntǐ
3. 他们 不 常 去 锻炼 身体。
wǒmen wǎngwǎng zuò dìtiě jìn
4. 我们 往往 坐 地铁 进
chéng
城 。
zhōumò wǒ chángcháng gēn wǒ dìdi
5. 周末 我 常常 跟 我 弟弟
liáo tiān
聊 天。
Qián xiānshēng wǎngwǎng gōngzuò
6. 钱 先生 往往 工作
dào yè lǐ
到 夜 里。

11.20.2

tā yǒule wèntí wǎngwǎng zhǎo Gāo
1a. 他 有了 问题 往往 找 高
lǎoshī bù zhǎo Wáng lǎoshī
老师，不 找 王 老师。
dàole Běijīng yǐhòu wǒ huì
2a. 到了 北京 以后，我 会
chángcháng gěi nǐ dǎ diànhuà de
常常 给 你 打 电话 的。
wǒ bù chángcháng gěi tā dǎ diànhuà
3a. 我 不 常常 给 她 打 电话 。
sìshí suì yǐshàng de rén wǎngwǎng bù
4a. 四十 岁 以上 的 人 往往 不
yuànyì huàn gōngzuò
愿意 换 工作 。

11.20.3

wǒmen xiān wǎng dōng háishì xiān
1. 我们 先 往 东，还是 先
wǎng xī
往 西?
tā zǎo jiù huì xiě Hànzì le
2. 她 早 就 会 写 汉字 了。
tāmen xiān yǐwéi Hànyǔ hěn nán
3. 他们 先 以为 汉语 很 难，
xuéle yǐhòu cái zhīdào bù tài nán
学了 以后 才 知道 不 太 难。
Wáng xiānshēng zǎo hé tā de qīzi qù
4. 王 先生 早 和 他 的 妻子 去
lǚyóu le
旅游 了。
Chén lǎoshī xiān zài hēibǎn shàng
5. 陈 老师 先 在 黑板 上
huàle yī ge píngguǒ ránhòu wèn
画了 一 个 苹果，然后 问
dàjiā
大家。
miànbāo zǎo huài le
6. 面包 早 坏 了。

11.21 Übungen zu 11.8–11.11

11.21.1

qǐng nǐ děng yīxià wǒ mǎshàng lái
1. 请 你 等 一下，我 马上 来。
bā diǎn shàng kè Xiǎo Zhāng qī diǎn
2. 八 点 上 课，小 张 七 点
yǐjīng lái le
已经 来 了。
Wáng xiānshēng zhǐ qùguo Rìběn
3. 王 先生 只 去过 日本。
fēijī mǎshàng yào qǐfēi le
4. 飞机 马上 要 起飞 了。

gōngsī lǐ zhǐ láile sān ge rén
5. 公司 里 只 来了 三 个 人。
yī shàng chuáng tā mǎshàng shuìzháo
6. 一 上 床 她 马上 睡着
le
了。
Lǐ xiānshēng zhǐ huì shuō yī jù
7. 李 先生 只 会 说 一 句
Déwén
德文 。
tā yī shàng kè mǎshàng tóu téng
8. 他 一 上 课 马上 头 疼 。

11.21.2

Mǎ xiānshēng gāng dào Běijīng
1. 马 先生 刚 到 北京 。
gāng bìyè tā jiù zhǎodào le yī ge hǎo
2. 刚 毕业 她 就 找到 了 一 个 好
gōngzuò
工作 。
tā bàba zuótiān wǎnshang bā diǎn cái
3. 他 爸爸 昨天 晚上 八 点 才
huí jiā
回 家。
wǒ bàba chīwán wǎnfàn yǐhòu jiù
4. 我 爸爸 吃完 晚饭 以后 就
shàng wǎng
上 网 。
jīnnián cái xiàle yī cì chǎng xuě
5. 今年 才 下了 一 次 / 场 雪 。
yī nián yǐhòu gōngsī jiāng pài wǒ qù
6. 一 年 以后 公司 将 派 我 去
Měiguó
美国 。

11.21.3

wǒmen mǎshàng jiù dào jiā le
1. 我们 马上 就 到 家 了。
fēijī jiù yào qǐfēi le
2. 飞机 就 要 起飞 了。
zúqiú bǐsài jiāng zài Shànghǎi
3. 足球 比赛 将 在 上海
jìnxíng
进行 。
míngnián gōngsī jiāng pài yī ge rén qù
4. 明年 公司 将 派 一 个 人 去
Fǎguó
法国 。
tā yī qǐ chuáng jiù kàn bàozhǐ
5. 他 一 起 床 就 看 报纸 。
tāmen jiāng zài sān ge yuè yǐhòu jié
6. 他们 将 在 三 个 月 以后 结
hūn
婚 。

11.21.4

zhè bù diànyǐng tā bù xǐhuan kànle
1. 这 部 电影 他 不 喜欢 , 看了
jǐ fēnzhōng jiù bù kàn le
几 分钟 就 不 看 了。
Shànghǎi yǒu liǎngqiān wàn rén
2. 上海 有 两千 万 人 ,
Hànbǎo cái yībǎi qīshí wàn
汉堡 才 一百 七十 万 。
tā xiān gōngzuòle jǐ nián sānshí suì
3. 他 先 工作了 几 年 , 三十 岁
cái shàng dàxué
才 上 大学 。
tā tài lèi le wǎnshang bā diǎn jiù
4. 她 太 累 了, 晚上 八 点 就
shuì jiào le
睡 觉 了。
jīnnián bǐjiào lěng shíyuè jiù xià xuě
5. 今年 比较 冷 , 十月 就 下 雪
le
了。
Zhāng lǎoshī zǎoshang wǔ diǎn bàn jiù
6. 张 老师 早上 五 点 半 就
qù gōngyuán dǎ tàijíquán le
去 公园 打 太极拳 了。

tā wán diànnǎo wándào zǎoshang liù
7. 他 玩 电脑 玩到 早上 六
diǎn cái shuì jiào
点 才 睡 觉。
tā sìshí suì cái xuéhuì kāi chē
8. 他四十 岁 才 学会 开 车。

11.22 Übungen zu 11.12–11.14

11.22.1

wǒ xiǎng zài qù yī cì Xī'ān
1. 我 想 再 去 一 次 西安。
tā yòu mǎile yī běn Déyǔ xiǎoshuō
2. 他 又 买了 一 本 德语 小说 。
xià ge xīngqī tā yòu yào chū chāi le
3. 下 个 星期 他 又 要 出 差 了。
wǒmen kànwán diànyǐng yǐhòu zài
4. 我们 看完 电影 以后 再
tǎolùn zěnmeyàng
讨论 怎么样 ？
Chén xiǎojiě zài yě bù chī ròu le
5. 陈 小姐 再 也 不 吃 肉 了。
tāmen bù zài tǎolùn zhè ge wèntí le
6. 他们 不 再 讨论 这 个 问题 了。

11.22.2

míngtiān yòu shì xīngqītiān le wǒ wèn
明天 又 是 星期天 了。我 问
Xiǎo Zhāng xiǎng bù xiǎng zài qù kàn
小 张 ， 想 不 想 再 去 看
diànyǐng tā shuō xiǎng hái wèn wǒ
电影 。他 说 想 ， 还 问 我
Xiǎo Wáng qù bù qù wǒ yòu dǎ diànhuà
小 王 去 不 去。我 又 打 电话
wèn Xiǎo Wáng Xiǎo Wáng shuō tā
问 小 王 。 小 王 说 ， 他
xīngqīyī kǎo shì hái děi fùxí gōng kè
星期一 考 试， 还 得 复习 功 课，
suǒyǐ bù néng qù tā shuō tā méi qián
所以 不 能 去。他 说 他 没 钱
le yǒu shíjiān hái yào qù dǎ gōng wǒ
了， 有 时间 还 要 去 打 工 。我
gàosù tā xīngqīyī wǒ yě yào kǎo shì
告诉 他， 星期一 我 也 要 考 试，
dàn xīngqītiān wǒ děi fàngsōng fàngsōng
但 星期天 我 得 放松 放松 。

11.22.3

1.	C	2.	C
3.	C	4.	A
5.	B	6.	C

11.23 Übungen zu 11.15

11.23.1

nàli de rén dōu hěn kèqi
1. 那里 的 人 都 很 客气。
tā de nǚ'ér dōu shàngle dàxué
2. 他 的 女儿 都 上了 大学。
wǒ jiějie mèimei měi tiān dōu chī
3. 我 姐姐/ 妹妹 每 天 都 吃
shuǐguǒ
水果 。
dōu yīyuè le hái méi yǒu xiàguo
4. 都 一月 了， 还 没 有 下过
xuě
雪 。
fùqīn hé nǚ'ér yīqǐ qù bówùguǎn
5. 父亲 和 女儿 一起 去 博物馆 。
tāmen yīgòng kànle sān ge zhǎnlǎn
6. 他们 一共 看了 三 个 展览 。
guò shēngrì tā zhǐ jiù qǐngle wǔ ge
7. 过 生日 他 只/就 请了 五 个
rén
人。
zhè běn shū wǒ zhǐ jǐnjǐn kànle sān
8. 这 本 书 我 只/仅仅 看了 三
xié
页。

11.23.2

tāmen dōu bù chōu yān le
1. 他们 都 不 抽 烟 了。

Déguó xiànzài dàochù dōu yǒu
2. 德国 现在 到处 都 有
Zhōngcānguǎn
中餐馆 。

tā bù xiǎng duō gōngzuò zhǐ xiǎng
3. 他不 想 多 工作 ，只 想
shūfu
舒服。

zhǐ yǒu xuéhǎo le Déyǔ cái néng lái
4. 只 有 学好 了德语，才 能 来
Déguó shàng dàxué
德国 上 大学。

biérén dōu zài dǎsǎo jiàoshì zhǐ yǒu
5. 别人 都 在 打扫 教室 ，只 有
tā zài dǎ diànhuà
他 在 打 电话 。

Zhōngguó de dà chéngshì wǒ zhǐ yǒu
6. 中国 的 大 城市 我 只 有
Chóngqìng méi qùguo qítā de dōu
重庆 没 去过，其它 的 都
qùguo le
去过 了。

Zhōngguó de jiāzhǎng dōu xīwàng
7. 中国 的 家长 都 希望
zìjǐ de háizi néng shàng dàxué
自己 的 孩子 能 上 大学。

zài Zhōngguó yī ge jiātíng yībān zhǐ
8. 在 中国 ，一 个 家庭 一般 只
kěyǐ shēng yī ge háizi
可以 生 一 个 孩子。

Zhōngguó de hěn duō héliú dōu bèi
9. 中国 的 很 多 河流 都 被
wūrǎn le
污染 了。

11.23.3

shéi gēn wǒ yīqǐ qù Nánjīng liú xué
1. 谁 跟 我 一起 去 南京 留 学？

nǐmen yīgòng yǒu duōshao rén
2. 你们 一共 有 多少 人？

wǒmen yīqǐ zuò huǒchē qù Bólín ba
3. 我们 一起 坐 火车 去 柏林 吧。

tā xǐhuan gēn gēge jiějie zài yīqǐ
4. 他 喜欢 跟 哥哥 姐姐 在 一起。

wǒ zài Běijīng yīgòng huāle liǎngqiān
5. 我 在 北京 一共 花了 两千
ōuyuán
欧元 。

wǒmen yīgòng jiù sì ge rén qìchē lǐ
6. 我们 一共 就 四 个 人，汽车 里
néng zuòxià
能 坐下 。

tāmen shì lǎo tóngxué yīqǐ zài dàxué
7. 他们 是 老 同学 ，一起 在 大学
xuéle sì nián
学了 四 年 。

sān ge wánjù yīgòng duōshao qián
8. 三 个 玩具 一共 多少 钱？

12 Präpositionen

12.8 Übungen zu 12.1

12.8.1

1a.	Verb	**1b.**	Präp
2a.	Präp	**2b.**	Verb
3a.	Präp	**3b.**	Verb
4a.	Präp	**4b.**	Verb
5a.	Verb	**5b.**	Präp
6a.	Verb	**6b.**	Präp

12.8.2

wǒmen duì nǐ de gōngzuò hěn
1. 我们 对 你 的 工作 很
mǎnyì
满意 。

tāmen jīntiān zài dàxué túshūguǎn
2. 他们 今天 在 大学 图书馆
xuéxí
学习。
yīnwèi gōngzuò wǒ zǎoshang liù
3. 因为 工作 我 早上 六
diǎnzhōng qǐ chuáng
点钟 起 床 。
wǒ zuótiān gěi tā dǎ diànhuà le
4. 我 昨天 给她打 电话 了。
wǒ xiǎng gēn Wáng lǎoshī jiè yī běn
5. 我 想 跟 王 老师借一 本
shū
书。
tā gēn wǒ yīqǐ zuò fēijī qù Běijīng
6. 他 跟 我 一起 坐 飞机去 北京 。

12.9

12.9.1

wǒ zài jiā de shíhou xǐhuan shuì jiào
1. 我 在 家 的 时候 喜欢 睡 觉。
wǒmen zài xué Zhōngwén de tóngshí
2. 我们 在 学 中文 的 同时
yě xué jīngjì
也 学 经济。
tāmen xiǎng zài bàngōnglóu wài dǎ
3. 他们 想 在 办公楼 外 打
tàijíquán
太极拳。
Lǐ lǎoshī zài zhè yī nián lǐ yīzhí hěn
4. 李 老师 在 这 一 年 里 一直 很
máng
忙。
wǒ zài guòwán shēngrì yǐhòu
5. 我 (在) 过 完 生日 以后
mǎshàng gěi nǐ dǎ diànhuà
马上 给 你 打 电话 。
cídiǎn fàng zài shūjià shàng
6. 词典 放 在 书架 上 。
Shànghǎi hé Hànbǎo zhījiān de guānxì
7. 上海 和 汉堡 之间 的 关系
fēicháng hǎo
非常 好。
shēngāo zài yī mǐ yǐxià de xuéshēng
8. 身高 在 一 米 以下 的 学生
bù yòng mǎi piào
不 用 买 票。

12.9.2 (Keine Lösungsvorgaben)

12.9.3

tā cóng míngtiān qǐ xué kāi chē
1. 他 从 明天 起 学 开 车。
lí xīngqītiān hái yǒu sān tiān
2. 离 星期天 还 有 三 天。
cóng Shànghǎi dào Nánjīng yǒu sānbǎi
3. 从 上海 到 南京 有 三百
gōnglǐ
公里。
wǒ cóng túshūguǎn qù nǐ nàr
4. 我 从 图书馆 去 你 那儿。
jiàoshì lí shítáng zhǐ yǒu liǎngbǎi
5. 教室 离 食堂 只 有 两百
mǐ
米。
zhèlǐ lí hǎibiān bù yuǎn
6. 这里 离 海边 不 远 。

12.10 Übungen zu 12.3

12.10.1

xià kè yǐhòu tóngxuémen wàng xiàng
1. 下 课 以后 同学们 往 / 向
wài zǒu
外 走。
Huánghé cóng xī wàng dōng liúxiàng
2. 黄河 从 西 往 东 流向
dàhǎi
大海。

kāiwǎng Hànbǎo de huǒchē hái méi
3. 开往 汉堡 的 火车 还 没
yǒu dào
有 到。
tā xǐhuan cháo chuānghù zuò
4. 她 喜欢 朝 窗户 坐。
wǒ xiàng tā xuéle zuò Zhōngguó
5. 我 向 他学了 做 中国
fàn
饭。
huǒchēzhàn zài xībiān nǐ yīnggāi
6. 火车站 在 西边，你 应该
xiān wàng dōng ránhòu wàng xī
先 往 东，然后 往 西
zǒu
走。
zhè fēng xìn shì jìwǎng Déguó de
7. 这 封 信 是 寄往 德国 的。
tā cháo wǒ xiàolexiào shuō huānyíng
8. 她 朝 我 笑了笑，说 欢迎
huānyíng
欢迎 。

12.10.2
qǐng dàjiā xiàng yòu kàn nàr jiù shì
1. 请 大家 向 右 看，那儿就 是
Chángjiāng
长江 。
wǒ xiǎng qù diànyǐngyuàn wǎng nán
2. 我 想 去 电影院 ，往 南
zǒu háishi wǎng běi zǒu
走 还是 往 北 走？
tā xǐhuan bǎ zhàopiàn wǎng qiáng
3. 她 喜欢 把 照片 往 墙
shàng guà
上 挂。
wǒmen yīqǐ cháo chūzūchē hǎn
4. 我们 一起 朝 出租车 喊。

kāiwǎng Běijīng de huǒchē hěn
5. 开往 北京 的 火车 很
shūfu
舒服。
wǒ yīnggāi xiàng nǐ xuéxí měi tiān
6. 我 应该 向 你 学习，每 天
qù yóu yǒng
去 游 泳 。

12.11
12.11.1
nǐ zài duì shéi shuō huà
1. 你 在 对 谁 说 话？
tā zài gěi shéi dǎ diànhuà
2. 他 在 给 谁 打 电话 ？
Déguó péngyou duì tā hěn rèqíng
3. 德国 朋友 对 她 很 热情 。
wǒmen gěi tā sòngqù yī běn dìtú
4. 我们 给 她 送去 一 本 地图。
wǒ jì yī fēng xìn gěi wǒ de
5. 我 寄 一 封 信 给 我 的
tóngxué
同学 。
tā gěi wǒ jiǎngle yī ge gùshi
6. 他 给 我 讲了 一 个 故事。
duì zhè ge wèntí wǒmen yào hǎohǎo
7. 对 这 个 问题 我们 要 好好
xiǎngxiǎng
想想 。
tā duì xuéxí hěn rènzhēn
8. 她 对 学习 很 认真 。

12.11.2
tā gēn tā māma yīyàng gāo
1. 她 跟 她 妈妈 一样 高 。
Běijīng bǐ Nánjīng dà
2. 北京 比 南京 大。
Hànbǎo de tiānqì gēn Shànghǎi de
3. 汉堡 的 天气 跟 上海 的
tiānqì bù yīyàng
天气 不 一样 。

tā de xuéxí gēn wǒ de xuéxí chà bù
4. 他的学习 跟 我的学习 差不
duō
多。

tā bǐ wǒ duō xuéle yī nián Hànyǔ
5. 他比我 多 学了 一 年 汉语。

tā zuò fàn bǐ nǐ zuò de hǎo
6. 她做 饭比你 做 得 好。

zhè jiā gōngsī bù bǐ nà jiā gōngsī dà
7. 这 家 公司 不比那家 公司 大。

zhè zhāng yǐzi gēn nà zhāng yǐzi
8. 这 张 椅子 跟那 张 椅子
yīyàng shūfu
一样 舒服。

12.12 Übungen zu 12.5

12.12.1

píjiǔ bèi jiào ràng gěi wǒmen
1. 啤酒 被/叫/让/给 我们
hēwán le
喝完 了。

wǒ de zìxíngchē bèi jiào ràng gěi
2. 我的 自行车 被/叫/让/给
tā jièzǒu le
他 借走 了。

tā bèi jiào ràng gěi jīnglǐ pīpíng
3. 他被/叫/让/给 经理 批评
le
了。

jīntiān de bàozhǐ bèi jiào ràng gěi
4. 今天 的 报纸 被/叫/让/给
tā názǒu le
他 拿走 了。

tāmen jiā de qìchē bèi gěi mài le
5. 他们 家的 汽车 被/给 卖 了。

dàxué de kèrén bèi jiào ràng gěi
6. 大学 的 客人 被/叫/让/给
wǒmen jiēzǒu le
我们 接走 了。

zhè jiàn shìqing zěnme bèi jiào ràng
7. 这 件 事情 怎么 被/叫/让
gěi tā zhīdào de
/给他 知道 的?

nà běn Dé-Hàn cídiǎn bèi jiào ràng
8. 那 本 德汉 词典 被/叫/让/
gěi wǒ zhǎodào le
给 我 找到 了。

12.12.2

wǒ bǎ chá hē le
1. 我把茶喝了。

tā bǎ zìxíngchē xiūhǎo le
2. 她把 自行车 修好 了。

tā xiǎng bǎ fángjiān shōushi hǎo
3. 他 想 把 房间 收拾 好。

wǒmen bǎ shēngcí fùxíle yīxià
4. 我们 把 生词 复习了 一下。

wǒ bǎ zhè jiàn shì wàngjì le
5. 我把这 件 事 忘记 了。

tā dìdi bǎ yīfu chuānhǎo le
6. 她弟弟 把 衣服 穿好 了。

tāmen néng bǎ zhè bù diànyǐng
7. 他们 能 把 这 部 电影
kànwán
看完 。

wǒ jiějie xiǎng bǎ zhè běn Zhōngwén
8. 我姐姐 想 把 这 本 中文
shū dàihuí jiā
书 带回 家。

12.12.3

jiàoshì lǐ de diànshìjī bèi xiūlǐ hǎo
1. 教室 里 的 电视机 被 修理 好
le
了。

qǐng nín bǎ zhè ge jùzi fānyì chéng
2. 请 您 把 这 个 句子 翻译 成
Yīngwén
英文 。

Zhōngguó lái de péngyou bèi tā jiē
3. 中国 来的 朋友 被他接/
sònghuí jiā le
送回 家了。
qǐng nǐ bǎ zìjǐ jièshào yīxià
4. 请你把自己 介绍 一下。
nín néng mǎshang bǎ shū huángěi
5. 您 能 马上 把书 还给
túshūguǎn ma
图书馆 吗?
tā xiǎng bǎ tā de xuéxí jìhuà
6. 他 想 把他的学习计划
xiěwán
写完。
tā gēge jīngcháng bèi lǎoshī pīpíng
7. 他哥哥 经常 被老师 批评。
cídiǎn bèi fànghuí le shūjià
8. 词典被 放回 了书架。

12.13 Übungen zu 12.6–12.7

12.13.1

tā wèi wèile xuéxí dǎ gōng
1. 他为/为了学习打工。
chúle xīngqītiān tā měi tiān dōu
2. 除了 星期天 他每天都
gōngzuò
工作。
chúle Bólín yǐwài Mùníhēi hé Hànbǎo
3. 除了柏林以外 慕尼黑和 汉堡
de rénkǒu yě chāoguòle yībǎi wàn
的人口也超过了 一百万。
yīnwèi yóuyúgōngzuò tā bù néng lái
4. 因为/由于 工作 她不能来
gēn nǐ yīqǐ guò shēngrì
跟你一起过 生日。
chúle nǐ wǒ shéi dōu bù rènshi
5. 除了你我谁都不认识。
tā wèi wǒ qùle yī tàng Fǎguó
6. 他为我去了一趟 法国。

13 Konjunktionen

13.8

13.8.1

Lǐ lǎoshī hé tā de érzi yīqǐ qù
1. 李老师和她的儿子一起去
túshūguǎn
图书馆。
wǒ qùle Běijīng hé Dōngjīng
2. 我去了 北京 和 东京。
Xiǎo Zhāng xīngqīyī hé xīngqīwǔ méi
3. 小 张 星期一和星期五 没
kè
课。
gēge mǎile xiǎoshuō hé qiǎokèlì
4. 哥哥买了 小说 和巧克力。
Qián jīnglǐ xǐhuan yóu yǒng hé sàn
5. 钱经理喜欢游泳和散
bù
步。
tā de Hànyǔ zài fāyīn hé biǎodá
6. 他的汉语在发音和 表达
fāngmiàn jìnbù hěn kuài
方面 进步很快。

13.8.2

Shànghǎi hé Běijīng shì Zhōngguó zuì
1. 上海 和 北京 是 中国 最
dà de chéngshì
大的 城市。
bàba xiū zìxíngchē jì kuài yòu hǎo
2. 爸爸修 自行车 既快 又好。
tā duì zìjǐ de xuéxí hé gōngzuò dōu
3. 他对自己的学习和 工作 都
hěn mǎnyì
很满意。

māma qùle shāngdiàn bìngqiě mǎile
4. 妈妈 去了 商店 并且 买了
yī pén huā
一 盆 花。
wǒmen yīnggāi bāngzhù tā ér bù shì
5. 我们 应该 帮助 他，而 不 是
bù guǎn tā
不 管 他。
dàjiā tǎolùn hé bìngqiě tōngguòle zhè
6. 大家 讨论 和/ 并且 通过了 这
ge jìhuà
个 计划。

13.8.3

tāmen yòu hē kāfēi yòu hē chá
1. 他们 又 喝 咖啡 又 喝 茶。Sie trinken sowohl Kaffee als auch Tee.
tāmen bùjǐn hē kāfēi érqiě hē chá
他们 不仅 喝 咖啡 而且 喝 茶。Sie trinken nicht nur Kaffee, sondern auch Tee.
tāmen jì hē kāfēi yòu hē chá
他们 既 喝 咖啡 又 喝 茶。Sie trinken sowohl Kaffee als auch Tee.
Wáng xiǎojiě yòu huì shuō Yīngwén
2. 王 小姐 又 会 说 英文
yòu huì shuō Rìwén
又 会 说 日文。Fräulein Wang kann sowohl Englisch als auch Japanisch sprechen.
Wáng xiǎojiě bùjǐn huì shuō Yīngwén
王 小姐 不仅 会 说 英文
érqiě huì shuō Rìwén
而且 会 说 日文。… kann nicht nur Englisch, sondern auch Japanisch sprechen.
Wáng xiǎojiě jì huì shuō Yīngwén
王 小姐 既 会 说 英文
yòu huì shuō Rìwén
又 会 说 日文。… kann sowohl Englisch als auch Japanisch sprechen.

Běijīng kǎoyā bùjǐn zài Zhōngguó hěn
3. 北京 烤鸭 不仅 在 中国 很
yǒumíng érqiě zài shìjiè shàng yě hěn
有名，而且 在 世界 上 也 很
yǒumíng
有名。Peking-Ente ist nicht nur in China, sondern auf der ganzen Welt sehr berühmt.
mèimei yòu xiǎng xué Déyǔ yòu pà
4. 妹妹 又 想 学 德语，又 怕
méi shíjiān
没 时间。…möchte einerseits Deutsch lernen und fürchtet andererseits, keine Zeit zu haben.
mèimei jì xiǎng xué Déyǔ yòu pà
妹妹 既 想 学 德语，又 怕
méi shíjiān
没 时间。…möchte einerseits Deutsch lernen und fürchtet andererseits, keine Zeit zu haben.
kèrénmen zài zhèlǐ chī de yòu hǎo yòu
5. 客人们 在 这里 吃得 又 好 又
bù guì
不 贵。… essen hier gut und billig.
kèrénmen zài zhèlǐ chī de bùjǐn hǎo
客人们 在 这里 吃得 不仅 好
érqiě bù guì
而且 不 贵。… essen hier nicht nur gut, sondern auch billig.
kèrénmen zài zhèlǐ chī de jì hǎo yòu
客人们 在 这里 吃得 既 好 又
bù guì
不 贵。… essen hier gut und billig.
qiántiān tāmen bùjǐn wánle
6. 前天 他们 不仅 玩了
Chángchéng Běihǎi érqiě kànle yī
长城、北海，而且 看了 一
wèi lǎo péngyou
位 老 朋友。Vorgestern waren sie nicht nur an der Großen Mauer und im Beihai-Park, sondern haben

auch einen alten Freund besucht.
qiántiān tāmen jì wánle
前天 他们 既 玩了
Chángchéng Běihǎi yòu kànle yī
长城 、北海，又 看了 一
wèi lǎo péngyou
位 老 朋友 。(wie a)
qiántiān tāmen wánle Chángchéng
前天 他们 玩了 长城 、
Běihǎi cǐwài hái kànle yī wèi lǎo
北海，此外，还 看了 一 位 老
péngyou
朋友 。Vorgestern waren sie an der Großen Mauer und im Beihai-Park, außerdem haben sie einen alten Freund besucht.

13.9 Übungen zu 13.3–13.3

13.9.1

tā xiǎng xué Hànyǔ dànshì bù xiǎng
1. 他 想 学 汉语，但是 不 想
xiě Hànzì
写 汉字。

Xiǎo Wáng qǐng tā bāng máng tā
2. 小 王 请 他 帮 忙，他
què shuō méi shíjiān
却 说 没 时间。

tā de wénzhāng jiǎnduǎn ér
3. 她 的 文章 简短 而
shēngdòng
生动 。

yǐjīng yīyuè le tiānqì què hěn nuǎn
4. 已经 一月 了，天气 却 很 暖 。

wǒ bù shì qù yóu yǒng jiù shì qù kàn
5. 我 不 是 去 游 泳 就 是 去 看
diànyǐng
电影 。

jiějie zhǐ xiǎng tǎng yīhuìr ér bù shì
6. 姐姐 只 想 躺 一会儿，而 不 是
xiǎng shuì jiào
想 睡 觉。

Zhāng xiānshēng bù shì bù xiǎng guò
7. 张 先生 不 是 不 想 过
shēngrì ér shì bù zhīdào yào qǐng
生日，而 是 不 知道 要 请
duōshǎo rén
多少 人。

bàba jīntiān bùdàn bǎ fàn zuòhǎo le
8. 爸爸 今天 不但 把 饭 做好 了，
érqiě shōushile fángjiān
而且 收拾了 房间 。

13.9.2

nǐ xīngqīsān háishì xīngqīsì yǒu
1. 你 星期三 还是 星期四 有
kōng
空？

wǒmen xià ge yuè huòzhě xiàxià ge
2. 我们 下 个 月 或者 下下 个
yuè qù lǚyóu
月 去 旅游。

tāmen xiǎng zuò fēijī háishì xiǎng zuò
3. 他们 想 坐 飞机 还是 想 坐
chuán
船？

nǐ dìdi xiǎng xué tàijíquán háishì
4. 你 弟弟 想 学 太极拳 还是
hóuquán
猴拳？

yǔ bù dà dài yǔyī huòzhě yǔsǎn dōu
5. 雨 不 大，带 雨衣 或者 雨伞 都
kěyǐ
可以。

13.10 Übungen zu 13.5-13.7

13.10.1

yīnwèi tài lèi le suǒyǐ tā xiǎng
1. 因为 太 累 了，所以 他 想
mǎshàng shàng chuáng
马上 上 床 。

yóuyú tiānqì tài lěng cāochǎng shàng
2. 由于 天气 太 冷， 操场 上
méi yǒu rén
没 有 人。

bùguǎn zuò shénme gōngzuò tā dōu
3. 不管 做 什么 工作 ，他 都
zuò de hěn rènzhēn
做 得 很 认真 。

wǒmen xiànzài bìxū qù chēzhàn
4. 我们 现在 必须 去 车站 ，
bùrán jiù gǎn bù shàng gōnggòng
不然 就 赶 不 上 （ 公共 ）
qìchē le
汽车 了。

zhǐyǒu tīngwán le gùshi tā cái shàng
5. 只有 听完 了 故事 他 才 上
chuáng shuì jiào
床 睡 觉。

yīnwèi hái yǒu hěn duō shì suǒyǐ tā
6. 因为 还 有 很 多 事，所以 他
bù děng nǐ le
不 等 你 了。

13.10.2

dìdi yīnwèi bìng le suǒyǐ jīntiān
1. 弟弟 因为 病 了，所以 今天
méi qù shàng kè
没 去 上 课。

zhǐ yǒu duō dǎ jǐ tiān gōng wǒ cái
2. 只 有 多 打 几 天 工 ，我 才
yǒu qián qù dù jià
有 钱 去 度 假。

yàoshì méi qùguo Chángchéng jiù bù
3. 要是 没 去过 长城 ，就 不
zhīdào Chángchéng duōme hǎokàn
知道 长城 多么 好看 。

bùguǎn nǐ shénme shíhou lái wǒ dōu
4. 不管 你 什么 时候 来，我 都
zài jiā děng nǐ
在 家 等 你。

mèimei yīdìng yǒu jí shì bùrán bù
5. 妹妹 一定 有 急 事，不然 不
huì xiànzài dǎ diànhuà
会 现在 打 电话 。

Xiè xiǎojiě yòu xiǎng qù dù jiǎ yòu
6. 谢 小姐 又 想 去度 假，又
xiǎng xué kāi chē
想 学 开 车。

14 Aspektpartikeln

14.4 Übungen zu 14.2–14.3

14.4.1

tóngxuémen zài kànzhe dìtú
1. 同学们 在 看着 地图。

wǒ qù de shíhou Wáng xiānshēng zài
2. 我 去 的 时候 王 先生 在
bàngōngshì lǐ dǎzhe diànhuà
办公室 里 打着 电话 。

jiàoshìde mén guānzhe
3. 教室 的 门 关着 。

huāyuán lǐ de huā kāizhe
4. 花园 里 的 花 开着 。

dàjiā zài nàr děngzhe nǐ ne
5. 大家 在 那儿 等着 你 呢。

tāmen tǎngzhe kàn bào
6. 他们 躺着 看 报。

Zhāng xiānshēng tīngzhe yīnyuè kàn
7. 张 先生 听着 音乐 看
shū
书。

wǒmen xiàozhe qí chē
8. 我们 笑着 骑车。

14.4.2

lǎorénmen zài huāyuán lǐ zuòzhe
1a. 老人们 在 花园 里 坐着。
tā gēge zài shāfā shàng tǎngzhe
2b. 她哥哥在沙发 上 躺着。
yī píng píjiǔ fàng zài zhuō shàng
3b. 一瓶 啤酒 放 在 桌 上。
huǒchē lǐ zuòzhe hěn duō rén
4a. 火车 里 坐着 很 多 人。

14.4.3

tā hái zài xiǎngzhe zhè jiàn shì
1. 她还在 想着 这件事。
tā zài jiā kànzhe zúqiú bǐsài
2. 他在家 看着 足球比赛。
wǒmen zài yùndòngchǎng shàng
3. 我们 在 运动场 上
mànmàn pǎozhe
慢慢 跑着。
tā dìdi hái zài xuézhe Fǎyǔ
4. 他弟弟还在 学着 法语。
lǎoshī jiǎng gùshi de shíhou
5. 老师 讲 故事的 时候，
tóngxuémen dōu zài tīngzhe
同学们 都在 听着。
tā yīzhí zài bāngzhe wǒ
6. 她一直在 帮着 我。

yī ge bìngrén zài chuáng shàng
7. 一个 病人 在 床 上
tǎngzhe
躺着。
tā shǒu shàng názhe yī zhāng
8. 他 手 上 拿着一 张
bàozhǐ
报纸。

14.4.4

tā céngjīng xuéguo Rìyǔ
1. 他 曾经 学过 日语。
wǒ bàba qùguo Mùníhēi
2. 我爸爸 去过 慕尼黑。
tā céngjīng dāngguo lǎoshī
3. 她 曾经 当过 老师。
wǒ péngyou dǎguo wǎngqiú
4. 我 朋友 打过 网球。
wǒmen céngjīng yīqǐ xiěguo shū
5. 我们 曾经 一起 写过 书。
tāmen hái méi cānguānguo
6. 他们 还没 参观过
gōngchǎng
工厂。
zhè sān ge yuè tā hái méi xiūxīguo
7. 这三个月 她 还 没 休息过。
wǒ dìdi hái méi wánguo zhè ge
8. 我弟弟还没 玩过 这个
wánjù
玩具。

15 Strukturpartikeln

15.4 Übungen zu 15.1

15.4.1

jīntiān de bàozhǐ
1. 今天 的 报纸
zhè liàng zìxíngchē
2. 这 辆 自行车
yī jiā gōngsī
3. 一家 公司
sì fēn zhī yī de shū
4. 四分之一的书
hěn lǎo de diànhuà
5. 很老的 电话
shūfu de shēnghuó
6. 舒服 的 生活
lǎopéngyou
7. 老朋友

wǒ jiějie
8. 我 姐姐
hěn duō yóupiào
9. 很 多 邮票
bù shǎo shíjiān
10. 不 少 时间
yī fángjiān de rén
11. 一 房间 的 人
yī xiāng yī xiāng de yīfu
12. 一 箱 一 箱 的 衣服

15.4.2

zhè shì xué Zhōngwén de xuéshēng
1. 这 是 学 中文 的 学生 。
nà shì hěn yǒumíng de dàxué
2. 那 是 很 有名 的 大学。
zhè shì yī fēng tā xiě de xìn
3. 这 是 一 封 他 写 的 信。
nà shì tā xǐhuan tīng de Zhōngguó
4. 那 是 他 喜欢 听 的 中国
yīnyuè
音乐 。
wǒ kàn gāng mǎi de shū
5. 我 看 刚 买 的 书。
tā chī tā māma zuò de fàn
6. 她 吃 她 妈妈 做 的 饭。
wǒmen kàn jièshào Zhōngguó de
7. 我们 看 介绍 中国 的
diànshì
电视 。
tā qí gāng xiūhǎo de zìxíngchē
8. 她 骑 刚 修好 的 自行车 。

15.4.3

yī fēng gāng xiěhǎo de xìn
1. 一 封 刚 写好 的 信
zhè wèi jiāo Yīngyǔ de lǎoshī
2. 这 位 教 英语 的 老师
wǒ de nà liàng jiù zìxíngchē wǒ
3. 我 (的) 那 辆 旧 自行车 oder 我
nà liàng jiù de zìxíngchē
那 辆 旧 的 自行车
Běijīng de xǔduō dàxuéshēng
4. 北京 的 许多 大学生
Zhōngguó wǔqiān nián de lìshǐ
5. 中国 五千 年 的 历史 oder
Zhōngguó de wǔqiān nián lìshǐ
中国 的 五千 年 历史
gōngsī lǐ de nà jiān zuì dà de
6. 公司 里 (的) 那 间 最 大 的
bàngōngshì
办公室

15.5 Übungen zu 15.2

15.5.1

dìdi mànmàn de chī
1. 弟弟 慢慢 (地) 吃。
gēge dàshēng de chàng
2. 哥哥 大声 (地) 唱 。
jiějie rènzhēn de zuò
3. 姐姐 认真 (地) 做 。
mèimei ānjìng de tīng
4. 妹妹 安静 地 听 。
yéye yī běn yī běn de xiě
5. 爷爷 一 本 一 本 (地) 写。
nǎinai mànmàn de sàn bù
6. 奶奶 慢慢 (地) 散 步。
bàba yī liàng yī liàng de xiū
7. 爸爸 一 辆 一 辆 (地) 修。
māma yī jiān yī jiān de dǎsǎo
8. 妈妈 一 间 一 间 (地) 打扫。

15.5.2

qǐng nǐmen kuài zǒu hǎo bù hǎo
1. 请 你们 快 走， 好 不 好？
túshūguǎn lǐ yīnggāi qīngqīng de shuō
2. 图书馆 里 应该 轻轻 地 说
huà
话 。

tāmen gāogāo-xìngxìng de wánzhe
3. 他们 高高兴兴 地 玩着
diànzi yóuxì
电子 游戏。
tóngxuémen fēicháng ānjìng de tīng
4. 同学们 非常 安静 地 听
lǎoshī jiǎng gùshi
老师 讲 故事。
Wáng xiǎojiě hé kèrénmen bù tíng de
5. 王 小姐 和 客人们 不 停 地
yòng Yīngyǔ zài shuō huà
用 英语 在 说 话。
wèile zhǎo shū Xiǎo Mǎ yī ge
6. 为了 找 书， 小 马 一 个
fángjiān yī ge fángjiān de kàn
房间 一 个 房间 地 看。
tāmen liǎ biān chī biān hē de kànwán
7. 他们 俩 边 吃 边 喝 地 看完
sān bù diànyǐng le
三 部 电影 了。
Xiǎo Míng zài jiàoshì lǐ xiàng jīqìrén
8. 小 明 在 教室 里 像 机器人
yīyàng de zǒu lù
一样 地 走 路。

15.5.3

wǒmen yào rènzhēn de gōngzuò
1. 我们 要 认真 (地) 工作 。
chá yào yī kǒu yī kǒu de hē
2. 茶 要 一 口 一 口 (地)喝。
Wáng jīnglǐ kèqi de dìgěi tā yī zhī
3. 王 经理 客气 地 递给 他 一 支
yān
烟。
tāmen fēicháng kuài de bǎ kāfēi hēwán
4. 他们 非常 快 地 把 咖啡 喝完
le
了。
tóngxuémen yòu shuō yòu xiào de
5. 同学们 又 说 又 笑 地
líkāile cāochǎng
离开了 操场 。
tā xiàng lǎopéngyou yīyàng de
6. 她 像 老朋友 一样 地
guānxīn wǒmen
关心 我们 。

16 Modalpartikeln

16.6.1

zhè shì Běijīng dàxué ma
1. 这 是 北京 大学 吗？
Mǎ xiānshēng shì lǎoshī ma
2. 马 先生 是 老师 吗？
tā è le ma
3. 他 饿 了 吗？
dìdi huí jiā le ma
4. 弟弟 回 家 了 吗？
tāmen xiǎng qù Zhōngguó xuéxí ma
5. 他们 想 去 中国 学习 吗？
jiějie gēn mèimei qùguo yóujú ma
6. 姐姐 跟 妹妹 去过 邮局 吗？
míngtiān huì xià xuě ma
7. 明天 会 下 雪 吗？
tā shuō Déwén nǐ tīng de dǒng ma
8. 他 说 德文 你 听 得 懂 吗？

16.6.2

wǒ xiǎng qù yóu yǒng nǐ ne
1. 我 想 去 游 泳 。你 呢？
gēge qù kàn diànyǐng le dìdi ne
2. 哥哥 去 看 电影 了。弟弟 呢？
zuótiān tiānqì bù hǎo jīntiān ne
3. 昨天 天气 不 好。 今天 呢？
kāfēi tā bù hē chá ne
4. 咖啡 她 不 喝。 茶 呢？

zhè zhāng zhàopiàn bù cuò nà zhāng
5. 这 张 照片 不 错。那 张
ne
呢？
wǒ bù kàn zhè běn shū nà běn ne
6. 我 不 看 这 本 书。那 本 呢？

16.6.3
Wáng xiǎojiě dào Běijīng le ba
1. 王 小姐 到 北京 了 吧。
Lǐ xiānshēng xǐhuan hē chá ba
2. 李 先生 喜欢 喝 茶 吧。
tāmen bù gāoxìng le ba
3. 他们 不 高兴 了 吧。
jiějie bù xiǎng qù ba
4. 姐姐 不 想 去 吧？
wǒmen shàng kè ba
5. 我们 上 课 吧！
qǐng nǐ qù yīyuàn ba
6. 请 你 去 医院 吧！
bǎ zuòyè xiěwán ba
7. 把 作业 写完 吧。
míngtiān bā diǎn zài jiàn ba
8. 明天 八 点 再 见 吧。

16.6.4
tā shì nǐ de hǎopéngyou ma tā shì
1. 他 是 你 的 好朋友 吗？ / 他 是
nǐ de hǎopéngyou ba
你 的 好朋友 吧？
wǒmen hē shénme chá ne
2. 我们 喝 什么 茶 呢？
tāmen yīnggāi dào jiā le ba
3. 他们 应该 到 家 了 吧？
nǐ xiǎng zuò fēijī qù ma nǐ xiǎng
4. 你 想 坐 飞机 去 吗？ / 你 想
zuò fēijī qù ba
坐 飞机 去 吧？
zài nǎr néng jièdào zhè běn shū ne
5. 在 哪儿 能 借到 这 本 书 呢？
zuò huǒchē tài màn zuò fēijī ne
6. 坐 火车 太 慢。坐 飞机 呢？
xiān bǎ zìxíngchē xiūhǎo ba
7. 先 把 自行车 修好 吧。
nǐ dào jiā le méi yǒu méi yǒu wǒ
8. 你 到 家 了 没 有？ 没 有，我
hái zài huǒchē shàng ne
还 在 火车 上 呢。

17 Partikel 了

17.3 Übungen zu 17.2

17.3.1
wǒ dìdi xiě xìn le
1. 我 弟弟 写 信 了。
wǒ jiějie xiěle yī fēng xìn
2. 我 姐姐 写了 一 封 信。
tā mǎile sān běn liànxíběn
3. 她 买了 三 本 练习本。
zhuōzi gānjìng le
4. 桌子 干净 了。
tā jīntiān xǐ zǎo le
5. 她 今天 洗 澡 了。
wǒmen jīntiān qùle shūdiàn yóujú hé
6. 我们 今天 去了 书店 、邮局 和
shítáng
食堂 。
tā jiějie hē kāfēi le
7. 他 姐姐 喝 咖啡 了。
Wáng xiānshēng zuòle yī ge xiǎoshí
8. 王 先生 坐了 一个 小时
huǒchē
火车 。
wǒmen dàjiā xiūxīle sānshí
9. 我们 大家 休息了 三十
fēnzhōng
分钟 。

Lǐ lǎoshī jiāole yī nián Déguó
10. 李老师 教了 一 年 德国
wénxué
文学 。
tā dìdi xǐ zǎo xǐle èrshí fēnzhōng
11. 他弟弟洗 澡 洗了二十 分钟 。
liúxuéshēngmen tǎolùn zhè ge wèntí
12. 留学生们 讨论 这 个 问题
tǎolùnle bàn tiān
讨论了 半 天。

17.3.2

jīntiān wǒ jiè shū le
1. 今天 我 借 书 了。
tā bāngzhùle tā de tóngxué
2. 他 帮助了 他的 同学 。
Zhāng xiānshēng chī zhōngfàn le
3. 张 先生 吃 中饭 了。
nǐ xuéle duōshǎo Hànzì le
4. 你 学了 多少 汉字 了?
tā jīntiān méi qù huǒchēzhàn
5. 他 今天 没 去 火车站 。
wǒ jiějie méi fùxí shēngcí
6. 我 姐姐 没 复习 生词 。
wǒ zuótiān zhīdàole zhè jiàn shì
7. 我 昨天 知道了 这 件 事。
Wáng xiānshēng méi tóngyì wǒmen de
8. 王 先生 没 同意 我们 的
jìhuà
计划。

17.3.3

tā méi shūfu
1. 她 没 舒服。
tā zài xuéxí shang méi rènzhēn
2. 他在 学习 上 没 认真 。
wǒ dìdi méi huí jiā
3. 我 弟弟 没 回 家。
Zhāng xiǎojiě méi xiūxī
4. 张 小姐 没 休息。
Lǐ lǎoshī méi shuì jiào
5. 李 老师 没 睡 觉。
wǒ māma zuótiān méi qù Běijīng
6. 我 妈妈 昨天 没 去 北京 。
Wáng jīnglǐ méi hē wǔ píng píjiǔ
7. 王 经理 没 喝 五 瓶 啤酒。
shàngwǔ wǒmen méi shàng
8. 上午 我们 没 上
zhōngwénkè hé lìshǐkè
中文课 和 历史课。
tā de huà wǒ méi tīngdǒng
9. 他 的 话 我 没 听懂 。

17.3.4

a)

Wáng xiānshēng zuòle èrshí fēnzhōng
1. 王 先生 做了 二十 分钟
de fàn le
(的) 饭 了。
tóngxuémen fùxíle sān tiān de yǔfǎ
2. 同学们 复习了 三 天 (的) 语法
le
了。
wǒmen kànle sān ge xiǎoshí de
3. 我们 看了 三 个 小时 (的)
diànyǐng le
电影 了。
Lǐ lǎoshī xiěle liǎng nián de xiǎoshuō
4. 李 老师 写了 两 年 (的) 小说
le
了。
tā mèimei dǎle liǎng ge xiǎoshí de
5. 他 妹妹 打了 两 个 小时 (的)
diànhuà le
电话 了。
tāmen jǐ ge rén tīle yī ge xiǎoshí de
6. 他们 几 个 人 踢了 一 个 小时 (的)
zúqiú le
足球 了。

wǒ gēge wánle bā ge xiǎoshí de
7. 我 哥哥 玩了 八 个 小时 (的)
diànnǎo le
电脑 了。

dàjiā tǎolùnle liǎng tiān de wèntí
8. 大家 讨论了 两 天 (的) 问题
le
了。

b)

Wáng xiānshēng zuò fàn zuòle èrshí
1. 王 先生 做 饭 做了 二十
fēnzhōng le
分钟 了。

tóngxuémen fùxí yǔfǎ fùxíle sān
2. 同学们 复习 语法 复习了 三
tiān le
天 了。

wǒmen kàn diànyǐng kànle sān ge
3. 我们 看 电影 看了 三 个
xiǎoshí le
小时 了。

Lǐ lǎoshī xiě xiǎoshuō xiěle liǎng nián
4. 李 老师 写 小说 写了 两 年
le
了。

tā mèimei dǎ diànhuà dǎle liǎng ge
5. 他 妹妹 打 电话 打了 两 个
xiǎoshí le
小时 了。

tāmen jǐ ge rén tī zúqiú tīle yī ge
6. 他们 几 个 人 踢 足球 踢了 一 个
xiǎoshí le
小时 了。

wǒ gēge wán diànnǎo wánle bā ge
7. 我 哥哥 玩 电脑 玩了 八 个
xiǎoshí le
小时 了。

dàjiā tǎolùn wèntí tǎolùnle liǎng tiān
8. 大家 讨论 问题 讨论了 两 天
le
了。

c)

fàn Wáng xiānshēng zuòle èrshí
1. 饭 王 先生 做了 二十
fēnzhōng le
分钟 了。

yǔfǎ tóngxuémen fùxíle sān tiān
2. 语法 同学们 复习了 三 天
le
了。

diànyǐng wǒmen kànle sān ge xiǎoshí
3. 电影 我们 看了 三 个 小时
le
了。

xiǎoshuō Lǐ lǎoshī xiěle liǎng nián
4. 小说 李 老师 写了 两 年
le
了。

diànhuà tā mèimei dǎle liǎng ge
5. 电话 他 妹妹 打了 两 个
xiǎoshí le
小时 了。

zúqiú tāmen jǐ ge rén tīle yī ge
6. 足球 他们 几 个 人踢了 一 个
xiǎoshí le
小时 了。

diànnǎo wǒ gēge wánle bā ge xiǎoshí
7. 电脑 我 哥哥 玩了 八 个 小时
le
了。

wèntí dàjiā tǎolùnle liǎng tiān le
8. 问题 大家 讨论了 两 天 了。

17.3.5

wǒmen jīntiān méi yóu yǒng
1. 我们 今天 没 游 泳 。

dìdi zǎoshang méi xǐ zǎo
2. 弟弟 早上 没 洗 澡。
zhè ge yuè méi rè jǐ tiān zhè ge
3. 这 个 月 没 热 几 天。/ 这 个
yuè rèle méi jǐ tiān
月 热了 没 几 天。
tā méi bāng wǒ tā bāng wǒ
4. 她 没 帮 我。/ 她 帮 我
bāngle bùdào yī nián
帮了 不到 一 年。
jiějie méi tīng yīnyuè jiějie tīng
5. 姐姐 没 听 音乐。/ 姐姐 听
yīnyuè tīngle bùdào sān ge xiǎoshí
音乐 听了 不到 三 个 小时。
Wáng lǎoshī méi jiāo shū Wáng
6. 王 老师 没 教 书。/ 王
lǎoshī jiāo shū jiāole bùdào èrshí
老师 教 书 教了 不到 二十
nián
年。
wǒ méi xiū zìxíngchē wǒ xiū
7. 我 没 修 自行车。/ 我 修
zìxíngchē xiūle bùdào sì ge xiǎoshí
自行车 修了 不到 四 个 小时。
gōngsī méi yánjiū xīn chǎnpǐn
8. 公司 没 研究 新 产品。/
gōngsī yánjiū xīn chǎnpǐn yánjiūle
公司 研究 新 产品 研究了
bùdào wǔ nián
不到 五 年。

17.3.6

wǒ jǐ tiān méi kàn bào le
1. 我 几 天 没 看 报 了。
Zhāng jīnglǐ sān ge xīngqī méi shàng
2. 张 经理 三 个 星期 没 上
bān le
班 了。
Wáng xiǎojiě yī ge xīngqī méi mǎi
3. 王 小姐 一 个 星期 没 买
dōngxi le
东西 了。
wǒmen yī nián méi jiàn miàn le
4. 我们 一 年 没 见 面 了。
hěn duō nián méi zhème lěng le
5. 很 多 年 没 这么 冷 了。
tā bàba hěn cháng shíjiān méi zhème
6. 他 爸爸 很 长 时间 没 这么
gāoxìng le
高兴 了。
wǒmen liǎng nián duō méi qù lǚyóu
7. 我们 两 年 多 没 去 旅游
le
了。
tāmen jǐ ge yuè méi qù túshūguǎn jiè
8. 他们 几 个 月 没 去 图书馆 借
shū le
书 了。

18 Komplemente

18.7 Übungen zu 18.1

18.7.1

a)

tā zhè jǐ tiān máng de hěn
1. 他 这 几 天 忙 得 很。
zhè ge xīngqī lěng de hěn
2. 这 个 星期 冷 得 很。
zhè ge fángjiān dà de hěn
3. 这 个 房间 大 得 很。
nà ge gōngyuán piàoliang de hěn
4. 那 个 公园 漂亮 得 很。
tā de shēntǐ hǎo de hěn
5. 他 的 身体 好 得 很。

wǒ zhù de dìfāng lí dàxué jìn de
6. 我 住 的 地方 离 大学 近 得
hěn
很。
Běijīngrén shuō huà yǒu yìsi de
7. 北京人 说 话 有 意思 得
hěn
很。
Shànghǎi de Nánjīnglù rènao de hěn
8. 上海 的 南京路 热闹 得 很。

b)
tā zhè jǐ tiān máng jí le
1. 他 这 几 天 忙 极 了。
zhè ge xīngqī lěng jí le
2. 这 个 星期 冷 极 了。
zhè ge fángjiān dà jí le
3. 这 个 房间 大 极 了。
nà ge gōngyuán piàoliang jí le
4. 那 个 公园 漂亮 极 了。
tā de shēntǐ hǎo jí le
5. 他 的 身体 好 极 了。
wǒ zhù de dìfāng lí dàxué jìn jí le
6. 我 住 的 地方 离 大学 近 极 了。
Běijīngrén shuō huà yǒu yìsi jí le
7. 北京人 说 话 有 意思 极 了。
Shànghǎi de Nánjīnglù rènao jí le
8. 上海 的 南京路 热闹 极 了。

18.7.2

zhè zhāng huà hǎokàn de bù dé liǎo
1. 这 张 画 好看 得 不 得 了。
mèimei gāoxìng de bù xiǎng huí jiā
2. 妹妹 高兴 得 不 想 回 家。
tāmen shēnghuó de yī tiān bǐ yī tiān
3. 他们 生活 得 一 天 比 一 天
hǎo
好。
tā xǐ zǎo xǐ de dì shàng dōu shì
4. 他 洗 澡 洗 得 地 上 都 是
shuǐ
水。
zhè bù diànyǐng jǐnzhāng de ràng rén
5. 这 部 电影 紧张 得 让 人
hàipà
害怕。
tā xǐhuan gǒu xǐhuan de ràng gǒu zài
6. 她 喜欢 狗 喜欢 得 让 狗 在
chuáng shàng shuì jiào
床 上 睡 觉。
tāmen liǎ liáo tiān liáo de kè dōu méi
7. 他们 俩 聊 天 聊 得 课 都 没
shàng
上。
Qián xiānshēng zhèng qián zhèng de
8. 钱 先生 挣 钱 挣 得
bù zhīdào zìjǐ xìng shénme le
不 知道 自己 姓 什么 了。

18.7.3

a)
mèimei qí zìxíngchē qí de hěn màn
1. 妹妹 骑 自行车 骑 得 很 慢。
māma zuò miàntiáo zuò de hàochī jí
2. 妈妈 做 面条 做 得 好吃 极
le
了。
Wáng xiānshēng dǎ tàijíquán dǎ de hěn
3. 王 先生 打 太极拳 打 得 很
rènzhēn
认真。
Xiè lǎoshī jièshào túshūguǎn jièshào de
4. 谢 老师 介绍 图书馆 介绍 得
fēicháng zǐxì
非常 仔细。

b)
zìxíngchē mèimei qí de hěn màn
1. 自行车 妹妹 骑 得 很 慢。

miàntiáo māma zuò de hàochī jí le
2. 面条 妈妈 做得 好吃 极了。
tàijíquán Wáng xiānshēng dǎ de hěn
3. 太极拳 王 先生 打得很
rènzhēn
认真 。
túshūguǎn Xiè lǎoshī jièshào de
4. 图书馆 谢 老师 介绍 得
fēicháng zǐxì
非常 仔细。

c)
mèimei zìxíngchē qí de hěn màn
1. 妹妹 自行车 骑得很 慢 。
māma miàntiáo zuò de hàochī jí le
2. 妈妈 面条 做得 好吃 极了。
Wáng xiānshēng tàijíquán dǎ de hěn
3. 王 先生 太极拳 打得很
rènzhēn
认真 。
Xiè lǎoshī túshūguǎn jièshào de
4. 谢 老师 图书馆 介绍 得
fēicháng zǐxì
非常 仔细。

18.7.4
dìdi zǒu de bù màn
1. 弟弟 走 得不 慢 。
mèimei chī de bù kuài
2. 妹妹 吃 得不 快 。
tāmen xiūxī de bù duō
3. 他们 休息 得不 多 。
tā xué Hànyǔ xué de bù qīngsōng
4. 他 学 汉语 学 得不 轻松 。
Xiǎo Wáng zuò shì zuò de bù mǎhu
5. 小 王 做 事 做 得不 马虎。
Mǎ xiānshēng kàn jīngjù kàn de bù
6. 马 先生 看 京剧 看 得不
shǎo
少 。
wǒ péngyou zuò fēijī zuò de bù duō
7. 我 朋友 坐 飞机 坐 得不 多 。
tā chū chāi chū de bù shǎo
8. 她 出 差 出 得不 少 。

18.8 Übungen zu 18.2

18.8.1
nǚ'ér de huà tā tīngdǒng le
1. 女儿 的 话 她 听懂 了。
zhèlǐ zǎoshang néng tīngjiàn gǒujiào
2. 这里 早上 能 听见 狗叫 。
zěnme qù diànyǐngyuàn wǒ yǐjīng
3. 怎么 去 电影院 ，我 已经
wèn qīngchǔ le
问 清楚 了。
Wáng lǎoshī de yǎnjìng zhǎodào méi
4. 王 老师 的 眼镜 找到 没
yǒu Wáng lǎoshī de yǎnjìng
有？oder 王 老师 的 眼镜
zhǎozhao méi yǒu
找着 没 有？
yǐjīng shíyī diǎn le érzi hái méi
5. 已经 十一 点 了，儿子 还 没
shuìzháo
睡着 。
gěi shìzhǎng de xìn xiěhǎo le ma
6. 给 市长 的 信 写好 了 吗？
tā zhōngyú xiěwán le tā de bìyè
7. 他 终于 写完 了 他 的 毕业
lùnwén
论文 。
nàme duō kělè nǐ dōu hēguāng le
8. 那么 多 可乐 你 都 喝光 了？
qǐng nǐ jìzhù yīnyuè tīngduō le yě
9. 请 你 记住，音乐 听多 了 也
bù hǎo
不 好。
tāmen dàizǒu le duì Běijīng de měihǎo
10. 他们 带走 了 对 北京 的 美好
yìnxiàng
印象 。

18.8.2

a)

zǎofàn zuò méi zuòhǎo
1. 早饭 做 没 做好？
jīntiān tiānqì biàn méi biànlěng
2. 今天 天气 变 没 变冷？
zhè bù diànyǐng nǐ kàn méi kàndǒng
3. 这部 电影 你看 没 看懂？
wǒ yào de dìtú mǎi méi mǎidào
4. 我要的地图买 没 买到？
dìdi bǎ xīn zìxíngchē qí méi qíhuài
5. 弟弟把新 自行车 骑没 骑坏？
zhè ge zì tā xiě méi xiěcuò
6. 这个字他写 没 写错？

b)

zǎofàn zuòhǎo le méi yǒu
1. 早饭 做好 了没 有？
jīntiān tiānqì biànlěng le méi yǒu
2. 今天 天气 变冷 了没有？
zhè bù diànyǐng nǐ kàndǒng le méi yǒu
3. 这部 电影 你 看懂 了没有？
wǒ yào de dìtú mǎidào le méi yǒu
4. 我要的地图 买到 了没 有？
dìdi bǎ xīn zìxíngchē qíhuài le méi yǒu
5. 弟弟把新 自行车 骑坏了没有？
zhè ge zì tā xiěcuò le méi yǒu
6. 这个字他 写错 了没 有？

18.8.3

zǎofàn méi yǒu zuòhǎo
1. 早饭 没（有）做好。
jīntiān tiānqì méi yǒu biànlěng
2. 今天 天气 没（有） 变冷 。
zhè bù diànyǐng wǒ méi yǒu kàndǒng
3. 这部 电影 我没（有）看懂 。
nǐ yào de dìtú méi yǒu mǎidào
4. 你要的地图 没（有）买到。
dìdi méi yǒu bǎ xīn zìxíngchē qíhuài
5. 弟弟 没（有）把新 自行车 骑坏。
zhè ge zì tā méi yǒu xiěcuò
6. 这个字他 没（有）写错。

18.8.4

tā yī shàng chē huǒchēmén jiù guānshàng le
1. 他一 上 车， 火车门 就 关上 了。
māma yī dào jiā jiù mángqǐ le huāyuán lǐ de huór
2. 妈妈 一 到 家就 忙起 了 花园 里的 活儿。
qǐng nǐ bǎ yǎnjìng ná xiàlái ràng wǒ jiǎnchá yīxià
3. 请 你把 眼镜 拿下来， 让 我 检查 一下。
nǐ mèimei zài kàn shū qǐng nǐ bǎ diànshìjī guānshàng
4. 你 妹妹 在 看 书， 请 你把 电视机 关上 。
bù yào wàngjì xiěxià nǐ de diànhuà hàomǎ
5. 不要 忘记 写下 你的 电话 号码。
shuōqǐ zài Déguó liú xué de rìzi tāmen zǒngshi fēicháng gāoxìng
6. 说起 在 德国 留 学 的日子， 他们 总是 非常 高兴 。

wǒ xīwàng jīntiān néng chīshàng yī
7. 我 希望 今天 能 吃上 一
dùn zhēnzhèng de xīcān
顿 真正 的 西餐。

zhè tào fángzi zhù de xià wǔ ge rén
8. 这 套 房子 住 得 下 五 个 人。

zài guò bàn nián wǒmen jiù néng
9. 再 过 半 年 我们 就 能
zhùshàng xīn fángzi le
住上 新 房子 了。

fēijī tèbié dà zuò de xià
10. A380 飞机 特别 大，坐 得 下 500
ge rén
个 人。

dìdi shuōchū le gēge xiǎng shuō de
11. 弟弟 说出 了 哥哥 想 说 的
huà
话。

18.9 Übungen zu 18.3

18.9.1

nǐ shuō de tài qīng wǒ tīng bù jiàn
1. 你 说 得 太 轻，我 听 不 见。

yīfu tài zāng xǐ bù gānjìng
2. 衣服 太 脏，洗 不 干净。

xiāngzi zhème zhòng nǐ ná de dòng
3. 箱子 这么 重，你 拿 得 动
ma
吗？

shū zhème duō nǐ ná de liǎo ma
4. 书 这么 多，你 拿 得 了 吗？

zhè tào fángzi tài guì wǒ mǎi bù qǐ
5. 这 套 房子 太 贵，我 买 不 起。

nǐ kàn de wán zhème hòu de shū ma
6. 你 看 得 完 这么 厚 的 书 吗？

zhème duō shēngcí nǐ jì de zhù ma
7. 这么 多 生词 你 记 得 住 吗？

wǒ jiějué de liǎo zhè jǐ ge wèntí
8. 我 解决 得 了 这 几 个 问题。
wǒ jiějué bù liǎo zhè jǐ ge
oder 我 解决 不 了 这 几 个
wèntí
问题。

18.9.2

tā shuō de qīngchǔ shuō bù qīngchǔ
1. 他 说 得 清楚 说 不 清楚？

nǐ jīntiān kǎo de wán kǎo bù wán
2. 你 今天 考 得 完 考 不 完？

jiějie jiè de dào jiè bù dào nà běn
3. 姐姐 借 得 到 借 不 到 那 本
xiǎoshuō
小说？

nà liàng hóng qìchē nǐ kàn de jiàn kàn
4. 那 辆 红 汽车 你 看 得 见 看
bù jiàn
不 见？

zhème duō niúnǎi tā hē de xià hē bù
5. 这么 多 牛奶 他 喝 得 下 喝 不
xià
下？

zhè jǐ ge gùshi lǎoshī jiǎng de wán
6. 这 几个 故事 老师 讲 得 完
jiǎng bù wán
讲 不 完？

diànnǎo nǐ mǎi de qǐ mǎi bù qǐ
7. 电脑 你 买 得 起 买 不 起？

zhè zhāng shāfā tā bān de dòng bān bù
8. 这 张 沙发 他 搬 得 动 搬 不
dòng
动？

18.9.3

tā shuō bù qīngchǔ
1. 他 说 不 清楚。

wǒ jīntiān kǎo bù wán
2. 我 今天 考 不 完 。
jiějie jiè bù dào nà běn xiǎoshuō
3. 姐姐 借 不 到 那 本 小说 。
nà liàng hóng qìchē wǒ kàn bù jiàn
4. 那 辆 红 汽车 我 看 不 见。
zhème duō niúnǎi tā hē bù xià
5. 这么 多 牛奶 他 喝 不 下。
zhè jǐ ge gùshi lǎoshī jiǎng bù wán
6. 这 几个 故事 老师 讲 不 完。
diànnǎo wǒ mǎi bù qǐ
7. 电脑 我 买 不 起。
zhè zhāng shāfā tā bān bù dòng
8. 这 张 沙发 他 搬 不 动 。

18.10 Übungen zu 18.4.1

18.10.1

qǐng jìnlái
1. 请 进来。
qǐng nǐmen dōu shànglái ba
2. 请 你们 都 上来 吧。
nǐmen dōu huíqù ba
3. 你们 都 回去 吧。
tāmen dōu chūqù le
4. 他们 都 出去 了。
qǐng jìn fángjiān lái
5. 请 进 房间 来。
qǐng nín shàng lóu lái
6. 请 您 上 楼 来。
nǐ kěyǐ huí jiā qù le
7. 你 可以 回 家 去 了。
tā xiǎng shàng yóujú qù tā
8. 他 想 上 邮局 去。 oder 他
xiǎng dào yóujú qù
想 到 邮局 去。

18.10.2

1. A / B 2. A / B
3. A 4. A
5. A / B 6. A
7. A 8. A

18.11 Übungen zu 18.6

18.11.1

xiūxīle liǎng cì
1. 休息了 两 次。
huí jiā le sān tàng
2. 回 家 了 三 趟 。
kànle wǔ biàn
3. 看了 五 遍 。
kànguo sān cì
4. 看过 三 次。
tīngguo liǎng biàn
5. 听过 两 遍 。
fēiguo liù tàng
6. 飞过 六 趟 。
qǐngguo yī huí
7. 请过 一 回。
chīle yī kǒu
8. 吃了 一 口 。

18.11.2

gēge bǐ dìdi dà sì suì
1. 哥哥 比 弟弟 大 四 岁。
jiějie bǐ mèimei gāo sān gōngfēn
2. 姐姐 比 妹妹 高 三 公分 。
tā lái gōngsī bǐ wǒ zǎo sān nián
3. 他 来 公司 比 我 早 三 年 。
wǒ de fángjiān bǐ dìdi de dà liǎng ge
4. 我 的 房间 比 弟弟 的 大 两 个
píngfāngmǐ
平方米 。
tāmen bǐ wǒ wǎn bìyè yī ge xuéqī
5. 他们 比 我 晚 毕业 一 个 学期。
jīntiān lái de rén bǐ zuótiān duō jǐshí
6. 今天 来 的 人 比 昨天 多 几十
ge rén
个 人。

19 Besondere Konstruktionen

19.5 Übungen zu 19.1

19.5.1

shì tā zài Shànghǎi gōngzuò de tā
1. 是他在 上海 工作 的。他
shì zài Shànghǎi gōngzuò de
是在 上海 工作 的。

shì tā qīzi zuótiān xiūxī de tā qīzi
2. 是他妻子 昨天 休息的。他妻子
shì zuótiān xiūxī de
是 昨天 休息的。

Xiǎo Zhāng mǎi de shì liǎng běn
3. 小 张 买的是 两 本
cídiǎn
词典。

wǒ jiějie shōushi de shì wǒ de
4. 我姐姐 收拾 的是我的
fángjiān
房间 。

shì Wáng xiānshēng hé tā péngyou
5. 是 王 先生 和他 朋友
yīqǐ zuò fēijī qù Déguó de Wáng
一起 坐 飞机去 德国 的。 王
xiānshēng shì hé tā péngyou yīqǐ zuò
先生 是和他 朋友 一起 坐
fēijī qù Déguó de Wáng xiānshēng
飞机去 德国 的。 王 先生
hé tā péngyou yīqǐ shì zuò fēijī qù
和他 朋友 一起是 坐 飞机 去
Déguó de Wáng xiānshēng hé tā
德国 的。 王 先生 和他
péngyou yīqǐ zuò fēijī qù de shì
朋友 一起 坐 飞机去的 是
Déguó shì Wáng xiānshēng hé
德国 。oder 是 王 先生 和
tā péngyou yīqǐ zuò fēijī qù de
他 朋友 一起 坐 飞机去 的
Déguó Wáng xiānshēng shì hé tā
德国 。 王 先生 是和他
péngyou yīqǐ zuò fēijī qù de
朋友 一起 坐 飞机去的
Déguó Wáng xiānshēng hé tā
德国 。 王 先生 和他
péngyou yīqǐ shì zuò fēijī qù de
朋友 一起 是 坐 飞机去的
Déguó Wáng xiānshēng hé tā
德国 。 王 先生 和他
péngyou yīqǐ zuò fēijī qù de shì
朋友 一起 坐 飞机去的是
Déguó
德国 。

19.5.2

shì shéi zài Shànghǎi gōngzuò de tā
1. 是 谁 在 上海 工作 的? 他
shì zài nǎr gōngzuò de
是在 哪儿 工作 的?

shì shéi zuótiān xiūxī de tā qīzi shì
2. 是 谁 昨天 休息 的? 他妻子 是
shénme shíhou xiūxī de
什么 时候 休息 的?

Xiǎo Zhāng mǎi de shì shénme
3. 小 张 买 的 是 什么 ?

nǐ jiějie shōushi de shì shénme
4. 你 姐姐 收拾 的 是 什么 ?

shì shéi hé tā péngyou yīqǐ zuò fēijī
5. 是 谁 和他 朋友 一起 坐 飞机
qù Déguó de Wáng xiānshēng shì hé
去 德国 的? 王 先生 是 和
shéi yīqǐ zuò fēijī qù Déguó de
谁 一起 坐 飞机 去 德国 的?
Wáng xiānshēng hé tā péngyou yīqǐ
王 先生 和他 朋友 一起
shì zěnme qù Déguó de Wáng
是 怎么 去 德国 的? 王
xiānshēng hé tā péngyou yīqǐ zuò
先生 和他 朋友 一起 坐
fēijī qù de shì nǎr shì shéi hé
飞机 去 的 是 哪儿? oder 是 谁 和
tā péngyou yīqǐ zuò fēijī qù de
他 朋友 一起 坐 飞机 去 的

Déguó Wáng xiānshēng shì hé shéi
德国？王先生是和谁
yīqǐ zuò fēijī qù de Déguó Wáng
一起坐飞机去的德国？王
xiānshēng hé tā péngyou yīqǐ shì
先生和他朋友一起是
zěnme qù de Déguó Wáng xiānshēng
怎么去的德国？王先生
hé tā péngyou yīqǐ zuò fēijī qù de
和他朋友一起坐飞机去的
shì nǎr
是哪儿?

19.6 Übungen zu 19.2.1

19.6.1

a)

gēge bǐ dìdi dà yī suì dìdi
1. 哥哥比弟弟大一岁。oder 弟弟
bǐ gēge xiǎo yī suì
比哥哥小一岁。

gēge bǐ dìdi zhòng liǎng gōngjīn
2. 哥哥比弟弟重两公斤。
dìdi bǐ gēge qīng liǎng
oder 弟弟比哥哥轻两
gōngjīn
公斤。

gēge bǐ dìdi ǎi liǎng gōngfēn
3. 哥哥比弟弟矮两公分。oder
dìdi bǐ gēge gāo liǎng gōngfēn
弟弟比哥哥高两公分。

gēge de fángjiān bǐ dìdi de dà sān ge
4. 哥哥的房间比弟弟的大三个
píngfāngmǐ dìdi de fángjiān bǐ
平方米。oder 弟弟的房间比
gēge de xiǎo sān ge píngfāngmǐ
哥哥的小三个平方米。

gēge de shū bǐ dìdi de duō èrshí
5. 哥哥的书比弟弟的多二十
běn dìdi de shū bǐ gēge de
本。oder 弟弟的书比哥哥的
shǎo èrshí běn
少二十本。

gēge huà huàr bǐ dìdi huà de hǎo
6. 哥哥画画儿比弟弟画得好。
gēge huà huàr huà de bǐ dìdi hǎo
哥哥画画儿画得比弟弟好。
gēge bǐ dìdi huà huàr huà de hǎo
哥哥比弟弟画画儿画得好。

dìdi tī zúqiú bǐ gēge tī de hǎo
7. 弟弟踢足球比哥哥踢得好。
dìdi tī zúqiú tī de bǐ gēge hǎo
弟弟踢足球踢得比哥哥好。
dìdi bǐ gēge tī zúqiú tī de hǎo
弟弟比哥哥踢足球踢得好。

gēge wán diànnǎo bǐ dìdi wán de
8. 哥哥玩电脑比弟弟玩得
hǎo gēge wán diànnǎo wán de bǐ
好。哥哥玩电脑玩得比
dìdi hǎo gēge bǐ dìdi wán diànnǎo
弟弟好。哥哥比弟弟玩电脑
wán de hǎo
玩得好。

b)

dìdi méi yǒu gēge dà
1. 弟弟没有哥哥大。
dìdi méi yǒu gēge zhòng
2. 弟弟没有哥哥重。
gēge méi yǒu dìdi gāo
3. 哥哥没有弟弟高。
dìdi de fángjiān méi yǒu gēge de
4. 弟弟的房间没有哥哥的
dà
大。
dìdi de shū méi yǒu gēge de duō
5. 弟弟的书没有哥哥的多。

dìdi huà huàr méi yǒu gēge huà de
6. 弟弟 画 画儿 没 有 哥哥 画 得
hǎo
好。

gēge tī zúqiú méi yǒu dìdi tī de
7. 哥哥 踢 足球 没 有 弟弟 踢 得
hǎo
好。

dìdi wán diànnǎo méi yǒu gēge wán
8. 弟弟 玩 电脑 没 有 哥哥 玩
de hǎo
得 好。

19.7 Übungen zu 19.2.1

19.7.1

jiějie bǐ mèimei dà
1. 姐姐 比 妹妹 大。

jiějie gēn mèimei chà bù duō yīyàng
2. 姐姐 跟 妹妹 差 不 多 一样
zhòng
重。

jiějie gēn mèimei chà bù duō yīyàng
3. 姐姐 跟 妹妹 差 不 多 一样
gāo
高。

jiějie de fángjiān gēn mèimei de
4. 姐姐 的 房间 跟 妹妹 的
fángjiān yīyàng dà
房间 一样 大。

jiějie de shū gēn mèimei de yīyàng
5. 姐姐 的 书 跟 妹妹 的 一样
duō
多。

jiějie gēn mèimei huà huàr huà de
6. 姐姐 跟 妹妹 画 画儿 画 得
yīyàng hǎo jiějie huà huàr gēn
一样 好。姐姐 画 画儿 跟
mèimei huà de yīyàng hǎo jiějie huà
妹妹 画 得 一样 好。姐姐 画
huàr huà de gēn mèimei yīyàng hǎo
画儿 画 得 跟 妹妹 一样 好。

jiějie gēn mèimei yīyàng bù xǐhuan tī
7. 姐姐 跟 妹妹 一样 不 喜欢 踢
zúqiú
足球。

19.7.2

Hànbǎo de rénkǒu gēn Mùníhēi de bù
1. 汉堡 的 人口 跟 慕尼黑 的 不
yīyàng duō
一样 多。

Hànbǎo de wàiguórén gēn Mùníhēi de
2. 汉堡 的 外国人 跟 慕尼黑 的
bù yīyàng duō
不 一样 多。

Hànbǎo de miànjī gēn Mùníhēi bù
3. 汉堡 的 面积 跟 慕尼黑 不
yīyàng dà
一样 大。

Hànbǎo de dìtiě gēn Mùníhēi de bù
4. 汉堡 的 地铁 跟 慕尼黑 的 不
yīyàng duō
一样 多。

Hànbǎo de wàiguó lǐngshìguǎn gēn
5. 汉堡 的 外国 领事馆 跟
Mùníhēi de bù yīyàng duō
慕尼黑 的 不 一样 多。

Hànbǎo zúqiúduì tī zúqiú tī de gēn
6. 汉堡 足球队 踢 足球 踢 得 跟
Mùníhēi zúqiúduì bù yīyàng hǎo
慕尼黑 足球队 不 一样 好。

19.7.3

Xiǎo Míng bù bǐ Xiǎo Yǔ dà xiǎo
1. 小 明 不 比 小 雨 大/小。

Xiǎo Míng bǐ Xiǎo Yǔ qīng
2. 小 明 比 小 雨 轻。

Xiǎo Míng bǐ Xiǎo Yǔ ǎi
3. 小 明 比 小 雨 矮。

Xiǎo Míng de fángjiān bù bǐ Xiǎo Yǔ
4. 小 明 的 房间 不比 小 雨
de fángjiān dà xiǎo
的 房间 大/ 小。
Xiǎo Míng de shū bǐ Xiǎo Yǔ shǎo
5. 小 明 的 书 比 小 雨 少。
Xiǎo Míng huà huàr huà de bù bǐ
6. 小 明 画 画儿 画 得 不 比
Xiǎo Yǔ chà
小 雨 差。
Xiǎo Míng tī zúqiú tī de bǐ Xiǎo Yǔ
7. 小 明 踢 足球 踢 得 比 小 雨
好。

19.8 Übungen zu 19.3

19.8.1

jīntiān lěng bù lěng
1. 今天 冷 不 冷？
tāmen zhè jǐ tiān máng bù máng
2. 他们 这 几 天 忙 不 忙？
nǐ dìdi míngtiān dǎ bù dǎ gōng
3. 你 弟弟 明天 打 不 打 工？
nǐ dìdi míngtiān dǎ gōng bù dǎ
oder 你 弟弟 明天 打 工 不 打
gōng
工？
Wáng xiānshēng zuótiān sàn méi sàn
4. 王 先生 昨天 散 没 散
bù Wáng xiānshēng zuótiān sàn
步？oder 王 先生 昨天 散
bù méi sàn bù
步 没 散 步？
nǐmen mǎi méi mǎi dōngxi
5. 你们 买 没 买 东西？oder
nǐmen mǎi dōngxi méi mǎi dōngxi
你们 买 东西 没 买 东西？
Lǐ xiǎojiě míngtiān guò bù guò
6. 李 小姐 明天 过 不 过
shēngrì
生日？
Lǐ xiǎojiě míngtiān guò shēngrì
oder 李 小姐 明天 过 生日
bù guò shēngrì
不 过 生日？
tāmen qù bù qù Fǎguó liú xué
7. 他们 去 不 去 法国 留 学？
gōngsī xiǎng bù xiǎng qù Zhōngguó
8. 公司 想 不 想 去 中国
tóuzī
投资？

19.8.2

míngtiān xià bù xià yǔ
1. 明天 下 不 下 雨？
míngtiān xià yǔ bù xià
明天 下 雨 不 下？
míngtiān xià yǔ bù xià yǔ
明天 下 雨 不 下 雨？
tā huí bù huídá zhè ge wèntí
2. 他 回 不 回答 这 个 问题？
tā huídá bù huídá zhè ge wèntí
他 回答 不 回答 这 个 问题？
tā huídá zhè ge wèntí bù huídá
他 回答 这 个 问题 不 回答？
tā huídá zhè ge wèntí bù huídá zhè ge
他 回答 这 个 问题 不 回答 这 个
wèntí
问题？
Qián xiānshēng fān méi fānyì zhè běn
3. 钱 先生 翻 没 翻译 这 本
shū
书？
Qián xiānshēng fānyì méi fānyì zhè
钱 先生 翻译 没 翻译 这
běn shū
本 书？
Qián xiānshēng fānyì zhè běn shū méi
钱 先生 翻译 这 本 书 没
fānyì
翻译？

Qián xiānshēng fānyì zhè běn shū méi
钱 先生 翻译 这 本 书 没
fānyì zhè běn shū
翻译 这 本 书？
nǐmen míngtiān cān bù cānguān
4. 你们 明天 参 不 参观
bówùguǎn
博物馆 ？
nǐmen míngtiān cānguān bù cānguān
你们 明天 参观 不 参观
bówùguǎn
博物馆 ？
nǐmen míngtiān cānguān bówùguǎn bù
你们 明天 参观 博物馆 不
cānguān
参观 ？
nǐmen míngtiān cānguān bówùguǎn bù
你们 明天 参观 博物馆 不
cānguān bówùguǎn
参观 博物馆 ？

19.9 Übungen zu 19.4

19.9.1

jìhuà bèi tā gǎibiàn le
1. 计划 被 他 改变 了。
tā méi bèi dàjiā wàngjì
2. 他 没 被 大家 忘记 。
zhè ge hěn nán de wèntí bèi
3. 这 个 很 难 的 问题 被
tóngxuémen jiějué le
同学们 解决 了。
zìxíngchē bèi Xiǎo Wáng qídào gōngsī
4. 自行车 被 小 王 骑到 公司
qù le
去 了。
Běijīng bèi tā zǒubiàn le
5. 北京 被 他 走遍 了。
Xiǎo Tiān bèi lǎoshī pīpíng le
6. 小 天 被 老师 批评 了。
yuán bèi tā yī tiān jiù huā le
7. 1000 元 被 他 一 天 就 花 了。
tā érzi bèi tā jiēhuí jiā le
8. 他 儿子 被 他 接回 家 了。

19.9.2

fàn bèi māma zuòhǎo le
1. 饭 被 妈妈 做好 了。
chē bèi tā kāizǒu le
2. 车 被 他 开走 了。
fángjiān bèi wǒ sǎole yòu sǎo
3. 房间 被 我 扫了 又 扫。
xìn bèi Xiǎo Mǎ jiāogěi Wáng
4. 信 被 小 马 交给 王
xiānshēng le
先生 了
nà fú huà bèi bàba guàdào le qiáng
5. 那 幅 画 被 爸爸 挂到 了 墙
shàng
上 。
yīfu dōu bèi jiějie xǐ le
6. 衣服 都 被 姐姐 洗 了。
nà běn Dé-Hàn cídiǎn bèi tā sònggěi
7. 那 本 德汉 词典 被 他 送给
le bié rén
了 别 人。
lǎohǔ bèi wǒ dìdi huàchéng le māo
8. 老虎 被 我 弟弟 画成 了 猫 。

19.9.3

nà běn zázhì bèi názǒu le
1. 那 本 杂志 被 拿走 了。nein
zúqiú bèi dìdi zhǎodào le
2. 足球 被 弟弟 找到 了。ja
nà píng píjiǔ bèi wǒ hē le
3. 那 瓶 啤酒 被 我 喝 了。ja
wǒmen de dōngxi bèi wàngzài chē lǐ
4. 我们 的 东西 被 忘在 车 里
le
了。nein

zhàoxiàngjī bèi gēge fàngzài shūjià
5. 照相机 被 哥哥 放在 书架
shàng le
上 了。Ja

dàjiā dōu bèi nòng de húlǐhútu de
6. 大家 都 被 弄 得 糊里糊涂 的。
Nein

20 Satzgliedfolge

20.4 Übungen zu 20.1-20.3

20.4.1

hěn duō rén xuéxí Hànyǔ
1. 很 多 人 学习 汉语。
sùshè lǐ zuòzhe jǐ ge rén
2. 宿舍 里 坐着 几 个 人。
zuótiān Wáng lǎoshī mǎile yī liàng
3. 昨天 王 老师 买了 一 辆
zìxíngchē
自行车 。
túshūguǎn qiánbian tíngle yī liàng
4. 图书馆 前边 停了 一 辆
qìchē
汽车。

20.4.2

Hànzì tāmen xiě le
1. 汉字 他们 写 了。
Rìběn Zhāng xiānshēng qù le
2. 日本 张 先生 去 了。
zhè liàng xīn zìxíngchē tā yě qíguo
3. 这 辆 新 自行车 他 也 骑过。
Běijīng Wáng xiǎojiě méi láiguo
4. 北京 王 小姐 没 来过。
zhè bù diànyǐng gēge kàn le
5. 这 部 电影 哥哥 看 了。
zhè yī bǎ huā Zhāng jīnglǐ gěile tā
6. 这 一 把 花 张 经理 给了 她。

20.4.3

fàn māma zuò de hěn hǎo
1. 饭 妈妈 做 得 很 好。
māma fàn zuò de hěn hǎo
妈妈 饭 做 得 很 好。

kè Wáng lǎoshī shàng de hěn
2. 课 王 老师 上 得 很
rènzhēn
认真 。
Wáng lǎoshī kè shàng de hěn
王 老师 课 上 得 很
rènzhēn
认真 。
diànnǎo jiějie wánle sān ge xiǎoshí
3. 电脑 姐姐 玩了 三 个 小时 。
jiějie diànnǎo wánle sān ge xiǎoshí
姐姐 电脑 玩了 三 个 小时 。
zúqiú wǒmen kànle yī tiān
4. 足球 我们 看了 一 天。
wǒmen zúqiú kànle yī tiān
我们 足球 看了 一 天。

20.4.4

zhè běn xiǎoshuō bèi jiějie kànwán
1. 这 本 小说 被 姐姐 看完
le
了。
fángjiān bèi tā shōushi de hěn
2. 房间 被 他 收拾 得 很
gānjìng
干净 。
zhè fēng xìn gāng bèi Lǐ lǎoshī fānyì
3. 这 封 信 刚 被 李 老师 翻译
le
了。
nà liàng chē bèi dìdi kāihuí jiā le
4. 那 辆 车 被 弟弟 开回 家 了。

20.4.5

1. jiějie bǎ zhè běn xiǎoshuō kànwán le
姐姐把这本小说看完了。

2. tā bǎ fángjiān shōushi de hěn gānjìng
他把房间收拾得很干净。

3. Lǐ lǎoshī gāng bǎ zhè fēng xìn fānyì le
李老师刚把这封信翻译了。

4. dìdi bǎ nà liàng chē kāihuí jiā le
弟弟把那辆车开回家了。

20.4.6

1. zuótiān Wáng xiānshēng hái zài Déguó
昨天王先生还在德国。
Wáng xiānshēng zuótiān hái zài Déguó
王先生昨天还在德国。

2. xiànzài jǐ ge xuéshēng zài jiàoshì kàn shū
现在几个学生在教室看书。
jǐ ge xuéshēng xiànzài zài jiàoshì kàn shū
几个学生现在在教室看书。

3. míngtiān shàngwǔ wǒ zài wǒ jiā děng wǒ de hǎo péngyou
明天上午我在我家等我的好朋友。
wǒ míngtiān shàngwǔ zài wǒ jiā děng wǒ de hǎo péngyou
我明天上午在我家等我的好朋友。

4. xiàwǔ tāmen gāogāo-xìngxìng de tīle sān ge xiǎoshí zúqiú
下午他们高高兴兴地踢了三个小时足球。
tāmen xiàwǔ gāogāoxìngxìng de tīle sān ge xiǎoshí zúqiú
他们下午高高兴兴地踢了三个小时足球。

5. qùnián zhèxiē xuéshēng zài zhèlǐ yīqǐ xuéxí Déyǔ
去年这些学生在这里一起学习德语。
zhèxiē xuéshēng qùnián zài zhèlǐ yīqǐ xuéxí Déyǔ
这些学生去年在这里一起学习德语。

6. sān nián qián Mǎ jīnglǐ zài Shànghǎi tōngguò Lǐ xiǎojiě rènshile Zhāng jīnglǐ
三年前马经理在上海通过李小姐认识了张经理。
Mǎ jīnglǐ sān nián qián zài Shànghǎi tōngguò Lǐ xiǎojiě rènshile Zhāng jīnglǐ
马经理三年前在上海通过李小姐认识了张经理。
sān nián qián Mǎ jīnglǐ tōngguò Lǐ xiǎojiě zài Shànghǎi rènshile Zhāng jīnglǐ
三年前马经理通过李小姐在上海认识了张经理。

Register der deutschen Begriffe

Register der chinesischen Begriffe